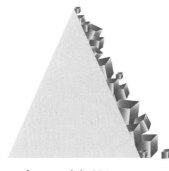

新しい計量経済学

データで因果関係に迫る

鹿野 繁樹
Kano Shigeki

日本評論社

● はしがき

　本書は，初級から中級の計量経済学（econometrics）を学ぶための教科書です．計量経済学は，一言で言えば経済・経営データの分析に特化した統計学で，専門書や学術論文の分析結果を読む，そして自ら分析を行う学生やアナリストが身に付けるべき技術の一つです．欧米の経済学部はとりわけ統計的エビデンスを重視するため，計量経済学を必修科目とする伝統があります．

　現在多くの学問・実務領域において，データに基づく因果関係の立証が求められています．もし医療系の臨床実験のような，分析者によって制御された実験が可能ならば，データから因果関係の有無を判断することは比較的容易です．しかし社会科学系分野ではおもに，個人や企業組織，市場取引のありのままの姿を観測・記録した非実験データ（アンケート調査や財務統計，官報統計など）が分析に用いられます．本書で強調するように，実験データの分析手法を非実験データに不用意に適用すると，分析結果に深刻な「歪み」が生じます．この問題を解決するアプローチの一つが，計量経済学なのです．本書の構成は，理想的な実験データと実際に私たちが使う非実験データの対比を通じ，重回帰分析や操作変数法といった代表的な手法を習得できるよう工夫されています．

　著者は本書執筆にあたり，三つのことを心がけました．第一に，計量理論と実証分析のバランスです．計量経済学の理論書は，ともすれば無味乾燥な「計量経済学のための計量経済学」になりがちです．一方，「統計ソフトの使い方講座」型の教科書では，なぜその条件下で，その分析法が機能するのか（しな

i

いのか）を学ぶことができません．本書は多様な分析例を示すことで，体系的に「実証分析のための計量経済学」を伝えることに腐心しました．また，学術雑誌に掲載された研究から，経済学・経営学の予備知識なしでも興味を持てるトピックを厳選して紹介しています．

　本書の第二の留意点は，初級から中級レベルへの自然な橋渡しです．中級以上の計量経済学は確率論や統計学の十分な理解を前提としますが，わが国の経済学部の平均的なカリキュラム編成に鑑みると，これは望むべくもありません．そこで著者は，統計学の基礎に破格のページを割くことにしました．まず準備の少ない読者を考慮し，必要最低限の統計理論を前半部分に配しています．そして中盤以降で，中級レベルの計量経済学では重要であるものの，学部の統計学教育では軽視される概念（条件付き期待値関数など）を丁寧に解説しています．したがって，本書を開いた段階で要求される数学の素養は，高校文系レベル程度です．経済数学の講義もまた，本書の準備として役立つでしょう．

　第三点目は，クロスセクションデータ（無作為抽出された個別家計の所得など，ある時点における個体差を記録したデータ）を中心としたストーリー展開です．従来の教科書は時系列データ（GDPや為替レートなど，時間とともに変動するデータ）の分析に重点を置くことが多かったのですが，本書は，時系列の話題をほとんど扱わず，参考文献を挙げるに留めました．その理由は，異なる標本抽出過程の往来は初学者の混乱を招くこと，時系列ベースの優れた教科書が多数存在すること，そして，時系列の視点からは解明が難しい実証問題が山積していることです．

　本書は著者が所属大学で担当した「計量経済学（計30回，4単位）」の講義ノートに基づいており，およそ2節が90分講義1回に相当します．講義やゼミナールを通じ，幸いにも著者は多くの受講生から助言を授かることができました．また，同僚や他大学同業者との意見交換から，計量経済学の市場ニーズを学ばせていただきました．そして日本評論社の吉田素規氏には，ネット上に転がっていた拙著講義ノートを拾っていただき，出版の実現へご尽力いただきました．皆様に，ここでお礼を申し上げます．

　著者は現在に至るまで，素晴らしい指導者と出会う幸運に恵まれました．特

に福島大学教授・阿部高樹先生，現中央大学教授・早川弘晃先生，前筑波大学教授・太田誠先生，前筑波大学教授・吉田あつし先生に，この場を借りて感謝の意を表します．

2015 年 6 月

鹿野繁樹

● 目 次

はしがき　i

本書の使い方と凡例　xiii

第Ⅰ部　イントロダクション

第1章　計量経済学とは何か？ ─── 3

1.1　計量経済学の役割　3
　1.1.1　実証分析のための計量経済学　3
　1.1.2　回帰分析：計量経済学の基礎　4
　1.1.3　因果関係の実証：実験データと非実験データの違い　6
1.2　基本概念の復習　8
　1.2.1　データ分析の基本用語　8
　1.2.2　和記号 Σ の演算ルール　10
　1.2.3　記述統計でデータの整理：平均と分散・標準偏差　11
　1.2.4　標本共分散と相関係数　13
復習問題　14

第2章　確率論：確率変数と確率分布 ─── 17

2.1　確率変数とその分布　17
　2.1.1　なぜ確率論が必要か？：データの偶然性　17
　2.1.2　離散型の確率変数　18
　2.1.3　連続型の確率変数と密度関数　19
2.2　期待値と分散　21
　2.2.1　期待値　21
　2.2.2　分散　22
2.3　正規分布　24
　2.3.1　正規分布の特徴　24
　2.3.2　標準正規分布と「±2の壁」　26

        2.3.3　標準正規分布の使い方　*28*
　2.4　二次元の確率変数　*29*
        2.4.1　結合分布　*29*
        2.4.2　共分散と和の分散　*31*
        2.4.3　確率変数の独立性　*32*
　復習問題　*34*
　章末付録　*34*

第3章　統計的推測 ———————————— 37

　3.1　統計的推測：「一部」から「全体」を知る　*37*
        3.1.1　母集団・母数と標本　*37*
        3.1.2　統計量による標本の集約　*38*
　3.2　標本平均の性質　*39*
        3.2.1　母集団モデル　*39*
        3.2.2　確率変数としての標本平均　*41*
        3.2.3　標本平均の分布　*43*
　3.3　母数の推定　*44*
        3.3.1　良い推定量をデザインする　*44*
        3.3.2　推定量の採用基準：不偏性と有効性　*45*
　3.4　母数の仮説検定　*46*
        3.4.1　仮説検定の目的と考え方　*46*
        3.4.2　Z検定：母平均の仮説検定　*48*
        3.4.3　t検定　*49*
　復習問題　*51*

第Ⅱ部　古典的仮定の下での回帰分析

第4章　OLS回帰 ———————————————— 55

　4.1　回帰直線と最小2乗法（OLS）　*55*
        4.1.1　回帰直線による散布図の要約　*55*
        4.1.2　残差・残差2乗和とOLS原理　*57*
        4.1.3　OLS係数の決定　*58*
　4.2　OLS係数の代数的構造　*61*
        4.2.1　準備：偏差2乗和と偏差積和　*61*

  4.2.2　正規方程式を解く　*62*
 4.3　OLS 回帰と OLS 残差　*64*
  4.3.1　OLS による予測の特徴　*64*
  4.3.2　OLS 残差　*66*
 4.4　決定係数　*68*
  4.4.1　偏差 2 乗和の分解公式　*68*
  4.4.2　決定係数 R^2 : モデルの当てはまり　*69*
 復習問題　*71*
 章末付録　*72*

第5章　古典的回帰モデル ——— 73

 5.1　回帰分析の古典的仮定　*73*
  5.1.1　線形回帰モデル：回帰直線と確率誤差の出会い　*73*
  5.1.2　古典的回帰モデル　*74*
 5.2　回帰係数の OLS 推定　*77*
  5.2.1　OLS 推定量　*77*
  5.2.2　OLS 推定量の期待値と分散　*79*
  5.2.3　ガウス・マルコフの定理：OLS の有効性　*81*
 5.3　OLS 推定量の分布　*83*
  5.3.1　OLS 推定量の正規性　*83*
  5.3.2　母分散の不偏推定と OLS の標準誤差　*84*
 5.4　回帰係数の仮説検定　*86*
  5.4.1　回帰係数の t 検定　*86*
  5.4.2　回帰係数の有意性検定　*88*
  5.4.3　t 検定のショートカット　*89*
 復習問題　*91*
 章末付録　*92*

第6章　重回帰分析 ——— 97

 6.1　重回帰モデル　*97*
  6.1.1　重回帰モデル：複数の説明変数　*97*
  6.1.2　重回帰モデルの OLS 推定　*98*
  6.1.3　説明変数が二つ（$k=2$）のケース　*99*
 6.2　重回帰分析の注意点　*102*
  6.2.1　OLS の統計的性質　*102*

6.2.2　多重共線性と「緩い」多重共線性の問題　*104*
　　　6.2.3　自由度修正済み決定係数：モデル選択　*106*
　6.3　偏回帰係数　*107*
　　　6.3.1　重回帰モデルの偏回帰係数　*107*
　　　6.3.2　単回帰と重回帰の違い：除外変数バイアス　*109*
　6.4　コントロール変数の重要性　*110*
　　　6.4.1　コントロール変数とは？　*110*
　　　6.4.2　実験データの回帰分析　*113*
　　　6.4.3　コントロール変数の意義と限界　*114*
　復習問題　*115*

第7章　回帰モデルを工夫する ── *117*

　7.1　二次関数モデルと交差項モデル　*117*
　　　7.1.1　説明変数・被説明変数の交換　*117*
　　　7.1.2　二次関数モデル：カーブの推定　*118*
　　　7.1.3　交差項モデル・多項式モデル　*120*
　7.2　対数線形モデル：弾力性の推定　*121*
　　　7.2.1　コブ・ダグラス型生産関数の対数線形化　*121*
　　　7.2.2　対数線形モデルによる弾力性の推定　*123*
　　　7.2.3　半弾力性と半対数線形モデル　*124*
　7.3　ダミー変数　*125*
　　　7.3.1　ダミー変数の基礎知識　*125*
　　　7.3.2　ダミー説明変数　*127*
　　　7.3.3　ダミー説明変数とコントロール変数の併用　*129*
　7.4　ダミー変数の高度な使い方　*131*
　　　7.4.1　状態が二つ以上ある場合のダミー　*131*
　　　7.4.2　被説明変数としてのダミー：線形確率モデル　*133*
　復習問題　*134*
　章末付録　*135*

第8章　線形制約の仮説検定 ── *137*

　8.1　回帰係数への線形制約　*137*
　　　8.1.1　線形制約とは？　*137*
　　　8.1.2　制約付きモデルのOLS：タイプⅠ　*138*
　　　8.1.3　制約付きモデルのOLS：タイプⅡ　*140*

- 8.2 線形制約の残差2乗和への影響　*142*
  - 8.2.1 線形制約による当てはまりの悪化　*142*
  - 8.2.2 仮説検定の3大原理：ワルド・尤度比・スコア　*144*
- 8.3 カイ2乗検定とF検定　*145*
  - 8.3.1 カイ2乗統計量による検定　*145*
  - 8.3.2 サンプル数が少ないケース：F検定　*147*
- 8.4 応用：回帰係数の均一性検定　*148*
  - 8.4.1 サブ・サンプル：標本の分割と統合　*148*
  - 8.4.2 サブ・サンプルOLSの利点と欠点　*149*
  - 8.4.3 回帰係数の均一性の検定　*152*
- 復習問題　*153*

第Ⅲ部　新しい回帰分析

第9章　漸近理論の基礎 ―― *157*

- 9.1 漸近理論　*157*
  - 9.1.1 漸近理論とは？　*157*
  - 9.1.2 大数の法則と中心極限定理　*159*
- 9.2 推定量の漸近的性質　*162*
  - 9.2.1 一致性，漸近正規性と漸近有効　*162*
  - 9.2.2 標本モーメント（平均・分散）の確率収束　*163*
- 復習問題　*165*

第10章　回帰分析の再構築 ―― *167*

- 10.1 条件付き期待値関数　*167*
  - 10.1.1 条件付きの確率分布と期待値　*167*
  - 10.1.2 条件付き期待値関数　*169*
- 10.2 母回帰　*172*
  - 10.2.1 条件付き期待値から回帰分析へ　*172*
  - 10.2.2 ノンパラメトリック推定　*174*
- 10.3 根源的仮定とOLS推定　*175*
  - 10.3.1 回帰分析の根源的仮定　*175*
  - 10.3.2 外生性と直交条件　*176*
  - 10.3.3 互いに独立な標本　*178*

10.4 根源的仮定の下でのOLS　*179*
　　10.4.1 OLS推定量の不偏性と一致性　*179*
　　10.4.2 モーメント法からのアプローチ　*181*
復習問題　*183*
章末付録　*183*

第11章　標準誤差と検定の頑健化　——————————————　*185*

11.1 OLSの頑健な標準誤差　*185*
　　11.1.1 誤差項の不均一分散と非正規性　*185*
　　11.1.2 不均一分散下でのOLSの分散　*186*
11.2 漸近正規性に基づく仮説検定　*188*
　　11.2.1 OLSの漸近正規性　*188*
　　11.2.2 ホワイトの頑健な標準誤差による検定　*190*
　　11.2.3 結局，何が変わったのか？　*191*
11.3 比例的不均一分散　*192*
　　11.3.1 不均一因子による分散の不均一性　*192*
　　11.3.2 例：グループ平均による回帰分析　*193*
11.4 加重最小2乗法（WLS）　*195*
　　11.4.1 ウェイト付き回帰のWLS推定　*195*
　　11.4.2 OLS vs. WLS：モンテカルロ実験による検証　*196*
　　11.4.3 不均一分散へのアプローチ：まとめと比較　*198*
復習問題　*200*
章末付録　*200*

第12章　内生性と操作変数法　——————————————　*201*

12.1 内生性問題　*201*
　　12.1.1 外生性とOLS推定量の一致性：再考　*201*
　　12.1.2 内生性バイアス：OLSの敗北　*202*
12.2 内生性の発生するケース　*204*
　　12.2.1 観測不可能な個体属性　*204*
　　12.2.2 同時方程式モデル　*206*
12.3 操作変数法（IV）　*208*
　　12.3.1 操作変数がもたらす外生ショック　*208*
　　12.3.2 操作変数推定量　*210*
12.4 二段階最小2乗法（2SLS）　*213*

12.4.1　2SLS：操作変数のもう一つの側面　*213*
12.4.2　2SLSとIVの同値性　*215*
12.4.3　2SLSによる操作変数の統合　*216*
復習問題　*218*

第13章　IV推定：応用編 — *219*

13.1　識別条件：複数の内生変数と操作変数　*219*
13.1.1　過少識別　*219*
13.1.2　丁度識別　*220*
13.1.3　過剰識別：2SLSの利用　*221*
13.2　需要曲線・供給曲線のIV推定　*222*
13.2.1　市場均衡モデルの構造型と誘導型　*222*
13.2.2　OLSの同時性バイアス　*224*
13.2.3　需要・供給曲線のシフトによるIV推定　*225*
13.3　因果関係を実証できるか？　*228*
13.3.1　因果関係にこだわった実証分析　*228*
13.3.2　より身近な因果関係の識別問題　*231*
13.3.3　社会実験　*233*
13.4　自然実験　*236*
13.4.1　自然実験とは？　*236*
13.4.2　例：ルームメイトのピア効果　*236*
13.4.3　例：出生による女性の労働供給の減少　*238*
復習問題　*239*
章末付録　*240*

第IV部　より進んだ分析のために

第14章　最尤法 — *243*

14.1　最尤法：最も尤もらしい推定法　*243*
14.1.1　例：ベルヌーイ母集団　*243*
14.1.2　ベルヌーイ成功確率の「最も尤もらしい」推定値　*245*
14.2　未知母数の最尤推定　*247*
14.2.1　最尤推定量　*247*
14.2.2　ML推定量の統計的性質　*248*

14.2.3 例：線形回帰モデルの ML 推定　*250*

復習問題　*251*

第15章　プロビットとトービット ———————— *253*

15.1 プロビット：確率の回帰分析　*253*
  15.1.1 プロビットによる条件付き確率のモデル化　*253*
  15.1.2 プロビットモデルの ML 推定　*256*
  15.1.3 限界効果　*257*

15.2 離散選択問題　*259*
  15.2.1 合理的個人による離散選択　*259*
  15.2.2 プロビット選択確率の導出　*260*
  15.2.3 ロジット・多項ロジット・条件付きロジット　*262*

15.3 端点解・切断のある被説明変数　*264*
  15.3.1 変数の切断　*264*
  15.3.2 OLS 推定の問題点　*266*

15.4 トービット　*267*
  15.4.1 潜在変数によるモデル化　*267*
  15.4.2 トービットの ML 推定　*269*

復習問題　*271*

第16章　パネルデータ分析入門 ———————— *273*

16.1 パネルデータの有用性　*273*
  16.1.1 パネルデータとは？　*273*
  16.1.2 パネルデータによる回帰分析のメリット　*274*
  16.1.3 パネルデータ変数の特性　*275*

16.2 固定効果モデル：パネルの回帰分析　*276*
  16.2.1 固定効果モデル　*276*
  16.2.2 級内推定：級内変換による固定効果の消去　*277*
  16.2.3 級内推定の限界　*280*

復習問題　*282*

付　録　実証分析に関する情報 ———————— *283*

1 計量分析ソフト gretl　*283*
  1.1 ダウンロード　*283*
  1.2 起動と初期設定　*284*

1.3　データの用意と gretl への読み込み　　*285*
　　　1.4　回帰分析　　*286*
　　2　使用データ一覧　　*287*

復習問題の解答　　*291*

文献案内　　*301*

参考文献　　*303*

付　表　　*305*

索　引　　*307*

● **本書の使い方と凡例**

講義テキストとして

本書の各章は 2 節，あるいは 4 節からなり，また 2 節がおよそ 90 分講義 1 回に相当します．以下は，本書を講義テキストとして利用するプランです．

◇ **前期 15 回（2 単位）・後期 15 回（2 単位）の計 4 単位講義**：前期に第 1 章から第 7 章，後期に第 8 章，第 9 章から第 14 章，第 15 章の第 1 節と第 2 節をカバーします．前期・後期とも，小テストや統計ソフトの実習，レビューセッションの余裕があります．著者は例年，このプランで講義をしております．

◇ 第 7 章，第 8 章，第 14・15 章，そして第 16 章はそれぞれ独立した内容なので，読み飛ばしても他の章の理解に支障ありません．上で提案したプランについて，これらの章を組み換えることもできるでしょう．

◇ **15 回（2 単位）の初級クラスや，ゼミで使う場合**：第 1 章から第 6 章まで（できれば第 7 章も）をマスターすれば，重回帰分析が一通り実行できるはずです．統計ソフトの実習と合わせてお使い下さい．

復習問題と解答

すべての章には，「復習問題」が付いています．これらは著者が講義終了後，あるいは宿題や小テストで受講生に課した問題に基づきます．また計算・証明問題，一部の記述問題については，巻末の「復習問題の解答」において詳細な解答例を掲載しております．

独習に使う場合

初学者は，第 1 章から順に，復習問題を解きながら読み進めましょう．第 7 章と第 8 章は，スキップしても構いません．もし統計学と数学の十分なバックグラウンドがあるならば，第 2 章と第 3 章を読み飛ばすことができます．過去に計量経済学の入門講義を受講済みの方は，第 II 部までを流し読みし，第 III 部以降を精読しましょう．

本文中の表記

式の展開や証明によって得られた主要な統計上の性質は，公式 にまとめてあります．学習効果の高いと思われる証明は，すべて本文中にその詳細を与えています．一方，過度に複雑な証明・時間のかかる証明は，「章末付録」として添付するか，あ

るいは参考文献を挙げるに留めています．例には数値例や，実際のデータを用いた分析例を載せています．特に重要な点や推定・検定の手順のまとめは，**Remark** をご覧下さい．

　数式には，「(章番号.通し番号)」の形式で番号が振られています．例えば第 3 章の 4 番目の式は，文中で「(3.4)式」と言及されます．文献の本文中の引用は「著者名（発表年）」という形式に従い，詳細は巻末の「文献案内」，「参考文献」にまとめました．例えば「山本（1995）」や「浅野・中村（2009）」などです．

統計ソフト gretl と使用データについて

　本書はフリーの統計ソフト gretl で分析を行っており，巻末の「付録」に解説を付しております．gretl に関する詳細は，加藤（2012）をご覧下さい．また，本書の分析例で用いたデータの出所は，付録の中にまとめてあります．データファイルは，以下の web サイトからダウンロードできます．

　　https://sites.google.com/site/kanolabweb/

実証分析の引用について

　本書はさまざまな学術論文から，実証分析の結果を引用しています．表記を統一するため，本書では回帰係数の推定値と有意性検定の t 値を示しました．標準誤差が提示されている論文から結果を引用する場合，標準誤差を t 値に置き換えています．

　また，一部の引用論文では，必ずしも本書の引用箇所が主要結果ではありません．この場合の主要結果は，本書の目指すレベルをはるかに超える手法で得られたものであり，本書では引用を回避しました．興味のある方は，巻末の「参考文献」より，該当論文をご参照下さい．

第Ⅰ部

イントロダクション

第1章 計量経済学とは何か？

データを収集・分析し，その結果をもって何かを明らかにする試みを，**実証分析**と呼びます．**計量経済学**は，経済データを用いた実証分析のための手法を開発したり，それを実用したりする分野です．経済学者やエコノミスト，そして経済学を専攻する学生は，計量経済学を実証分析の道具として使います．

1.1 計量経済学の役割

1.1.1 実証分析のための計量経済学

例として，需要曲線の実証を考えましょう．経済学部では「みかんの価格が上がるとその需要が下がる」法則，右下がりの需要曲線を教わります．みかんの需要量を Y，価格を X と置き，需要関数を $f(\cdot)$ で表せば，次式の通りです．

$$Y = f(X), \quad \frac{dY}{dX} < 0 \tag{1.1}$$

さて，現実の消費者たちは，需要法則通りの行動をしているのでしょうか？ X の1パーセント上昇で，Y は何パーセント減るでしょうか？ 計量経済学の手法を市場取引データに適用すれば，この問いに答えることができます．

政府の政策介入や社会的なイベントが，個人・企業の意思決定（あるいは能力形成）に与えた影響を評価することも，重要な実証分析です．例えば公的な

1.1 計量経済学の役割

職業訓練を提供する政策当局は，労働者が訓練で職能スキルを身に付けることにより，彼らの所得が上昇することを期待しています．所得を Y，訓練時間を X_1 と置き，両者の関係を式で整理しましょう．ただし所得は，年齢や性別などさまざまな変数群にも影響されるはずです．これら個人属性を $X_2, X_3, ..., X_K$ と置き，所得と変数群の関係を

$$Y = f(X_1, X_2, ..., X_K) \tag{1.2}$$

と置いてみます．政策当局としては $\frac{\partial Y}{\partial X_1} > 0$（訓練を受けるほど労働者の所得が上がる）であって欲しいでしょうが，実際は期待通りの効果を上げないかも知れません．政策の効果を定量的に評価するには，計量経済学および適切なデータセットを要します．

以上の例から明らかなように，計量経済学の目標は，変数間の数量的な**因果関係**，すなわち「変数 X の変化で，別の変数 Y がどれだけ変化するか」の実証にあります．

> **Remark** 計量経済学の目標：変数間の因果関係を数量的に測る
> ◆ 例：価格 X が上昇すると，消費者の需要量 Y がどれだけ変化するか？
> ◆ 例：労働者が職業訓練 X を受けると，所得 Y がどれだけ変化するか？

1.1.2 回帰分析：計量経済学の基礎

計量経済学では多くの場合，二つの変数 X と Y の関係を簡単な一次式，**回帰式（回帰モデル）**でとらえます．例えば(1.1)式は，次のようになります．

$$Y = a + bX \tag{1.3}$$

(1.3)式右辺にある X は，左辺 Y の変化を説明する立場なので**説明変数**，Y は説明を被る立場なので**被説明変数**と呼ばれます．(1.3)式を X で微分すれば $\frac{dY}{dX} = b$ となり，X 一単位の変化に対する Y の変化分は，b で測られます．かくして，前項で確認した私たちの目標は，b の値を突き止めることに帰着するのです．(1.3)式の a と b をまとめて，**回帰係数**と呼びます．

適切な回帰係数 a, b の値をデータから算出する手段が，**回帰分析**です．回帰

分析の具体的な進め方は，第4章以降で詳しく扱います．ここではイメージをつかむため，分析例を見ておきましょう．

例 2010年における19政令指定都市について，各都市の生活保護受給率（welfare）の違いをその失業率（unemp）の違いで説明する回帰式は，次式の通り．

$$\underbrace{\text{welfare}}_{\text{被説明変数}} = \underbrace{-1.07}_{a} + \underbrace{0.46}_{b} \underbrace{\text{unemp}}_{\text{説明変数}} \tag{1.4}$$

係数は $b = 0.46 > 0$ で，unemp が高いほど welfare が高い傾向にある．

計算方法はさておき，回帰分析は，基本的に上式のような「答え」を返してきます[1]．景気が悪い（失業率が高い）都市ほど公的な支援に頼る家計が多い傾向自体は，驚くべき知見とは言えないかもしれません．ここで回帰分析の最大の効用は，「失業率が1ポイント悪化すると受給率が0.46ポイント増える」という定量的な議論や予測が可能になる点です．

もちろん，説明変数が複数あるケースも分析可能です．例えば所得の決定モデル(1.2)式は，次式のように線形化されます．

$$Y = a + b_1 X_2 + b_2 X_2 + \cdots + b_K X_K \tag{1.5}$$

(1.5)式は，K 個の説明変数と $K+1$ 個の回帰係数を持つ**重回帰モデル**です．これに対し(1.3)式は，単一の説明変数しか持たないため**単回帰モデル**と呼ばれます．単回帰と同様，重回帰の係数も，回帰分析によりデータから決定することができます．詳しくは，第6章に譲ります．

(1.3)式や(1.5)式のように，変数間の関数関係を分析可能な形に単純化した数式を，広く**計量モデル**と呼びます．本書は単回帰モデルに始まり，多彩な計量モデルが登場します．本書の内容をマスターすれば，データの状態に合わせ

---

1) 失業率と受給率のデータから回帰係数 a, b を求める方法（最小2乗法，OLS）は，第4章で詳しく扱います．

1.1 計量経済学の役割

て適切な計量モデルを選択できるようになるはずです．

1.1.3　因果関係の実証：実験データと非実験データの違い

　冒頭で述べた通り，計量経済学の目標は変数間の因果関係を数値で実証することにあります．因果関係は**相関関係**と区別されるべきですが，それはときに困難です．次の例を考えましょう（なお，数値は架空のものです）．

例　ある市の教育委員会は，小学生向けの補習授業を希望者に無料提供している．補習の効果を評価するため2000人のサンプルで回帰分析を行ったところ，児童の補習参加日数（supp）と翌学期の学力テストの成績（score）の関係は

$$\text{score} = 40.0 + 1.5\,\text{supp} \tag{1.6}$$

であった．統計的な信頼性も確認済みである．補習に10日間参加した児童は，不参加の児童と比べ15点も得点が高い傾向がある．

　さて，この分析結果は，「補習 → 成績」という因果関係の統計的証拠となるでしょうか？　答えは断じてノーです．補習の参加が，児童（とその家族）にゆだねられている点に注目しましょう．この状況下では，勉強好きな児童・教育熱心な家庭ほど補習を受けた可能性があります．つまり補習参加グループは，補習を「抜き」にしてももともと学力やモチベーションが高かったかもしれないのです．この場合データから弾き出された「補習一日当たり1.5点の増加」という係数は，補習の効果を**過大評価**しているおそれがあります．

　この例から言えるのは，単純な回帰分析で示されるのは相関関係（補習を受けた児童ほど成績が良い）であり，因果関係（補習が成績を伸ばした）ではないということです．相関関係はまた，**共変動**とも呼ばれます．この分析を真に受けて，補習を受けない子に補習を強制したらどうなるでしょうか？　おそらく「10日で15点の増加」などという目覚ましい成果は，得られないでしょう．

　上記の仮説とは逆に，学業に不安のある児童ほど率先して補習を受けた可能性もあります．このとき補習組はもともと学力の低い児童の集まりとなり，

(1.6)式の係数は，補習がもたらした学力の伸びを不当に**過小評価**することとなります．

> **Remark** 相関関係と因果関係の違いに注意
> ◆ 相関関係 $X \leftrightarrow Y$：X が大きい（小さい）ほど，Y が大きい（小さい）．
> ◆ 因果関係 $X \to Y$：X の変化・差異で，Y の変化・差異が生じた．

それでは，いかなるデータで回帰分析を行えば，偏りのない因果関係の推計を得られるでしょうか？

例 ある製薬会社の臨床実験で，新しく開発された抗血圧剤が，被験者にランダムに与えられた．投与量（dose〈グラム〉）と血圧（bp）の関係を表す回帰式は

$$\mathrm{bp} = 135.0 - 3.0\,\mathrm{dose} \tag{1.7}$$

で，投与量が1グラム増えると血圧が3下がる傾向が見られた．

こちらも回帰分析の一例ですが，先の例との決定的な違いは，説明変数の値（薬の投与量）が本人の意思とは無関係に，ランダムに与えられている点です．したがって補習効果の分析で懸念されたような，事前の個体差に起因する過大評価・過小評価は起こりません．「1グラム当たり3」の血圧低下は，実験による介入がなければ存在し得ない差異であり，「抗血圧剤が血圧を下げた」という因果関係の統計的な証拠となります．ここで採用されている実験法を**無作為化実験**と呼びます．自然科学系の実証分析では，無作為化実験は標準的なデータ収集法です（分野によっては，「実証」と「実験」は同義と扱われます）．

一方，経済学を含む社会科学系の実証分析では，無作為化実験の実施は金銭的・倫理的に困難です．私たちが使うデータの多くは，補習の例のような，個人や企業のありのままの行動や，市場取引の結果を観測・記録した**非実験データ**です．最初の例で見た補習の効果を薬学の臨床実験並みの確度で評価したいならば，補習の機会を児童にランダムに与える無作為化実験が必要です．しか

し日本の教育行政に鑑みれば,そのような実験は難しいと思われます.

従来の統計手法は(回帰分析を含め)実験データを前提に設計されており,非実験データに直接適用しても正しい結果を得ることはできません.そのため,非実験データに特化した分析手法の一つとして,計量経済学があるのです.計量経済学は,補習効果の分析例で見た問題を回避する手段として,次のアイディアを提案しています.詳しくは,下記の該当章で扱います.

1 重回帰分析(コントロール変数アプローチ):第6章
2 操作変数法(自然実験):第12章,第13章
3 パネルデータ分析:第16章

最後に,社会科学系分野の実験は困難ですが,不可能ではありません.心理学は伝統的に,小規模な実験を行います.また近年ゲーム理論や行動経済学といった分野では,被験者を募り端末室のコンピュータ上で駆け引きを行わせる,**実験経済学**が盛んです(小川他 2012).さらに興味深い事例として,現実社会で生活している個人の意思決定や機会に介入する**社会実験**を容認する国もあります.社会実験については,第13章で改めて議論します.

1.2 基本概念の復習

1.2.1 データ分析の基本用語

この節では,本書を読む前に最低限知っておきたい,データ分析の基礎をまとめます.より深く学びたい読者には,松原他(1991)や倉田・星野(2009)など,統計学の入門書をお薦めします.

表1.1は,2010年第1四半期(1月~3月)に,東京都世田谷区で取引された中古マンション194軒の**データ**です.データは常に,表計算ソフトでこのようにレイアウトすると便利です.データ分析では,一つ一つのマンションを指して**個体**あるいは**観測**と呼びます.そして,データ中の個体総数を**サンプル数**(サンプル・サイズ,標本数,個体数,観測数)と呼び,伝統的に記号 n で表記します.表1.1のサンプル数は $n=194$ です.このデータは,ある一時点における個体差の記録であり,**クロスセクションデータ**(横断面データ)と呼ば

表1.1 中古マンションのクロスセクションデータ ($n = 194$)

id	価格	最寄駅所要時間	築年数	面積	ワンルーム
1	620	5	26	15	1
2	3700	3	11	50	0
⋮					
194	3400	8	24	60	0

れるタイプに属します．

　このデータには，一つの観測（マンション）につき「価格」，「最寄駅所要時間」，「築年数」，「面積」，「ワンルーム」の計五つの情報，すなわち**変数**が記録されています．データが持つ変数の総数を，データの**次元**と呼びます．このデータは五次元のデータです．なお「id」はデータ管理のための通し番号なので，変数には含めません．

　表1.1を見ると，変数にもタイプがあることがわかります．「価格」から「面積」までの変数は，測定単位を理論上どこまでも細かくすることができる**連続変数**です．ところが「ワンルーム」は，「そのマンションがワンルームならば1，そうでなければ0」というルールで作成されていて，たった二つの値しかとり得ません．「ワンルーム」のように，分類のために0や1が機械的に割り振られた変数を，**ダミー変数**と呼びます．ダミー変数を含め，とり得る値が数えるほどしかない変数は**離散変数**です．

　クロスセクションと対照をなすデータとして，**時系列データ**があります．時系列データは特定の個体を複数時点にわたって観測し，その変化を記録することで得られるデータです．表1.2は2006年1月から2011年12月までの，日本の物価上昇率と失業率の時系列データです．時系列データは，マクロ経済や金融・ファイナンス分野でよく登場します．時系列データの注意事項は，並び方が意味を持つ点です．例えば表1.1のマンションのクロスセクションデータで，第3番目の観測と第120番目の観測を入れ換えても分析上問題ありませんが，表1.2のデータではそれが許されません．

表1.2 物価上昇率と失業率の時系列データ（$n=72$）

id	年	月	物価上昇率	失業率
1	2006	1	-0.1	4.5
2	2006	2	-0.1	4.2
⋮				
72	2011	12	-0.2	4.2

1.2.2　和記号 Σ の演算ルール

データを数学的に表現する際は，任意の変数（例えば表1.1の価格の列）を

$$X_1, X_2, ..., X_n \tag{1.8}$$

と横並びに表記します．表では縦長ですが，式では横に倒して書くのでご注意下さい．第 i 番目の観測を，代表して X_i と表します．さて，$X_1, X_2, ..., X_n$ の和は，和記号 Σ（サム，シグマ）を使えば

$$\sum_{i=1}^{n} X_i = X_1 + X_2 + \cdots + X_n \tag{1.9}$$

と定義されます．和をとる範囲・対象が明確な場合は，和記号を $\sum_i X_i$ や $\sum X_i$ と表記しても構いません．次に挙げる和記号の演算ルールは，便利なので覚えておきましょう．

公式（和の公式1）

添え字 i が付かない定数を c と置く．すると次式が成立する．

$$\sum c X_i = c \sum X_i \tag{1.10}$$

$$\sum c = nc \tag{1.11}$$

$$\left(\sum X_i\right)^2 \neq \sum X_i^2 \tag{1.12}$$

[証明] (1.10)式，(1.11)式はそれぞれ

$$\sum cX_i = cX_1 + cX_2 + \cdots + cX_n = c\underbrace{(X_1 + X_2 + \cdots + X_n)}_{=\Sigma X_i} = c\sum X_i \quad (1.13)$$

$$\sum c = \sum_{i=1}^{n} c = \underbrace{c + c + \cdots + c}_{n \times c} = nc \quad (1.14)$$

より明らか．(1.12)式については，左辺を展開すると

$$\begin{aligned}\left(\sum X_i\right)^2 &= (X_1 + X_2 + \cdots + X_n)(X_1 + X_2 + \cdots + X_n) \\ &= \underbrace{(X_1^2 + X_2^2 + \cdots + X_n^2)}_{=\Sigma X_i^2} + \underbrace{(X_1 X_2 + \cdots + X_{n-1} X_n)}_{\text{余計な交差項}} \neq \sum X_i^2 \end{aligned} \quad (1.15)$$

したがって「余計な交差項」の分だけ，$\left(\sum_{i=1} X_i\right)^2$ と $\sum_{i=1} X_i^2$ に差が出る．■

(1.12)式は注意が必要で，「X_i の和の2乗」$\left(\sum X_i\right)^2$ は，「X_i の2乗の和」$\sum X_i^2$ と等しくないと言っています．

二つの変数 $X_1, X_2, ..., X_n$ と $Y_1, Y_2, ..., Y_n$ の和についても，上と同様の性質があります．ただし両者の数（長さ）が，n で一致している必要があります．

> **公式**（和の公式2）
> 添え字 i が付かない定数を a, b と置けば，
> $$\sum(aX_i + bY_i) = a\sum X_i + b\sum Y_i \quad (1.16)$$

[証明] 簡単なので省略．■

1.2.3 記述統計でデータの整理：平均と分散・標準偏差

表1.1や表1.2のデータは，単なる数字の羅列に過ぎません．各変数を**記述統計**にまとめ，特徴・傾向をつかむ必要があります．データ分析はいつでも，平均や標準偏差といった，記述統計の計算から出発します．

まず変数 X_i の**標本平均**は，

1.2 基本概念の復習

$$\bar{X} = \frac{1}{n}(X_1 + X_2 + \cdots + X_n) = \frac{1}{n}\sum X_i \tag{1.17}$$

で得られます．標本平均は変数の**位置の尺度**とも呼ばれ，さまざまな値が観測される変数について，その代表的・典型的な値を測ります（わざわざ「標本」平均としているのは，今後，標本以外の平均も登場するためです）．

次いで X_i の**標本分散**は，次式で定義されます．

$$\begin{aligned}s_X^2 &= \frac{1}{n-1}[(X_1-\bar{X})^2 + (X_2-\bar{X})^2 + \cdots + (X_n-\bar{X})^2] \\ &= \frac{1}{n-1}\sum(X_i-\bar{X})^2\end{aligned} \tag{1.18}$$

標本分散は名前の通り**散らばりの尺度**であり，X_i が個体間でどれだけバラついているかを測ります．(1.18) は，まず各観測 X_i と平均値 $\bar{X}$ とのズレ $(X_i-\bar{X})$ を2乗し，そしてある種の平均をとっています（2乗するのは，正のズレも負のズレも等しく正の値で評価するためです）．これにより，各観測が「平均的に」どれだけ典型的な値 $\bar{X}$ からズレているかが数値化できるわけです．なお，なぜ n ではなく $n-1$ で割るのかについては，第4章で議論します．

標本分散 s_X^2 は計算の際に2乗を伴うため，その単位が変数 X_i の単位の2乗になってしまうという問題があります（例：X_i が「万円」単位のとき，s_X^2 の単位は「万円²」）．そこで正の平方根，**標本標準偏差** $s_X = \sqrt{s_X^2}$ になおし，もとの測定単位に合わせます．ただし分散・標準偏差ともに，散らばりの尺度である点は変わりありません．

> **Remark** まずは記述統計でデータの要約を
> ◆ 標本平均 $\bar{X}$：変数 X_i の代表的な値．
> ◆ 標本分散 s_X^2，標準偏差 s_X：変数 X_i のバラつきの程度を数値化．

表1.3 中古マンションデータ（表1.1）の記述統計

	平均	標準偏差	最小値	最大値
価格	3762.60	2151.00	500	19000
最寄駅所要時間	8.98	5.41	0	29
築年数	14.99	11.49	0	43
面積	53.53	29.12	10	280
ワンルーム	0.19	0.39	0	1
サンプル数 n	194			

例 表1.1の中古マンション取引データについて，標本平均，標準偏差および最小値・最大値をまとめたものは，表1.3の通り（小数点第2位で四捨五入）．

記述統計を表にまとめ，各変数の様子をじっくり眺めてみるのも大切です．

1.2.4 標本共分散と相関係数

表1.1や表1.2のような多次元データの分析では，変数間の統計的な関係を測る指標が重要です．いま，二つの変数を X_i, Y_i と置けば，**標本共分散**は

$$s_{XY} = \frac{1}{n-1}[(X_1-\bar{X})(Y_1-\bar{Y})+\cdots+(X_n-\bar{X})(Y_n-\bar{Y})]$$
$$= \frac{1}{n-1}\sum_{i=1}^{n}(X_i-\bar{X})(Y_i-\bar{Y}) \tag{1.19}$$

で与えられます．変数ペア (X_i, Y_i) が，平均値 $(\bar{X}, \bar{Y})$ を軸に同じ方向（＋＋または－－）に動けば $(X_i-\bar{X})(Y_i-\bar{Y}) > 0$，逆方向（＋－または－＋）に動けば $(X_i-\bar{X})(Y_i-\bar{Y}) < 0$ となります．それらの平均として s_{XY} を求め，$s_{XY} > 0$ ならば (X_i, Y_i) に**正の相関**，$s_{XY} < 0$ ならば**負の相関**がある，と判断します．

さらに，標本共分散 s_{XY} と関連する統計として，**標本相関係数**

$$r_{XY} = \frac{s_{XY}}{s_X s_Y} \tag{1.20}$$

があります（s_Y は Y_i の標本標準偏差）．s_{XY} の値は変数 (X_i, Y_i) の測定単位に依存するため，理論上の上限・下限が不明です．したがって s_{XY} から相関の「正負」は判断できても，相関の「強弱」を議論できません．しかし r_{XY} は

$$-1 \leq r_{XY} \leq 1 \tag{1.21}$$

という上限・下限があるため，データから求めた r_{XY} が -1 に近いほど強い負の相関，$+1$ に近いほど強い正の相関，と言うことができます．証明は松原他 (1991) 第 3 章 3 節に譲ります．

> **Remark** 標本共分散と相関係数の違い
> ◆ 標本共分散 s_{XY}：理論上の上限・下限がない．
>   ⇒ 相関の「正負」は決まるが，「強弱」は不明．
> ◆ 標本相関係数 r_{XY}：$-1 \leq r_{XY} \leq 1$．
>   ⇒ 相関の方向性に加え，「強弱」まで判断できる．

例 表 1.2 の失業率 X_i と物価上昇率 Y_i の標本共分散と相関係数は，それぞれ

$$s_{XY} = -0.74, \quad r_{XY} = -0.41 \tag{1.22}$$

したがって，両者には中程度の強さの負の相関がある．

◆復習問題◆

問題 1.1 データの用語に関する次の問いに答えよ．
(1) クロスセクションデータと時系列データの違いを説明せよ．
(2) 連続変数と離散変数の違いを説明せよ．

問題 1.2 数値例で公式(1.12)を確認する．いま，$X_1 = 1, X_2 = 2$ であるとする（$n=2$）．$X_1^2 + X_2^2$ と $(X_1 + X_2)^2$ をそれぞれ求め，$X_1^2 + X_2^2 \neq (X_1 + X_2)^2$ を示せ．

問題 1.3 次の変数（$n = 4$）の，標本平均 $\bar{X}$ と標本分散 s_X^2 を求めよ（下表の空欄を埋めていくと計算しやすい）．

id	X_i	$(X_i - \bar{X})$	$(X_i - \bar{X})^2$
1	5		
2	10		
3	10		
4	5		

問題 1.4 変数 X_i の標本分散 s_X^2 は，何を測る統計か？　また s_X^2 の平方根をとり，標準偏差 s_X になおす理由を述べよ．

問題 1.5 二つの変数 X_i と Y_i の標本共分散 s_{XY} を，相関係数 r_{XY} に変換する理由を述べよ．

第2章 確率論：確率変数と確率分布

統計学では，観測されるデータ $X_1, X_2, ..., X_n$ の振る舞いやバラつきを確率的な事象としてとらえ，最適な分析方法がデザインされます．計量経済学も例外ではなく，同様のアプローチに従うことになります．そこで本章は，データ分析の理論面を理解するうえで最低限必要な**確率論**の知識を概観します．

2.1 確率変数とその分布

2.1.1 なぜ確率論が必要か？：データの偶然性

私たちが観測するデータは，観測前には不確定です．第1章の表1.1にある，中古マンションの価格を例に考えましょう．これら $n=194$ 通りの値は，取引が成立し，それが観測されて初めて確定するものであり，事前にいかなる値が並ぶかは不明です．ゆえに，その平均や分散（表1.3）もまた，観測を行う前には偶然の産物です．世間のイメージに反し，統計は不安定な数字なのです．

統計を含め，ランダムな事象を分析・制御するための科学，それが確率論です．確率論の基本は，「理論上起こり得ること」と「それらの確率」のリストアップです．例えば，六面体のサイコロを振ってどの目が出るかは，実際に振ってみるまでわかりません．しかし私たちは事前に，起こり得る値すべて（$\{1,2,3,4,5,6\}$）を列挙し，起こりやすさの度合い，つまり確率（等確率 $\frac{1}{6}$）を与えることができます．この意味で，不確定なサイコロの挙動に一定の秩

2.1 確率変数とその分布

序・法則性を築くことができます．

2.1.2 離散型の確率変数

議論の見通しをよくするため，**確率変数**を導入しましょう．サイコロのように，起こり得る値それぞれに確率が明示された変数が確率変数で，伝統的に大文字 X で表記します．一方，起こり得る候補の値（**実現値**）は小文字 $\{x_1, x_2, ..., x_k\}$ で表し（サイコロなら $\{1, 2, 3, 4, 5, 6\}$），ある値 $X = x_j$ が起こる確率（probability）を $\Pr(X = x_j)$ と略記します．いま考えている X は，飛び飛びの，有限個の実現値だけをとるので，特に**離散型**と呼びます．

実現値 $\{x_1, x_2, ..., x_k\}$ とその確率 $\Pr(X = x_j)$ の対応関係を数式で整理すれば，X の**確率分布**

$$\Pr(X = x_j) = f(x_j), \quad j = 1, 2, ..., k \tag{2.1}$$

が得られます．ただし $f(x_j)$ はいずれも確率なので，次の性質を満たします．

$$\text{確率は非負} : \Pr(X = x_j) = f(x_j) \geq 0 \tag{2.2}$$

$$\text{確率の和は1} : \sum_{j=1}^{k} \Pr(X = x_j) = \sum_{j=1}^{k} f(x_j) = 1 \tag{2.3}$$

例 ゆがみのないサイコロを X と置けば，その確率分布は

$$\Pr(X = x) = f(x) = \frac{1}{6} \quad (x = 1, 2, ..., 6)$$

ここでサイコロの「2」の目を消し，「5」と上書きする．この細工されたサイコロ X の実現値は $\{1, 5, 3, 4, 5, 6\}$．確率分布は

$$\Pr(X = x) = f(x) = \begin{cases} \frac{1}{6} & (x = 1, 3, 4, 6) \\ \frac{1}{3} & (x = 5) \end{cases}$$

に変更される．もはや $\Pr(X = 2) = f(2) = 0$ である点に注意．

図2.1 ゆがみのないサイコロと，細工されたサイコロの確率分布

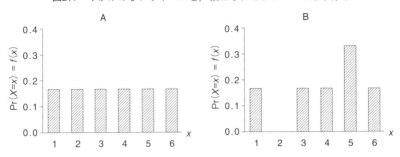

図2.1は，正しいサイコロと細工したサイコロの分布を図示したものです．横軸が実現値{1, 2, 3, 4, 5, 6}，縦軸（高さ）がその確率を表しています．図2.1Bでは5にピークがあり，$X = 5$ が相対的に出やすいことは一目瞭然です．

2.1.3 連続型の確率変数と密度関数

確率変数は，離散型ばかりではありません．「1キロメートルの距離を歩いているうちに指輪を落とした」状況を考えましょう．指輪が落ちた地点を確率変数 X と置けば，X の実現値 x は区間 $[0, 1]$ のどこか，つまり「$0 < x \leq 1$ を満たす x すべて」になります．長さ1の区間には実現値が無限に詰まっており，離散型のように番号を付け区別するのは不可能です．距離や重量，金銭など，実現値が連続的な数の集合で与えられる確率変数を**連続型**と称します．私たちが今後扱うデータは，もっぱらこの連続型に該当します．

連続型確率変数 X が a から b の値をとる確率を，$\Pr(a \leq X \leq b)$ と置きます．確率 $\Pr(a \leq X \leq b)$ が，ある関数 $f(x)$ の定積分

$$\Pr(a \leq X \leq b) = \int_a^b f(x)dx \quad (\text{ただし } x_{\min} < a \leq b < x_{\max}) \tag{2.4}$$

を計算して得られるならば，この $f(x)$ を X の**確率密度関数**，あるいは単に密度関数と呼びます（$x_{\min}$ と $x_{\max}$ は，実現値 x の最小値と最大値です）．連続型は実現値が無限に存在し，それらを列挙できません．そこで個々の実現値にピンポイントで確率を与えることは諦め，区間の確率だけを考えるのです．

さて，密度関数 $f(x)$ は，下記の条件を満たす必要があります[1]．

2.1 確率変数とその分布

図2.2 密度関数の面積と確率 $\Pr(a < X < b), \Pr(X > c)$ の対応関係

$$f(x) \geq 0 \tag{2.5}$$

$$\int_{x_{\min}}^{x_{\max}} f(x)dx = 1 \tag{2.6}$$

この条件の意味を，図で考えましょう．図2.2Aは，任意の密度関数 $f(x)$ のグラフです．まず条件(2.5)より，$f(x)$ は必ず横軸より上の領域に描かれます．また条件(2.6)より，区間 $[x_{\min}, x_{\max}]$ と曲線 $f(x)$ による山型図形の面積は1です．一方(2.4)式右辺の定積分は，斜線部Rに対応します．かくして(2.4)式は，「山型に占めるRの割合」で確率 $\Pr(a \leq X \leq b)$ を表現しているのです．この仕組みに注意すれば，X がある値 c を上回る確率 $\Pr(X > c)$ が $f(x)$ の右端面積（図2.2Bの斜線部S）で与えられることも，容易に理解できますね．

正確に連続型の確率 $\Pr(a \leq X \leq b)$ を求めるには，密度関数 $f(x)$ の積分計算が必要です．しかしグラフを見るときは，$f(x)$ の高さを「x の出やすさ $\approx$ 確率」とみなして構いません．この点は，離散型の分布と同様です．

Remark

密度関数 $f(x)$ のピーク辺りの x が，X の実現値として出やすい．
◆ 確率 $\Pr(a \leq X \leq b)$ ⇔ 図2.2Aの面積R
◆ 確率 $\Pr(X \geq c)$ ⇔ 図2.2Bの面積S（分布右端）

---

1) より一般的には，条件(2.6)を $\int_{-\infty}^{\infty} f(x)dx = 1$ とします．こうすれば，下限・上限が無限である確率変数（後述の正規分布など）も包含的に扱えます．

2.2 期待値と分散

2.2.1 期待値

第1章ではデータの特徴を要約する手段として，標本平均 $\bar{X}$ と標本分散 s_X^2 を学びました．一方，確率変数 X の挙動を要約するのが，期待値と分散です．

確率変数 X は，確率分布 $f(x)$ に従ってさまざまな値 $x_1, x_2, ..., x_k$ をとります．では，事前の予測として，いくらぐらいの値が出ると「期待」できるでしょうか？ 離散型の X に関し，

$$\mathrm{E}(X) = \sum_{j=1}^{k} x_j f(x_j) \tag{2.7}$$

を X の**期待値**（expectation）と呼びます[2]．上式右辺の和記号を展開すれば，確率分布の定義(2.1)式より

$$\begin{aligned}\mathrm{E}(X) &= x_1 f(x_1) + x_2 f(x_2) + \cdots + x_k f(x_k) \\ &= x_1 \mathrm{Pr}(X = x_1) + x_2 \mathrm{Pr}(X = x_2) + \cdots + x_k \mathrm{Pr}(X = x_k)\end{aligned} \tag{2.8}$$

上式から明らかな通り，期待値とは X の実現値 $\{x_1, x_2, ..., x_k\}$ を，確率（起こりやすさ）でウェイト付けした加重平均なのです．

> **Remark**
> 期待値 $\mathrm{E}(X)$ は X の実現値 $\{x_1, x_2, ..., x_k\}$ の，確率に基づく加重平均．
> ∴ $\mathrm{E}(X)$ は X の実現値（結果）を代表する値．

---

[2] 連続型の場合は，和記号を積分記号に置き換え

$$\mathrm{E}(X) = \int_x x f(x) dx$$

とします（$\int_x$ は「X がとり得る実現値の範囲内で積分する」という略記です）．なお，この章で扱う離散型の性質は連続型でも成立するので，連続型は省略します．

2.2 期待値と分散

> 例 ゆがみのないサイコロ X の期待値は
>
> $$\mathrm{E}(X) = 1 \cdot \underbrace{f(1)}_{=\frac{1}{6}} + 2 \cdot \underbrace{f(2)}_{=\frac{1}{6}} + \cdots + 6 \cdot \underbrace{f(6)}_{=\frac{1}{6}} = 3.5$$
>
> よってサイコロを振る事前に，3.5 ぐらいの値が期待される．

さて，X が確率変数ならば，定数 a, b による X の一次式 $Y = a + bX$ もまた，ランダムネスを伴う確率変数となります．Y の期待値は，確率分布の条件式 (2.3) および期待値の定義式 (2.7) に注意すれば

$$\begin{aligned}\mathrm{E}(a+bX) &= \sum (a+bx_j)f(x_j) \\ &= a\underbrace{\sum f(x_j)}_{=1} + b\underbrace{\sum x_j f(x_j)}_{=\mathrm{E}(X)} = a + b\mathrm{E}(X)\end{aligned}$$

となります（和記号を略記しています）．これを公式としましょう．

公式（期待値の演算ルール）

$$\mathrm{E}(a+bX) = a + b\mathrm{E}(X) \tag{2.9}$$

[証明] 前段で証明済み． ∎

この公式より，例えば $\mathrm{E}(3) = 3$，$\mathrm{E}(-2X) = -2\mathrm{E}(X)$ となります．

2.2.2 分散

確率変数 X のバラつきを測る指標として，**分散**（variance）

$$\mathrm{Var}(X) = \mathrm{E}[(X-\mathrm{E}(X))^2] = \sum (x_j - \mathrm{E}(X))^2 f(x_j) \tag{2.10}$$

があります．分散は各実現値 x_j の期待値からのズレ $(x_j - \mathrm{E}(X))^2$ の加重平均で，記述統計におけるデータの標本分散 s_x^2 と同じ役割を果たします．また分

散の正の平方根 $\sqrt{\mathrm{Var}(X)}$ を，X の**標準偏差**と呼びます．

> **Remark**
> 分散 $\mathrm{Var}(X)$ は X の実現値 $\{x_1, x_2, ..., x_k\}$ の，期待値 $\mathrm{E}(X)$ を軸とする平均的なバラつき．

例 ゆがみのないサイコロ X の期待値は $\mathrm{E}(X) = 3.5$．よって X の分散は

$$\begin{aligned}\mathrm{Var}(X) &= (1-3.5)^2 \cdot f(1) + (2-3.5)^2 \cdot f(2) + \cdots + (6-3.5)^2 \cdot f(6) \\ &= \tfrac{17.5}{6} \approx 2.92\end{aligned} \quad (2.11)$$

また標準偏差は $\sqrt{\mathrm{Var}(X)} \approx 1.71$ となる．

さて，分散の定義式 (2.10) を展開すると

$$\begin{aligned}\mathrm{Var}(X) &= \mathrm{E}[X^2 - 2X\mathrm{E}(X) + \mathrm{E}(X)^2] \\ &= \mathrm{E}(X^2) - 2\mathrm{E}(X)\mathrm{E}(X) + \mathrm{E}(X)^2 = \mathrm{E}(X^2) - \mathrm{E}(X)^2\end{aligned}$$

となり，分散の別表現を得ます．上式の展開で，期待値 $\mathrm{E}(X)$ は定数なので，公式 (2.9) より $\mathrm{E}(\mathrm{E}(X)) = \mathrm{E}(X)$ です．

> **公式**（分散の別表現）
> $$\mathrm{Var}(X) = \mathrm{E}(X^2) - \mathrm{E}(X)^2 \quad (2.12)$$
> ここで $\mathrm{E}(X^2) = \sum x_j^2 f(x_j)$ である．

[証明] 前段で証明済み． ∎

サイコロの分散をこの方法で計算し，(2.11) 式と同じ結果を得ることを確認して下さい．

次に挙げる分散の演算ルールは，公式 (2.9) とともに今後よく使います．

> **公式**（分散の演算ルール）
> $$\mathrm{Var}(a+bX) = b^2 \mathrm{Var}(X) \tag{2.13}$$

[証明] 章末付録を参照. ∎

公式(2.13)より，定数aの分散は$\mathrm{Var}(a)=0$です．分散はバラつきの指標なので，全く動かない定数aの分散がゼロになるのは自然です．例えば$\mathrm{Var}(-5)=0$，$\mathrm{Var}(10+X)=\mathrm{Var}(X)$です．またこの公式で，$X$の係数$b$がその2乗となって効いてくることも大切です．例えば$\mathrm{Var}(-4X)=16\mathrm{Var}(X)$です．

2.3 正規分布

2.3.1 正規分布の特徴

正規分布は，統計学で最も重要な確率分布のひとつです．連続的な確率変数Xの確率$\Pr(a \leq X \leq b) = \int_a^b f(x)dx$が密度関数

$$f(x) = \frac{1}{\sqrt{2\pi\sigma^2}} e^{-\frac{1}{2\sigma^2}(x-\mu)^2}, \quad -\infty < x < \infty \tag{2.14}$$

で与えられるとき，この$f(x)$を**正規分布**と呼びます．上式$\pi \approx 3.14$，$e \approx 2.72$はそれぞれ円周率，自然対数の底（ネイピア数）で，定数です．残りのμ（ミュー）とσ^2（シグマ2乗）は，それぞれ正規分布の期待値と分散に一致します．

> **公式**（正規確率変数の期待値・分散）
> Xが正規分布に従うならば
> $$\mathrm{E}(X) = \mu, \quad \mathrm{Var}(X) = \sigma^2 \tag{2.15}$$

[証明] 松原他（1991）を参照. ∎

図2.3 期待値 μ と分散 σ^2 が異なるさまざまな正規分布 $\mathrm{N}(\mu, \sigma^2)$

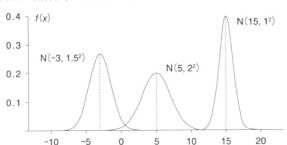

正規分布（normal distribution）の姿は μ と σ^2 の値によって異なるので，

$$X \sim \mathrm{N}(\mu, \sigma^2)$$

と略記し，区別します．図2.3は，三つの異なる正規分布，$\mathrm{N}(-3, 1.5^2)$，$\mathrm{N}(5, 2^2)$，$\mathrm{N}(15, 1^2)$ です．(2.14)式の密度関数を暗記するよりも，次の点をグラフで確認することが肝要です．

Remark 正規分布 $\mathrm{N}(\mu, \sigma^2)$ は，期待値 μ を中心に左右対称の釣鐘型
◆ 期待値 μ が大きいほど，分布の中心は右にシフト．
◆ 分散 σ^2 が大きいほど，分布の散らばりが拡大．

正規分布の基本性質として，次も押さえておきましょう．

公式 ($X \sim \mathrm{N}(\mu, \sigma^2)$ の一次変換)
  $X \sim \mathrm{N}(\mu, \sigma^2)$ ならば，その一次式 $Y = a + bX$ の分布は，
  $$Y \sim \mathrm{N}(a + b\mu, b^2 \sigma^2) \tag{2.16}$$

[証明] 松原他（1991）を参照． ■

つまり $X \sim \mathrm{N}(\mu, \sigma^2)$ を一次変換すると，期待値は $\mu \to a + b\mu$，分散は $\sigma^2 \to b^2 \sigma^2$ と置き換わるものの，分布型は正規分布（左右対称・釣鐘型）のままなのです．例えば正規分布 $X \sim \mathrm{N}(0, 2^2)$ を $Y = 3 + X$ に変換すると，3だけ分布の中心が右にシフトし $Y \sim \mathrm{N}(3, 2^2)$ です．なお，X が正規分布でなく

とも,一般的に公式(2.9)より $E(Y) = a + b\mu$,公式(2.13)より $\text{Var}(Y) = b^2\sigma^2$ です.正規分布で特徴的なのは,一次変換で分布型が保存される点です.

2.3.2 標準正規分布と「±2の壁」

正規確率変数 $X \sim N(\mu, \sigma^2)$ を,次のように変換してみましょう.

$$Z = \frac{X - E(X)}{\sqrt{\text{Var}(X)}} = \frac{X - \mu}{\sigma}$$

この「期待値を引き,次いで標準偏差で割る」変換を一般に,X の**標準化**と呼びます.標準化により通常の $X \sim N(\mu, \sigma^2)$ は,期待値がゼロ,分散が1の特殊な正規分布,**標準正規分布** $Z \sim N(0, 1)$ に生まれ変わります.

> **公式**(正規分布の標準化)
>
> $$X \sim N(\mu, \sigma^2) \xrightarrow{\text{標準化}} Z = \frac{X - \mu}{\sigma} \sim N(0, 1) \tag{2.17}$$

[証明] $Z = -\frac{\mu}{\sigma} + \frac{1}{\sigma}X = a + bX$ と置けば,X の一次式なので,公式(2.16)より

$$Z \sim N\Big(\underbrace{-\frac{\mu}{\sigma} + \frac{1}{\sigma}\mu}_{=0}, \underbrace{\frac{1}{\sigma^2}\sigma^2}_{=1}\Big) \xrightarrow{\text{整理}} Z \sim N(0, 1) \qquad \blacksquare$$

まず X から期待値 μ を引くと,正規分布の重心がゼロに横滑りします.次いで標準偏差(分散の平方根)σ で割ると,分布の広がり具合がちょうど1に調整されます.このプロセスを,グラフを描いて確認してみて下さい.

標準正規分布の密度関数は,(2.14)式で $\mu = 0$, $\sigma^2 = 1$ と置いた

$$\phi(z) = \frac{1}{\sqrt{2\pi}} e^{-\frac{1}{2}z^2} \tag{2.18}$$

で与えられます(ϕ は「ファイ」または「フィー」と発音します).標準正規確率変数は,$Z \sim N(0, 1)$,$Z \sim \phi(z)$ などと略記されます.

図2.4 標準正規分布 $Z \sim N(0, 1)$

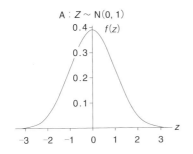
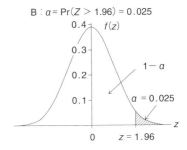

表2.1 $Z \sim N(0, 1)$ の臨界値

	Pr($Z < z$)			Pr($Z > z$)		
確率	0.01	0.025	0.05	0.05	0.025	0.01
臨界値 z	-2.326	-1.960	-1.645	1.645	1.960	2.326
	分布の左端 ←			→ 分布の右端		

図2.4A は N(0,1) のグラフです．この図より，Z が -2 を下回る確率，$+2$ を上回る確率が，ともに非常に小さいことがわかります．Z の尺度で見れば，± 2 は大きな「壁」なのです．

> **Remark** ±2の壁
> $Z \sim N(0,1)$ は，およそ ± 2 の範囲までの確率をカバー．∴Z のスケールで考えると，-2 以下・$+2$ 以上という実現値は極端に小さな・大きな値．めったに起こらない．

表2.1は Z が定数 z を下回る確率 $\Pr(Z < z)$，上回る確率 $\Pr(Z > z)$ を，さまざまな点 z について正確に計算したものです．z は確率 $\Pr(Z < z)$ がちょうど 1％，2.5％，5％ になるようとられており，Z の**臨界値**と呼ばれます．図2.4B は Z の右端2.5％臨界値，$z = 1.960 \approx 2$ を図示しています．斜線部 α の面積が確率 $\Pr(Z > 1.960) = 0.025$ です．また正規分布の対称性から，$\Pr(Z < -1.960) = \Pr(Z > 1.960) = 0.025$ を得ます．グラフで確認した通り，やはり Z にとって ± 2 は極端な値であると言えますね．

2.3.3 標準正規分布の使い方

さて，そもそも $X \sim N(\mu, \sigma^2)$ を標準化する理由は何でしょうか？ それは，私たちが X の実現値 x^* を観測したとき，その x^* が「十分大きいか，それともありふれた値か」を客観的に判断したいからです．次の例を見て下さい．

例 ある湖に住む魚の体長（cm）の分布は $X \sim N(20, 5^2)$ である．A さんは 32cm の魚を釣り上げた．$X = 32$ を標準化し，$Z \sim N(0,1)$ のスケールになおせば

$$z^* = \frac{32 - 20}{5} = 2.4$$

一方，表2.1の Z の臨界値より $\Pr(Z > 2.326) = 0.01$. よってこの魚は 1 ％以下の確率でしかお目にかかれない，非常に大きな魚と判断できる．

$X = 32 > 20$ なので，A さんの釣り上げた魚が平均値より大きいことは確かです．しかし「そこそこ大きいが，ありふれたサイズ」なのか，「驚くほど大きい」のか，判断できません．標準化で実現値 $X = 32$ を Z のスケールになおすことにより，ようやく判断が可能になるのです．表2.1に挙げた Z の臨界値は，「いくら以上を大きいと言うべきか」の客観的な基準値となります．

本書では，図2.4B で見た Z の2.5％臨界値 $z = 1.960 \approx 2$ を「十分大きな値」と定めます．この値は成人男性の身長で言えば187cm ぐらいに相当するので，異論は少ないでしょう．

Remark $X \sim N(\mu, \sigma^2)$ を標準化する目的

実現値 $X = x^*$ を，$Z = z^*$ のスケールに換算して「大小」の判断．
1 $|z^*| > 1.960 \rightarrow x^*$ は極端に大きい（極端に小さい）．
2 $|z^*| < 1.960 \rightarrow x^*$ は大きくも小さくもない．

表2.2 結合分布の例

$h(x,y)$	$Y=2$	$Y=4$	$Y=6$
$X=1$	0.2	0.1	0.1
$X=3$	0.1	0.15	0.1
$X=5$	0	0.1	0.15

2.4 二次元の確率変数

2.4.1 結合分布

しばしば統計分析では,複数の確率変数を同時に扱います.例えば表1.1のマンションデータは,各マンションに関する五個の確率変数の実現値の記録と解釈できます.確率変数の組み合わせに確率を与えるのが,**結合分布**(同時分布)です.例として,ある二つの確率変数 X と Y を考えましょう.X の実現値は $\{1,3,5\}$,Y の実現値は $\{2,4,6\}$ であるとします.さらに実現値のペアの確率が,表2.2で与えられるものと仮定します.例えば「$X=1$ で,かつ $Y=6$」の確率(すなわち**結合確率**)は,表より $\Pr(X=1, Y=6) = 0.1$ です.

二つの確率変数 (X,Y) について,実現値のペアを (x_j, y_s) と表せば,その結合分布は一般的に

$$\Pr(X=x_j, Y=y_s) = h(x_j, y_s) \tag{2.19}$$

で与えられます.(2.1)式で見た一次元の確率分布 $f(x)$ 同様,$h(x_j, y_s)$ が確率であるためには次の条件が必要です.表2.2がこれらを満たすことを確認して下さい.

$$h(x_j, y_s) \geq 0, \quad \sum_j \sum_s h(x_j, y_s) = 1 \tag{2.20}$$

なお上式の二重和「$\sum_j \sum_s$」は,表2.2の全セル(全組み合わせ)の和をとる作業を,数式で示したものです.

2.4 二次元の確率変数

X と Y の和・積の期待値は,

$$\mathrm{E}(X+Y) = \sum_j \sum_s (x_j + y_s) h(x_j, y_s) \tag{2.21}$$

$$\mathrm{E}(XY) = \sum_j \sum_s x_j y_s h(x_j, y_s) \tag{2.22}$$

で得られます．$X+Y$ や XY を一つの確率変数と考えれば，一次元の期待値 (2.7) と本質的に変わりません．

例 表2.2の結合分布について，和の期待値 $\mathrm{E}(X+Y)$ は

$$\mathrm{E}(X+Y) = (1+2)h(1,2) + (1+4)h(1,4) + \cdots + (5+6)h(5,6) = 6.8$$

積の期待値 $\mathrm{E}(XY)$ の計算は，復習問題とする．

結合分布に対し，(2.1) 式のような一次元の分布を**周辺分布**と呼びます[3]．ここで X, Y の周辺分布をそれぞれ $f(x), g(y)$ と置きます．$\mathrm{E}(X+Y)$ や $\mathrm{E}(XY)$ と，$f(x), g(y)$ による個々の期待値 $\mathrm{E}(X), \mathrm{E}(Y)$ には，次の関係があります．

公式（確率変数の和・積の期待値）

$$\mathrm{E}(X+Y) = \mathrm{E}(X) + \mathrm{E}(Y) \tag{2.23}$$

$$\mathrm{E}(XY) \neq \mathrm{E}(X)\mathrm{E}(Y) \quad (\text{特殊ケースを除く}) \tag{2.24}$$

---

3) 厳密には，各周辺分布は結合分布から

$$f(x) = \sum_y h(x, y), \quad g(y) = \sum_x h(x, y)$$

と定義されます．$f(x)$ を得るには y 側を，$g(y)$ を得るには x 側を潰す（和をとる）点に注意しましょう．例えば表2.2の X の周辺分布は，$x = 1, 3, 5$ の各行の確率を足し合わせ

$$f(x) = \begin{cases} 0.4 & (x = 1) \\ 0.35 & (x = 3) \\ 0.25 & (x = 5) \end{cases}$$

となります．「Y が 2 だろうが 4 だろうが 6 だろうが，とにかく $\Pr(X = x)$ となる確率」を表す分布なので，まさに (2.1) 式で見た一次元の分布と同値，というわけです．

[証明] 章末付録を参照. ∎

(2.23)式は期待値演算の「分配法則」です．一方(2.24)式は注意が必要です．一般に X, Y 個々の期待値の積をとっても，積 XY の期待値は得られません．

2.4.2 共分散と和の分散

二つの確率変数 (X, Y) の共変動を測る指標の一つが，**共分散**（covariance）

$$\mathrm{Cov}(X, Y) = \mathrm{E}[(X-\mathrm{E}(X))(Y-\mathrm{E}(Y))] \tag{2.25}$$

です．$\mathrm{E}(X), \mathrm{E}(Y)$ を軸に，実現値 (x_j, y_s) が同方向に動けば $(x_j-\mathrm{E}(X))(y_s-\mathrm{E}(Y)) > 0$，逆方向に動けば $(x_j-\mathrm{E}(X))(y_s-\mathrm{E}(Y)) < 0$ となります．そこで期待値をとり $\mathrm{Cov}(X, Y) > 0$ なら正の相関，$\mathrm{Cov}(X, Y) < 0$ なら負の相関とします．よって考え方は，第1章で見たデータの共分散 s_{xy} と同じです．

なお，共分散には次の別表現があります．定義(2.25)と比較し，扱いやすいほうを用いましょう．

> **公式**（共分散の別表現）
>
> $$\mathrm{Cov}(X, Y) = \mathrm{E}(XY) - \mathrm{E}(X)\mathrm{E}(Y) \tag{2.26}$$

[証明] 公式(2.12)の証明手順を参照. ∎

さて，和 $X+Y$ の期待値は(2.23)式の通りですが，$X+Y$ の分散はまだ扱っていませんでした．和の分散は，

$$\mathrm{Var}(X+Y) = \mathrm{E}\{[(X+Y)-\mathrm{E}(X+Y)]^2\} \tag{2.27}$$

で定義されます．$X+Y$ を一つの確率変数と考えれば，一変数の分散(2.10)と大差ありませんね．ここで注意すべきは，次の性質です．和の分散は，先に定義した共分散と密接な関係があります．

2.4 二次元の確率変数

> **公式** （確率変数の和の分散）
>
> $$\begin{aligned}\mathrm{Var}(X+Y) &= \mathrm{Var}(X)+2\mathrm{Cov}(X,Y)+\mathrm{Var}(Y) \\ &\neq \mathrm{Var}(X)+\mathrm{Var}(Y)\end{aligned} \tag{2.28}$$

[証明] (2.27)式右辺を展開・整理すれば

$$\begin{aligned}\mathrm{Var}(X+Y) &= \mathrm{E}[(X-\mathrm{E}(X)+Y-\mathrm{E}(Y))^2] \\ &= \mathrm{E}[(X-\mathrm{E}(X))^2+2(X-\mathrm{E}(X))(Y-\mathrm{E}(Y))+(Y-\mathrm{E}(Y))^2] \\ &= \underbrace{\mathrm{E}[(X-\mathrm{E}(X))^2]}_{=\mathrm{Var}(X)}+2\underbrace{\mathrm{E}[(X-\mathrm{E}(X))(Y-\mathrm{E}(Y))]}_{=\mathrm{Cov}(X,Y)}+\underbrace{\mathrm{E}[(Y-\mathrm{E}(Y))^2]}_{=\mathrm{Var}(Y)} \\ &= \mathrm{Var}(X)+2\mathrm{Cov}(X,Y)+\mathrm{Var}(Y)\end{aligned}$$

■

したがって $\mathrm{Cov}(X,Y)=0$ という特殊な状況でない限り，「和の分散」と「分散の和」は等しくなりません．ご注意を．

2.4.3 確率変数の独立性

データ分析では，確率変数の「関係性」と同様に，「無関係性」にも注意を払う必要があります．二つの確率変数 (X,Y) のすべての実現値に関し，

$$\underbrace{h(x,y)}_{=\mathrm{Pr}(X=x,Y=y)} = \underbrace{f(x)\times g(y)}_{=\mathrm{Pr}(X=x)\times\mathrm{Pr}(Y=y)} \tag{2.29}$$

が成立するとき，X と Y は互いに**独立**である，と言います[4]．確率変数が独立な場合だけ成立する，非常に重要な性質があります．

> **公式** （独立な確率変数の性質）
>
> $$\mathrm{E}(XY) = \mathrm{E}(X)\mathrm{E}(Y) \tag{2.30}$$
> $$\mathrm{Cov}(X,Y) = 0 \quad (\therefore 無相関) \tag{2.31}$$
> $$\mathrm{Var}(X+Y) = \mathrm{Var}(X)+\mathrm{Var}(Y) \tag{2.32}$$

---

4) より一般的には，二つの事象 A,B があり，その結合確率が $\mathrm{Pr}(A\cap B)=\mathrm{Pr}(A)\mathrm{Pr}(B)$ で与えられるとき，両者は互いに独立であるとされます．

表2.3 確率変数 (X, Y) の独立性

	独立でない	独立
定義	$h(x, y) \neq f(x)g(y)$	$h(x, y) = f(x)g(y)$
	⇓	⇓
積XYの期待値	$E(XY) \neq E(X)E(Y)$	$E(XY) = E(X)E(Y)$
	⇓	⇓
共分散	$Cov(X, Y) = E(XY) - E(X)E(Y) \neq 0$	$Cov(X, Y) = 0$
	⇓	⇓
和$X+Y$の分散	$Var(X+Y) = Var(X) + 2Cov(X, Y) + Var(Y)$	$Var(X+Y) = Var(X) + Var(Y)$
和$X+Y$の期待値	いつでも $E(X+Y) = E(X) + E(Y)$	

[証明] (2.30)式の証明は章末付録を参照．(2.30)式を(2.26)式に代入して(2.31)式を得，(2.31)式を(2.28)式に代入して(2.32)式を得る． ∎

表2.3は，(X, Y) が独立でない・独立なケースをまとめたものです．(X, Y) が独立ならば，$E(XY)$ や $Var(X+Y)$ の計算がとても簡単になります．

Remark

表2.3：(X, Y) が独立でないケースと，独立なケースを比較．

最後に，独立な正規確率変数に関し成立する性質，正規分布の**再生性**を紹介します．この性質から，正規確率変数をいくら足しても，得られるものは正規確率変数となります．

> **公式**（正規分布の再生性）
>
> 二つの確率変数 (X, Y) が互いに独立で，かつ $X \sim N(\mu_X, \sigma_X^2)$，$Y \sim N(\mu_Y, \sigma_Y^2)$ ならば，和 $X+Y$ の分布は
>
> $$X + Y \sim N(\mu_X + \mu_Y, \sigma_X^2 + \sigma_Y^2) \tag{2.33}$$

[証明] 松原他（1991）を参照． ∎

章末付録

復習問題

問題 2.1 図2.2を参考に適当な密度関数 $f(x)$ のグラフを描き，確率 $\Pr(X < d)$ がグラフのどの部分の面積で表されるか，図示せよ（d は定数）．

問題 2.2 ある投資計画の収益率 X について，確率が分布

$$\Pr(X = x) = f(x) = \begin{cases} \frac{3}{4} & (x = 12) \\ \frac{1}{4} & (x = -20) \end{cases}$$

で与えられている．期待値 $\mathrm{E}(X)$ と分散 $\mathrm{Var}(X)$ を求めよ．

問題 2.3 確率変数 X の分散 $\mathrm{Var}(X)$ は，X のどのような特性を測る数値か？

問題 2.4 ある確率変数 X について，$\mathrm{E}(X) = -10$, $\mathrm{Var}(X) = 3$ であるとする．次の期待値と分散を求めよ．

$$\mathrm{E}(-0.5X), \quad \mathrm{E}(2+X), \quad \mathrm{Var}(1+5X), \quad \mathrm{E}[\mathrm{Var}(X)], \quad \mathrm{Var}[\mathrm{E}(X)]$$

問題 2.5 p.28の**例**と同じ湖で，Bさんは期待値 $\mu = 20\,\mathrm{cm}$ より小さい16cmの魚を釣り上げた．この魚は，分布から判断して「非常に小さい」と言えるだろうか？〔ヒント：$X = 16$ を標準化し，表2.1にある $Z \sim \mathrm{N}(0,1)$ の臨界値と比較．〕

問題 2.6 結合分布 $h(x,y)$ が表2.2で与えられる確率変数 (X, Y) に関し，積の期待値 $\mathrm{E}(XY)$ を求めよ．

章末付録

証明 (2.13) $Y = a + bX$ と置けば，公式 (2.9) より $\mathrm{E}(Y) = a + b\mathrm{E}(X)$．よって $Y - \mathrm{E}(Y) = b(X - \mathrm{E}(X))$ なので

$$\mathrm{Var}(a+bX) = \mathrm{Var}(Y) = \mathrm{E}[(Y - \mathrm{E}(Y))^2]$$
$$= \mathrm{E}[b^2(X - \mathrm{E}(X))^2] = b^2 \underbrace{\mathrm{E}[(X - \mathrm{E}(X))^2]}_{=\mathrm{Var}(X)} = b^2 \mathrm{Var}(X)$$

■

証明 (2.23, 2.24) 脚注3の周辺分布の定義に注意すると

$$\begin{aligned}
\mathrm{E}(X+Y) &= \sum_x\sum_y (x+y)h(x,y) = \sum_x\sum_y xh(x,y) + \sum_x\sum_y yh(x,y) \\
&= \sum_x x\underbrace{\sum_y h(x,y)}_{=f(x)} + \sum_y y\underbrace{\sum_x h(x,y)}_{=g(y)} \\
&= \underbrace{\sum_x xf(x)}_{=\mathrm{E}(X)} + \underbrace{\sum_y yg(y)}_{=\mathrm{E}(Y)} = \mathrm{E}(X) + \mathrm{E}(Y)
\end{aligned}$$

したがって和の期待値は期待値の和と等しい．一方

$$\mathrm{E}(XY) = \sum_x\sum_y xyh(x,y) \tag{2.34}$$

$$\mathrm{E}(X)\mathrm{E}(Y) = \left(\sum_x xf(x)\right)\left(\sum_y yg(y)\right) \tag{2.35}$$

よって積の期待値と期待値の積は異なる． ∎

証明 (2.30) 独立ならば $h(x,y) = f(x)g(y)$．これを (2.34) 式右辺に代入すれば

$$\mathrm{E}(XY) = \sum_x\sum_y xyf(x)g(y) = \underbrace{\left(\sum_x xf(x)\right)}_{=\mathrm{E}(X)}\underbrace{\left(\sum_y yg(y)\right)}_{=\mathrm{E}(Y)} = \mathrm{E}(X)\mathrm{E}(Y)$$

∎

第3章 統計的推測

計量経済学の理論を学ぶためには,近代統計学の根幹となる発想法である**統計的推測**を理解しなければなりません.本章では,母集団と標本の対応関係,統計量による母数の推定・仮説検定といった,統計的推測の基礎を概観します.

3.1 統計的推測:「一部」から「全体」を知る

3.1.1 母集団・母数と標本

科学研究ではしばしば,分析対象が非常に広範になります.例えば経済学は,「一般家計の消費支出」や「代表的な事業所の生産技術」を分析します[1].統計学では,この分析対象「全体」のことを**母集団**,また母集団が持つ数量的な特徴を総称して**母数**(または**パラメータ**)と呼びます.分析者の目的は,母集団が持つ未知母数の値を突き止めることにあります.しかしながら,通常,母集団全体の観測は物理的・金銭的な意味で不可能です.

そこで母集団からその一部,**標本**(**サンプル**)を抽出し,標本に基づき母数の値を「これぐらいだろう」と推測します.一部から全体を知る,これが統計的推測なのです.図3.1は,統計的推測の概要を示しています.

---

[1] この状況は,経済学以外にも当てはまります.マーケティングでは「潜在的な顧客」に関心がありますし,医薬品の開発で想定されるのは「代表的な患者」です.水質調査では「ある川を流れる水」の汚染物質濃度が分析対象です.

3.1 統計的推測：「一部」から「全体」を知る

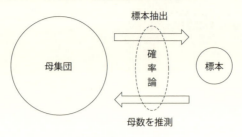

図3.1 統計的推測の全体像

> **例** Aさんは，「女性の働き方」に関する研究をしている．したがってこの研究の母集団は，「女性全体」である．研究上重要となる未知の母数として，年収の平均・標準偏差や，大卒の割合，週労働時間と子ども数の相関係数などが挙げられる．「女性全体」の観測は難しいので，全国から女性を1000人ランダムに抽出し，標本とする．

母集団全体を見ずに，ランダムに集めた標本から母数を推測するのだから，誤差は不可避です．それでは標本をどのように使えば，誤差を最小限に抑止できるでしょうか？ この問いに答えるのが，第2章で学んだ確率論です．

Remark 統計的推測：標本から，未知の母数を統計的に推測（図3.1）
- 母集団 = 分析対象全体．
- 母数（パラメータ）= 母集団の平均や分散など，数量的な特徴．分析者は，これらの値を知りたい．
- 母集団をすべて観測するのは不可能 ⇒ 標本を抽出し，母数を推測．

3.1.2 統計量による標本の集約

ある変数に関するサンプル数 n の標本を，$X_1, X_2, ..., X_n$ と置きます．第2章冒頭で見た通り，標本抽出前には個々の X_i の値は不確実なので，確率変数として扱われるべきです．一方，実際に観測されたデータ（例えば第1章表1.1のマンション価格）は確定した n 個の実現値であり，定数です．この区別は，

サイコロを n 回振って出た目を記録する作業をイメージすれば，容易に理解できます．サイコロの目は確率変数ですが，n 回振って出た目の記録をとれば，それらは定数ですね．

第 1 章では，標本平均 $\bar{X}$ や標本分散 s_X^2 などでデータを要約する術を学びました．$\bar{X}$ や s_X^2 のように，標本 $X_1, X_2, ..., X_n$ を一つにまとめた確率変数を**統計量**あるいは統計と呼びます．標本は確率変数なのだから，標本を統合・集約した統計量もまた偶然に左右される確率変数である点に注目しましょう．標本に頼る以上，統計分析でランダムネスは不可避なのです．データ分析で私たちが目にする分析結果は，統計量の実現値の一つに過ぎません．この認識は，自身の・他者の分析結果を評価する際に重要です．

> **Remark** 統計のランダムネス
> ◆ 観測の事前には，標本 $X_1, X_2, ..., X_n$ は n 個の確率変数 ⇒ $\bar{X}$ や s_X^2 など，標本から作る統計量も，事前には確率変数．
> ◆ ∴ 得られた分析結果は，数ある実現値の一つに過ぎない．

3.2 標本平均の性質

3.2.1 母集団モデル

この節では，標本平均による母平均の統計的推測を通し，「統計のランダムネス」を具体的に示します．ある母集団全体の平均を**母平均**と呼び，μ と表記します．さて，全体の平均・母平均 μ が未知のとき，標本 $X_1, X_2, ..., X_n$ の平均 $\bar{X}$ を μ の近似とみなすのは自然に思えます．

$$\underbrace{\mu = ?}_{\text{全体の平均}} \quad \Rightarrow \quad \underbrace{\bar{X} = \frac{1}{n}\sum X_i}_{\text{標本の平均}} \tag{3.1}$$

はたしてこれは，統計的に正しいアプローチと言えるのでしょうか？

統計手法の「性能」を議論するためには，観測の偶然性・バラつきを，簡単な確率モデルで描写する必要があります．いま，個々の X_i は，次の**誤差モデル**に従って観測されると仮定します．

3.2 標本平均の性質

> **仮定(標本観測の誤差モデル)**
>
> $$X_i = \mu + u_i, \quad u_i \sim \mathrm{N}(0, \sigma^2), \quad i = 1, 2, ..., n \tag{M}$$
>
> ただし $u_1, u_2, ..., u_n$ は互いに独立(**独立標本の仮定**).

ここで X_i の右辺第1項は母平均 μ で,観測を通じて一定である点にご注意下さい.一方第2項の u_i は期待値 $\mathrm{E}(u_i) = 0$,分散 $\mathrm{Var}(u_i) = \sigma^2$ の正規分布 $\mathrm{N}(0, \sigma^2)$ に従って確率的に変動するノイズで,**誤差項**と呼びます.誤差のバラつきの大きさを司る**母分散** σ^2 も,未知の母数です.

私たちが標本 $X_1, X_2, ..., X_n$ を集めると,そこには通常,個体差・変動が見られます.(M)式は標本のバラつきを,代表値である母平均 μ からの確率的な誤差で表現しているのです.誤差項 u_i の意味するところは,具体的にはおもに次の三点です.ただしこれらは混在し,各々を識別するのは一般的に不可能です.

1. **標本抽出の偶然性**:母集団はそれ自体,多様性・個体差を持ち,その多様な母集団から誰が(どれが)抽出されるかは偶然である.
2. **行動の偶然性**:母集団のメンバー(経済主体)は均一だが,各メンバーの意思決定・行動が偶然に左右され,変化している.
3. **観測誤差**:計測ミスや誤記入など,観測上・記録上の純粋なエラー.

誤差モデルのように,ⓐ未知の母数を含み,かつ,ⓑ標本が発生するメカニズムを描写した確率モデルが,**母集団モデル**です.私たちが目にする X_i が常に(M)式に従うとするならば,(M)式こそが全体,すなわち母集団であると言えるでしょう.

(M)式に従えば X_i は,ゼロの周りで分布する正規確率変数 $u_i \sim \mathrm{N}(0, \sigma^2)$ を μ だけずらした確率変数です.ゆえに正規分布の性質(2.16)式より,

$$\begin{cases} X_i = \mu + u_i, \\ u_i \sim \mathrm{N}(0, \sigma^2) \end{cases} \Rightarrow \quad X_i \sim \mathrm{N}(\mu, \sigma^2), \quad i = 1, 2, ..., n \tag{3.2}$$

となり，X_i も正規分布に従うことがわかります．そのため統計学では，(M)式を**正規母集団**と呼びます．また誤差項 u_i の独立性は，X_i の独立性を意味します．社会調査における**無作為抽出**による標本は，独立標本の典型です[2]．

3.2.2 確率変数としての標本平均

(M)式の X_i を $\bar{X}$ の定義に代入し整理すれば，$\bar{X}$ の**誤差表現**を得ます．

$$\bar{X} = \frac{1}{n}\sum(\mu+u_i) = \frac{1}{n}\underbrace{\sum\mu}_{=n\mu}+\frac{1}{n}\sum u_i = \frac{1}{n}\cdot n\mu + \bar{u}$$
$$= \mu+\bar{u}, \quad \bar{u} = \frac{1}{n}\sum u_i \tag{3.3}$$

ただし $\bar{u}$ は誤差項 u_i の平均です．上式より，標本 $X_1, X_2, ..., X_n$ が(M)式に従うならば，標本平均 $\bar{X}$ は母平均 μ に誤差平均 $\bar{u}$ を伴った確率変数であることがわかります．この $\bar{u}$ が，「全体を観察しないゆえの誤差」の正体なのです．$\bar{u}$ のために一般的に $\bar{X} \neq \mu$ となり，標本平均は，真の母平均と一致しません．

> **Remark**　誤差表現：標本平均と母平均の関係
>
> $$標本平均\,\bar{X} = 母平均\,\mu + 誤差の平均\,\bar{u}$$

それでは，標本平均 $\bar{X}$ の確率的な振る舞いは，いかなるものでしょうか？(3.3)式（あるいは上式）によれば，$\bar{X}$ の確率的性質は，誤差平均 $\bar{u}$ のそれに集約されます．そこで，まず $\bar{u}$ の期待値と分散を求めましょう．期待値は，公式(2.23)を n 次元に拡張すれば，$\mathrm{E}(u_i) = 0$ より

---

[2] アンケート調査で i 番目と j 番目の回答者の回答が独立であると想定するのは，自然でしょう．

3.2 標本平均の性質

$$\begin{aligned}
\mathrm{E}(\bar{u}) &= \mathrm{E}\Big[\frac{1}{n}(u_1+u_2+\cdots+u_n)\Big] \\
&= \frac{1}{n}\mathrm{E}(u_1+u_2+\cdots+u_n) \\
&= \frac{1}{n}[\mathrm{E}(u_1)+\mathrm{E}(u_2)+\cdots+\mathrm{E}(u_n)] \\
&= \frac{1}{n}(0+0+\cdots+0) = 0
\end{aligned} \tag{3.4}$$

です.また分散として,独立な確率変数の公式(2.32)および$\mathrm{Var}(u_i) = \sigma^2$から

$$\begin{aligned}
\mathrm{Var}(\bar{u}) &= \mathrm{Var}\Big[\frac{1}{n}(u_1+u_2+\cdots+u_n)\Big] \\
&= \frac{1}{n^2}\mathrm{Var}(u_1+u_2+\cdots+u_n) \\
&= \frac{1}{n^2}[\mathrm{Var}(u_1)+\mathrm{Var}(u_2)+\cdots+\mathrm{Var}(u_n)] \\
&= \frac{1}{n^2}\underbrace{(\sigma^2+\sigma^2+\cdots+\sigma^2)}_{=n\sigma^2} = \frac{\sigma^2}{n}
\end{aligned} \tag{3.5}$$

を得ます.分散の導出には独立性の仮定が必要ですが,期待値の導出には不要である点にご注意下さい.

以上を踏まえると,$\bar{X}$ の期待値と分散は,公式(2.9)および(2.13)から

$$\mathrm{E}(\bar{X}) = \mathrm{E}(\mu+\bar{u}) = \underbrace{\mathrm{E}(\mu)}_{=\mu}+\underbrace{\mathrm{E}(\bar{u})}_{=0} = \mu \tag{3.6}$$

$$\mathrm{Var}(\bar{X}) = \mathrm{Var}(\mu+\bar{u}) = \underbrace{\mathrm{Var}(\mu)}_{=0} + \underbrace{\mathrm{Var}(\bar{u})}_{=\frac{1}{n}\sigma^2} = \frac{1}{n}\sigma^2 \tag{3.7}$$

となります.以上の結果を,公式にまとめておきましょう.

公式（標本平均の期待値と分散）

独立な誤差モデル(M)式に従えば，

$$\mathrm{E}(\bar{X}) = \mu, \quad \mathrm{Var}(\bar{X}) = \frac{1}{n}\sigma^2 \tag{3.8}$$

[証明] 前段で証明済み． ∎

公式(3.8)は，標本平均 $\bar{X}$ の「性能」を考察する土台となります．まず $\mathrm{E}(\bar{X}) = \mu$ より，$\bar{X}$ は事前に母平均 μ ぐらいの値が見込める確率変数です．よって $\bar{X}$ の実現値で未知の μ を推測するのは，合理的と言えます．また $\mathrm{Var}(\bar{X}) = \frac{1}{n}\sigma^2$ より，μ を中心とする $\bar{X}$ のバラつきが，サンプル数 n に反比例することに気付きます．つまり観測が多いほど，$\bar{X}$ の精度が上がるのです．これも私たちの直感に合う結果と言えるでしょう．$n \to \infty$ のとき $\mathrm{Var}(\bar{X}) \to 0$ なので，無限の観測に基づく $\bar{X}$ はやがて μ に収束することも予想できます．

Remark 公式(3.8)より，標本平均 $\bar{X}$ で μ の値を推測するのは合理的

1. $\mathrm{E}(\bar{X}) = \mu$：標本を集める事前に $\bar{X}$ は確率変数だが，ターゲットである μ ぐらいの値が実現値として見込める．
2. $\mathrm{Var}(\bar{X}) = \frac{\sigma^2}{n}$：サンプル数 n が多いほど，$\bar{X}$ の精度が良くなる（n が十分大きければ，誤差はほぼ消えてしまう）．

3.2.3 標本平均の分布

誤差項 u_i が正規分布に従うなら，ただちに標本平均 $\bar{X}$ の分布までもが判明します．まず正規分布の再生成(2.33)式より

$$\sum u_i \sim \mathrm{N}(0+0+\cdots+0, \sigma^2+\sigma^2+\cdots+\sigma^2) \xrightarrow{\text{整理}} \sum u_i \sim \mathrm{N}(0, n\sigma^2) \tag{3.9}$$

を得ます．したがって，公式(2.16)から次式が成立します．

$$\bar{X} = \mu + \frac{1}{n}\sum u_i \sim \mathrm{N}\!\left(\mu, \frac{1}{n^2}n\sigma^2\right) \xrightarrow{\text{整理}} \bar{X} \sim \mathrm{N}\!\left(\mu, \frac{1}{n}\sigma^2\right) \tag{3.10}$$

> **公式**（標本平均の従う分布）
> 誤差項の正規性により，標本平均 $\bar{X}$ の分布は
> $$\bar{X} \sim \mathrm{N}\left(\mu, \frac{\sigma^2}{n}\right) \tag{3.11}$$

[証明] 前段で証明済み． ∎

　上式で，$\bar{X}$ の期待値・分散は，公式(3.8)から変わっていない点に注意しましょう．誤差項の正規性で付加された新事実は，$\bar{X}$ が正規分布をなす点です．公式(3.11)は，3.4節の仮説検定で重要な役割を担います．

　標本平均 $\bar{X}$ による母平均 μ の統計的推測は，私たちに母集団モデルの重要性を教えてくれます．標本 $X_1, X_2, ..., X_n$ の発生プロセスと母数パラメータの役割を結びつけるのが，母集団モデルです．私たちは，標本の母集団モデルを定式化することで，統計量である $\bar{X}$ と母数 μ の関係を陽表的に示すことに成功しました．この姿勢は，今後より複雑な統計分析に進んでも変わらないものです．

　加えて，$\bar{X}$ の性質が，誤差項の性質に左右される点も重要です．例えば，$\bar{X}$ の正規性は，X_i の正規性が成立してはじめて言えます．もし正規分布からかけ離れた，歪んだ分布に従う標本ならば，公式(3.11)を使うことはできません．統計量の性能は一般に，標本の確率的な性質に依存します．ゆえに私たちは，標本の性質に合わせてベストな統計量を選ぶ必要があります．

3.3 母数の推定

3.3.1　良い推定量をデザインする

　前節では正規母集団 $X_i \sim \mathrm{N}(\mu, \sigma^2)$ という，特定の母集団モデルの統計的推測を学びました．一方，この節は，より一般的な母集団に目を向けます．いま，ある母集団モデルが持つ任意の未知母数を一般的に θ（シータ）と表します．統計的推測の作業の一つは，標本 $X_1, X_2, ..., X_n$ を用い，中立的な立場から θ の値を突き止めることです．すなわち，未知母数の**推定**です．またこの目

的に用いられる統計量を**推定量**と呼び，$\hat{\theta}$（シータ・ハット）と表記します．前節を振り返れば，母平均 μ が母数 θ，標本平均 $\bar{X}$ が推定量 $\hat{\theta}$ に当たります．

いま，ある母集団モデルに関し，未知母数を推定する方法を一から開発することになったとします．まさに統計学者の研究領域です．ターゲットである母数 θ に関し，いかなる基準で推定量 $\hat{\theta}$ をデザインすべきでしょうか（「推定量」を「推定方式」，「標本の使い方」と読み換えたほうがわかりやすいかも知れませんね）．注意すべきは，$\hat{\theta}$ は標本 $X_1, X_2, ..., X_n$ から造られるのだから，やはりランダムネスを伴うという点です．そこで $\hat{\theta}$ の「採用基準」を，$\hat{\theta}$ の確率的な性質から規定していきましょう．

3.3.2 推定量の採用基準：不偏性と有効性

良い推定方法の条件としてまず問われるのが，その不偏性です．推定量 $\hat{\theta}$ が

$$\mathrm{E}(\hat{\theta}) = \theta$$

を満たすとき，$\hat{\theta}$ を母数 θ の**不偏推定量**と呼びます[3]．不偏性は，$\hat{\theta}$ は確率的に変動しつつも，θ 近辺の値をとりやすいことを意味します．大雑把に言えば，「当たり（母数 θ）が出やすいくじ引き」のようなものです．

例 公式 (3.8) より $\mathrm{E}(\bar{X}) = \mu$．よって標本平均 $\bar{X}$ は，母平均 μ の不偏推定量．$\bar{X}$ の実現値は，μ ぐらいの値が事前に見込める．

一つの母数 θ に対し，複数の不偏推定量を提案できる場合もあります．複

---

3) 推定量の期待値と母数の差

$$\mathrm{Bias}(\hat{\theta}) = \mathrm{E}(\hat{\theta}) - \theta$$

を，**バイアス**または偏りと呼びます．不偏推定量（unbiased estimator）とは，バイアスがゼロの推定量です．バイアスのある推定量は，その実現値として θ から外れた値を系統的にとります．

数の不偏推定量のうち，分散 $\mathrm{Var}(\hat{\theta})$ が最も小さい $\hat{\theta}$ を**有効推定量**と呼びます．有効性の基準は，$\hat{\theta}$ の，θ を軸にしたブレが最も小さく，安定していることを要求します[4]．有効性は，競合する不偏推定量たちの中からより優れたものを採用する基準になります．

例 公式 (3.8) より $\mathrm{Var}(\bar{X}) = \frac{\sigma^2}{n}$．この分散は，$\mu$ の不偏推定量の中で最小であることが知られている（復習問題を参照）．よって $\bar{X}$ は，μ の有効推定量である．

推定量の性能としては，まず不偏性（推定結果に偏りがないこと）が最優先されます．不偏推定量が複数ある場合は，第二の関門として有効性（安定度）が試されます．分析者は，良い推定と悪い推定，言わば正解と不正解があることを意識すべきです．せっかくのデータです．上手に使いたいものですね．

Remark 標本 $X_1, X_2, ..., X_n$ による母数 θ の推定量，$\hat{\theta}$ の採用基準
1. 不偏性 $\mathrm{E}(\hat{\theta}) = \theta$：第一関門．未知母数 θ 近辺の値が出やすい推定量．
   ⇒ 不偏推定量が複数ある場合は？
2. 有効性（最小分散の不偏推定量）：第二関門．θ から大きく外れにくく，結果が安定した不偏推定量．

3.4 母数の仮説検定

3.4.1 仮説検定の目的と考え方

場合によっては分析者は，未知の母数 θ に関し事前に，**仮説値** $\theta = \theta_*$ を抱いていることがあります．具体的には「基準値は $\theta = \theta_*$ だ」，「理論上 $\theta = \theta_*$ でなければならない」といった具合です．仮説値 θ_* の真偽を統計的に判断す

---

[4] 有効性は efficiency（効率性）の和訳です．推定量のブレを抑える，効率的な標本の使い方をしている，という意味です．計量経済学では efficiency と同値の形容詞として best（最良），optimal（最適），minimum variance（最小分散）などが使われます．

る手順が，母数の**仮説検定**です．前節の推定問題では，分析者は全く無知かつ中立的な立場で，未知母数の値を標本から推定しました．しかし，仮説検定に臨む分析者は，あらかじめ仮説値を持っていて，標本を用いて仮説値の妥当性をチェックする立場にあります．推定と検定の，スタンスの違いにご注意下さい．

本節では，正規母集団の母平均 μ に関する Z 検定と t 検定を例にとり，仮説検定の考え方を学びます．仮説値は一般に，**帰無仮説**（null hypothesis）

$$\mathrm{H}_0 : \mu = \mu_* \tag{3.12}$$

として宣言されます（$\mathrm{H}_0 : \mu - \mu_* = 0$ でも同じことです）[5]．一定の手続きの結果，H_0 が疑わしいと判明したとき，「H_0 は**棄却される**」と言います．

具体例として，工場の品質管理問題を考えましょう．

例 ある工場は製品重量の基準を $\mu = 5$（グラム）と置いている．

$$\mathrm{H}_0 : \mu = 5$$

この仮説値を検定するため $n = 16$ 個の製品 X_i を抽出したところ，標本平均 $\bar{X} = 8$，標本標準偏差 $s_X = 3$ だった．$\bar{X}$ と仮説値の差は $8 - 5 = 3$．H_0 は棄却されるべきだろうか？

私たちは μ の値を知らないので，μ の推定値 $\bar{X}$（標本平均）と μ_* の差，$\bar{X} - \mu_*$ を見て H_0 の棄却を判断するしかありません．$\bar{X}$ は μ の不偏推定量 $\mathrm{E}(\bar{X}) = \mu$ なので，このアプローチは信頼できそうです．しかし不偏推定量とはいえ，誤差表現(3.3)式が示す通り，$\bar{X}$ は μ から誤差平均 $\bar{u}$ だけブレる確率変数です．そこで少々幅を持たせ，推定値と仮説値の差 $\bar{X} - \mu_*$ が「十分」ゼロから離れたら，$\mathrm{H}_0 : \mu = \mu_*$ を棄却することにしましょう．

---

[5] 一方，H_0 が偽であるという命題 $\mathrm{H}_1 : \mu \neq \mu_*$ は**対立仮説**と呼びます．H_1 は，本節では気にしなくても構いません．

3.4 母数の仮説検定

それでは，差 $\bar{X}-\mu_*$ がいくら以上のとき，$H_0: \mu = \mu_*$ をアウトにすればよいでしょうか？　仮説検定のルールとして，客観的な数値基準が必要となります．

3.4.2　Z 検定：母平均の仮説検定

さて，正規母集団から得た標本に基づけば，$\bar{X}$ は公式(3.11)より正規分布に従います．この性質を利用し $\bar{X}$ を標準化（第2章）することで，標準正規分布に従う Z 統計量

$$\bar{X} \sim \mathrm{N}\!\left(\mu, \frac{\sigma^2}{n}\right) \xrightarrow{\text{標準化}} Z = \frac{\bar{X}-\mu}{\sigma/\sqrt{n}} \sim \mathrm{N}(0,1) \tag{3.13}$$

が導かれます．いま問題となっている差 $\bar{X}-\mu_*$ を上式に換算することで，Z 統計量の実現値，Z 値

$$z_* = \frac{\bar{X}-\mu_*}{\sigma/\sqrt{n}} \tag{3.14}$$

を得ます．

第2章で確認した Z の2.5%臨界値，$\Pr(Z > 1.96) = 0.025$ を思い出しましょう．Z の尺度で考えれば，「$1.96 \approx 2$」は非常に大きな値です．そこで，標本平均と仮説値の差 $\bar{X}-\mu_*$ を(3.14)式の Z 値 z_* に換算し，$|z_*| > 1.96 \approx 2$ なら「十分離れている」と判断して帰無仮説 $H_0: \mu = \mu_*$ を棄却しましょう．これを **Z 検定** と呼びます．

> **Remark**　帰無仮説 $H_0: \mu = \mu_*$ の **Z 検定の手順**
> 1. 母平均の推定値と仮説値の差 $\bar{X}-\mu_*$ を，Z 値 z_* に換算．
> 2. $|z_*| > 1.96 \approx 2$ なら，$\bar{X}-\mu_*$ は十分離れていると判断．$H_0: \mu = \mu_*$ を棄却．

このルールで H_0 が棄却された場合，「有意水準5％の両側 Z 検定で，帰無仮説 $H_0: \mu = \mu_*$ は棄却される」と言います．ここで Z の左右2.5%臨界値 $z = -1.96$ および $z = 1.96$ を数値基準としているにも関わらず「有意水準5％」とあるのは，正の乖離 $\bar{X}-\mu_* > 0$（$\Leftrightarrow z_* > 0$）と負の乖離 $\bar{X}-\mu_* < 0$

($\Leftrightarrow z_* < 0$) 両方の可能性を考慮しているためです．事前にどちらの乖離が起こるかはわからないので，両ケース合わせて5％という意味です．

例〔工場の品質管理，続き〕推定値と仮説値の差は $\bar{X} - \mu_* = 3$，サンプル数は $n = 16$．母集団の標準偏差 σ は未知なので，標本の標準偏差 $s_X = 3$ で代用する．$\bar{X} - \mu_*$ を Z 値に換算すると

$$z_* = \frac{8-5}{3/\sqrt{16}} = \frac{3}{3/4} = 4 > 1.96 \tag{3.15}$$

Z の尺度になおすと，差 $\bar{X} - \mu_* = 3$ は大きな乖離である．よって帰無仮説 $H_0 : \mu = 5$ は棄却される（品質基準を満たしていると言えない）．

Z 統計量など，臨界値の計算ができる（いくら以上なら大きいと言えるか判断できる）統計量を**検定統計量**と呼び，S と置きます．仮説検定のポイントは，推定値と仮説値の差 $\hat{\theta} - \theta_*$ を，適当な検定統計量 S に換算し，帰無仮説 $H_0 : \theta = \theta_*$ をジャッジすることです．これは母平均 μ の Z 検定に限らず，計量経済学で登場するさまざまな仮説検定に通用する原理です．

Remark 仮説検定の一般原理（発想法）

$$H_0 : \theta - \theta_* = 0 \xrightarrow{\text{推定値で代用}} \hat{\theta} - \theta_* \xrightarrow{\text{検定統計量}} S \text{ が十分大きければ，} H_0 \text{ を棄却} \tag{3.16}$$

3.4.3 t 検定

上の品質管理の例で，私たちは一つ「ズル」を行いました．それは，未知の σ の代わりに，標本標準偏差 s_X を使って Z 値を求めた点です．Z 統計量 (3.13) 式の σ を s_X で置き換えた「ニセ Z」の分子と分母を，本物の σ で割れば

3.4 母数の仮説検定

$$ニセ\,Z = \frac{\bar{X}-\mu}{s_X/\sqrt{n}} = \frac{\sigma}{s_X}\frac{\bar{X}-\mu}{\sigma/\sqrt{n}} = \frac{\sigma}{s_X}Z = \frac{Z}{s_X/\sigma}$$

となり，本物 Z と s_X/σ の比であることがわかります．また s_X は標本から求めた確率変数なので，結局上式は二つの確率変数 Z と s_X/σ の比と言えます．

この「ニセ Z」には，**t 統計量**という名前が付いています．

$$t = \frac{\bar{X}-\mu}{s_X/\sqrt{n}} \tag{3.17}$$

t 統計量と Z 統計量の違いは，前者が偽物 s_X を，後者が本物 σ を使っている点です．t 統計量は **t 分布**という，正規分布とは別の分布に従います．

$$t \sim \mathrm{T}(m), \quad m = n-1$$

ここで $m=n-1$ は**自由度**と呼ばれる，サンプル数 n で決まる定数です（t 分布の密度関数は非常に複雑なので，本書では割愛します）．

図3.2は自由度 m が異なる二つの t 分布，$\mathrm{T}(3)$ と $\mathrm{T}(30)$ を同じ図に描いたものです．これらのグラフと図2.4の標準正規分布 $\mathrm{N}(0,1)$ を比較すると，$\mathrm{T}(m)$ は $\mathrm{N}(0,1)$ とよく似た形状の分布であることに気付きます．ゼロを中心に左右対称の釣鐘型で，およそ ± 2 の範囲の確率をカバーしている点も共通しています．まさに $\mathrm{T}(m)$ は $\mathrm{N}(0,1)$ の「ニセモノ」ですね．

t 分布の面倒な点は，自由度 m に依存して分布の広がり（つまり分散）が若干変化し，2.5%臨界値の位置が動くことです．このため大半のテキストには，各 m に応じた t 分布の臨界値をまとめた表が添付されています．図3.2の t 分布の 2.5% 臨界値は，本書p.305の付表によれば $\mathrm{T}(3)$ が ± 3.182，$\mathrm{T}(30)$ が ± 2.042 です．

仮説検定で σ を s_X に置き換えたならば，Z ではなく t 統計量の臨界値で棄却の判断をしたほうが正確です．以下，**t 検定**の手順をまとめておきます．

図3.2 二つの t 分布 $\mathrm{T}(3), \mathrm{T}(30)$

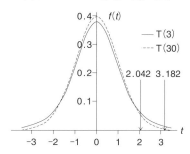

Remark 帰無仮説 $\mathrm{H}_0: \mu = \mu_*$ の t 検定の手順

1 帰無仮説 $\mathrm{H}_0: \mu = \mu_*$ を設定．標本平均と仮説値の差を，t 値に換算．
$$t_* = \frac{\bar{X} - \mu_*}{s_X/\sqrt{n}}$$

2 t 分布表から自由度 $m = n-1$ の 2.5% 臨界値，$t_{0.025}(m)$ を求め，$|t_*| > t_{0.025}(m)$ ならば $\mathrm{H}_0: \mu = \mu_*$ を棄却．

棄却の判断材料が $Z \sim \mathrm{N}(0,1)$ の臨界値から $t \sim \mathrm{T}(m)$ の臨界値に変わっただけで，根底にある原理は Z 検定のときと全く同じです．

例〔工場の品質管理，続き〕(3.15) で求めた Z 値は，厳密には t 値 $t_* = 4$ である．自由度 $m = 16-1 = 15$ の t 分布の 2.5% 臨界値は $t_{0.025}(15) = 2.131$．$t_* = 4 > 2.131$ より，帰無仮説 $\mathrm{H}_0: \mu = 5$ は t 検定でも棄却される．

復習問題

問題3.1 Aさんは，「標本は確率変数である」という考え方が納得できないようである．表1.1や表1.2には具体的な定数値が並んでおり，これらは確率変数ではない，と言って譲らない．Aさんが納得する説明をせよ．

復習問題

問題 3.2 未知の母数 θ に対し二つの推定量の候補 $\hat{\theta}_1, \hat{\theta}_2$ があり,それぞれの確率分布が次の通りであるとする.

$$f(\hat{\theta}_1) = \begin{cases} 0.5 & (\hat{\theta}_1 = 0.5\theta) \\ 0.5 & (\hat{\theta}_1 = 1.5\theta) \end{cases} \quad g(\hat{\theta}_2) = \begin{cases} 0.4 & (\hat{\theta}_2 = 0.5\theta) \\ 0.6 & (\hat{\theta}_2 = 1.5\theta) \end{cases} \tag{3.18}$$

$\hat{\theta}_1$ と $\hat{\theta}_2$ の実現値は $\{0.5\theta, 1.5\theta\}$ で共通だが,確率が異なる.不偏性の基準から,θ の推定量としてどちらが望ましいか? 〔ヒント:$\hat{\theta}_1$ と $\hat{\theta}_2$,それぞれの期待値を求める.〕

問題 3.3 サンプル数 $n=3$ の独立な標本 X_1, X_2, X_3 を用い,母平均 μ の推定量を次式で定義する.

$$\tilde{\mu} = \frac{1}{6}X_1 + \frac{2}{6}X_2 + \frac{3}{6}X_3 \tag{3.19}$$

(1) 推定量 $\tilde{\mu}$ が不偏推定量であること,すなわち $\mathrm{E}(\tilde{\mu}) = \mu$ を示せ.
(2) 一方,公式(3.8)より,標本平均 $\bar{X} = \frac{1}{3}X_1 + \frac{1}{3}X_2 + \frac{1}{3}X_3$ もまた不偏推定量 $\mathrm{E}(\bar{X}) = \mu$ である.μ の推定量として $\tilde{\mu}$ と $\bar{X}$ のどちらが優れているか,有効性の基準で検討せよ.
(3) 正のウェイト w_1, w_2, w_3 で,一般的な μ の推定量 $\tilde{\mu} = w_1 X_1 + w_2 X_2 + w_3 X_3$ を定義する.ウェイトが条件 $w_1 + w_2 + w_3 = 1$ を満たせば $\mathrm{E}(\tilde{\mu}) = \mu$ となることを示せ.

問題 3.4 仮説検定で,推定値と仮説値の差 $\bar{X} - \mu_*$ を,わざわざ Z や t といった検定統計量に換算する狙いは何か? 簡潔に説明せよ.

問題 3.5 データから $n=25$, $\bar{X}=12$, $s_X=10$ を得た.帰無仮説 $\mathrm{H}_0 : \mu = 14$ を t 検定する.
(1) 仮説値 $\mu = 14$ の下で,t 値 t_* を求めよ.
(2) t 分布表から自由度 $m = 25 - 1 = 24$ の 2.5% 臨界値,$t_{0.025}(24)$ を求め,これを t 値と比較し,$\mathrm{H}_0 : \mu = 14$ が棄却されるか否か答えよ.

第II部
古典的仮定の下での回帰分析

第4章 OLS 回帰

　第1章のいくつかの例で見たように，**回帰分析**は「変数間の関係性」を一次式で示す統計手法であり，計量経済学の基礎をなします．本章は手始めに，OLS 回帰の計算法と仕組みを学びます．なお，OLS 回帰は所与のデータを要約・整理する記述統計の一種であり，確率論（第2章）や統計的推測（第3章）の概念は用いません．また，本章の回帰分析は，単一の説明変数のみを使う単回帰です．

4.1 回帰直線と最小 2 乗法（OLS）

4.1.1 回帰直線による散布図の要約

　図4.1Aは，2010年における19政令指定都市の失業率 X_i と生活保護受給率 Y_i の散布図です．この図から両変数の正の相関，すなわち「失業率が高い都市ほど受給率が高い」傾向が見てとれます（両変数の共分散と相関係数は，それぞれ $s_{XY} = 0.89$, $r_{XY} = 0.61$ です）．この散布図の傾向を，**回帰直線**

$$\hat{Y}_i = a + bX_i \tag{4.1}$$

で「一筆書き」してみましょう．一本の回帰直線を散布図上に散らばる n 組の (X_i, Y_i) に当てはめる作業を，「**被説明変数 Y_i を説明変数 X_i に回帰する**」と言います．左辺の $\hat{Y}_i$ は，X_i が与えられたときの Y_i の予測値であり，本物の Y_i と区別するため「ハット」を付けています．

4.1 回帰直線と最小2乗法 (OLS)

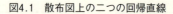

図4.1 散布図上の二つの回帰直線

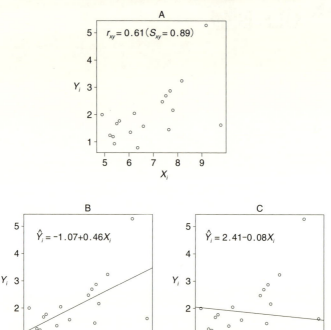

回帰直線(4.1)の切片 a, 傾き b を, **回帰係数**と呼びます. Y_i の X_i への回帰とはすなわち, データに基づき a と b の適切な値を決める作業に他なりません. 図4.1 B と C はそれぞれ, 同一の散布図に対し二つの異なる回帰直線

$$\hat{Y}_i = -1.07 + 0.46 X_i, \quad (a = -1.07, \ b = 0.46) \tag{4.2}$$

$$\hat{Y}_i = 2.41 - 0.08 X_i, \quad (a = 2.41, \ b = 0.08) \tag{4.3}$$

を当てはめたものです. 両者を比較すると, 直線(4.2)の方がデータの特徴をよくとらえています. 仮に点を消し去っても, 散布図の面影をよくイメージできますね. それに対し直線(4.3)は, 散布図の示すトレンドを反映しているとは言えません.

散布図に最もフィットする直線は, 本章の**最小2乗法** (ordinary least

squares，略して OLS）で簡単に，自動的に得られます．実は直線(4.2)は，第1章の(1.4)式と同一の直線で，統計ソフト gretl の OLS コマンドで回帰係数 (a, b) の値を求めています．それに対し直線(4.3)は，最も失業率の低い観測と最も高い観測を結ぶように作られていて，この二点以外にはうまく当てはまりません．

4.1.2 残差・残差2乗和と OLS 原理

OLS で散布図に回帰式を当てはめることの出発点として，残差と残差2乗和を定義しましょう．まず**残差**とは，本物の Y_i と，(4.1)式による予測値 $\hat{Y}_i$ の差です．

$$e_i = Y_i - \hat{Y}_i = Y_i - \underbrace{(a + bX_i)}_{\text{予測値}}, \quad i = 1, 2, ..., n \tag{4.4}$$

残差は，所与の係数 a, b における回帰式の**予測誤差**に他なりません．サンプル数が n ならば，n 個の残差 $e_1, e_2, ..., e_n$ が発生し，それらの値は a, b に依存します．そこで，予測誤差の総和と a, b の関係を**残差2乗和**

$$Q(a, b) = \sum e_i^2 = \sum (Y_i - a - bX_i)^2 \tag{4.5}$$

で示しましょう（$e_i < 0$ の場合もあるので，すべて2乗して正の値にします）．残差2乗和を最小に抑える (a, b) こそが，これから紹介する OLS です．

OLS の計算に入る前に，その原理をグラフで理解しましょう．散布図4.2A はサンプル数 $n = 5$ の二次元データで，各観測点に番号が振られています．図上に適当な回帰直線 $\hat{Y}_i = a + bX_i$ を描けば（図4.2B），残差 $e_i = Y_i - \hat{Y}_i$ は，点 (X_i, Y_i) と回帰直線の「垂直距離」で示されます．例えば一つ目の観測点 (X_1, Y_1) では，説明変数 X_1 に対し予測値が $\hat{Y}_1 = a + bX_1$，被説明変数の値が Y_1 で，$e_1 = Y_1 - \hat{Y}_1 > 0$ です（他の観測点 $i = 2, 3, 4, 5$ もご確認下さい）．

図4.2より，残差の2乗（直線と各観測の距離の2乗）$e_1^2, e_2^2, ..., e_n^2$ を全体的に小さくするように a と b を決めれば，おのずと散布図にフィットする直線が得られることがわかるでしょう．残差2乗和 $Q(a, b)$ は，所与の係数 a, b の下での「回帰式による予測誤差の総和」とも，「回帰式と散布図の不整合の度合い」とも解釈できるのです．

4.1 回帰直線と最小2乗法（OLS）

図4.2 散布図上の回帰直線 $\hat{Y}_i = a + bX_i$ と残差 $e_i = Y_i - \hat{Y}_i$

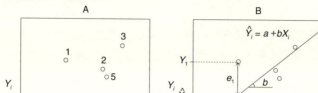

> **Remark** 最小2乗法（OLS）の二つの視点
> 1 予測の視点：回帰直線の予測誤差を，最小化．
> 2 グラフィカルな視点：回帰直線の，散布図への当てはめ．

4.1.3 OLS係数の決定

OLSの原理を理解したところで，実際にOLSで回帰係数を求めてみましょう．残差2乗和 $Q(a, b)$ の最小化を，数学的な最小化問題として整理すれば

$$\min_{a,b} Q(a, b) = \sum e_i^2 = \sum (Y_i - a - bX_i)^2 \xrightarrow{\text{最小化}} a^*, b^* \qquad (4.6)$$

となります．目的関数は $Q(a, b)$，調節可能な変数は a, b です．得られた最小化の解 a^*, b^* を，**OLS係数**と呼びます[1]．

簡単に言えば $Q(a, b)$ の最小化とは，$Q(a, b)$ をグラフに描いたときの「谷底」に相当する a, b の値を探す問題です．図4.3は，$a = \tilde{a}$ と固定し，$Q(b) = Q(\tilde{a}, b)$ と b の関係を示したイメージです．$Q(b)$ の最小値 Q^* に対応する b^* において，$Q(b)$ の傾きはゼロです．一方，最小値に至らない Q^{**} に対応する b^{**} では，$Q(b)$ が正の傾きを持っています．b を固定して a のサイドからグラフを描いても，同様の結論を得ます．そして，任意の a, b における

---

[1] 回帰直線(4.1)では回帰係数 a, b は定数で，X_i が変数です．しかしここでは便宜上，a, b を分析者が調節可能な変数として扱います．また一般的な回帰係数 a, b と区別するため，OLS係数 a^*, b^*（最小化の解）に星印「スター」を付けています．

図4.3 残差2乗和 $Q(b)$ とOLS係数 b^* ($a = \tilde{a}$ に固定)

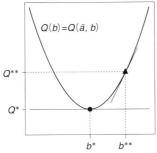

$Q(a, b)$ の傾きは，$Q(a, b)$ の**導関数** $\frac{\partial Q(a, b)}{\partial a}, \frac{\partial Q(a, b)}{\partial b}$ から得られます．

以上の議論から，残差2乗和 $Q(a, b)$ を最小にする a^* と b^* は

$$\underbrace{\frac{\partial Q(a, b)}{\partial a} = 0}_{a\text{側から見た傾きが平ら}}, \quad \underbrace{\frac{\partial Q(a, b)}{\partial b} = 0}_{b\text{側から見た傾きが平ら}} \tag{4.7}$$

を同時に満たす必要があります．実際に二つの導関数を求めゼロと置くと，次の最小化の一階条件を得ます（証明は章末付録を参照）．

$$\begin{cases} \sum e_i = \sum(Y_i - a^* - b^* X_i) = 0 \\ \sum e_i X_i = \sum(Y_i - a^* - b^* X_i) X_i = 0 \end{cases} \tag{4.8}$$

結局 OLS 係数 a^*, b^* は，**連立方程式**(4.8)の解で与えられます．条件式の本数が2，未知数の数も2なので，解が一意に定まりますね．

さて，最小化条件(4.8)をさらに変形すると，**正規方程式**が得られます．

> **公式（正規方程式）**
>
> OLS 係数 a^*, b^* は，次の条件式を満たす．
>
> $$\begin{cases} na^* + b^* \sum X_i = \sum Y_i \\ a^* \sum X_i + b^* \sum X_i^2 = \sum X_i Y_i \end{cases} \tag{4.9}$$

4.1 回帰直線と最小2乗法（OLS）

[証明] (4.8)式の上段・下段の左辺はそれぞれ

$$\sum Y_i - \underbrace{\sum a^*}_{=n\cdot a^*} - \underbrace{\sum b^* X_i}_{=b^*\Sigma X_i} = \sum Y_i - na^* - b^*\sum X_i = 0$$

$$\sum X_i Y_i - \underbrace{\sum a^* X_i}_{=a^*\Sigma X_i} - \underbrace{\sum b^* X_i^2}_{=b^*\Sigma X_i^2} = \sum X_i Y_i - a^*\sum X_i - b^*\sum X_i^2 = 0$$

各項を移項すれば，(4.9)式を得る． ∎

私たちは，正規方程式からただちに OLS 係数を計算することができます．まず (4.9) 式の n, $\sum X_i$, $\sum Y_i$, $\sum X_i^2$, $\sum X_i Y_i$ にデータを埋め，次いでこれを解くことにより，OLS 係数 a^*, b^* が得られます．

例 図 4.1 のデータより，$n = 19$, $\sum X_i = 129.98$, $\sum Y_i = 39.25$, $\sum X_i^2 = 923.94$, $\sum X_i Y_i = 284.45$. 正規方程式を立て，a^*, b^* について解けば

$$\begin{cases} 19a^* + 129.98b^* = 39.25 \\ 129.98a^* + 923.94b^* = 284.45 \end{cases} \Rightarrow \quad a^* = -1.07, \quad b^* = 0.46 \qquad (4.10)$$

（小数点第 2 位まで表示）．OLS による回帰直線は，

$$\hat{Y}_i = -1.07 + 0.46 X_i, \quad n = 19 \qquad (4.11)$$

これは (4.2) 式と同じである．

なお，実際に回帰分析を行う際は，上のような手計算はまず行いません．簡単に OLS が実行できる統計ソフトが多数出回っているので，ご安心下さい．本書は OLS 回帰に関し，フリーの計量分析ソフト，gretl を推奨します．gretl の基本操作および OLS の実行法については，巻末の付録をご参照下さい．

例 表 1.1 のデータで，中古マンション価格 $price_i$（万円）を築年数 age_i（年）に回帰した OLS の結果は，次式の通り．

$$\widehat{\text{price}}_i = 4944.55 - 78.88\,\text{age}_i, \quad n = 196 \tag{4.12}$$

計算は，gretl の OLS コマンドを用いた．築年数が 1 年増えると，マンションの市場価値が約79万円下がる傾向がある．

4.2 OLS 係数の代数的構造

4.2.1 準備：偏差 2 乗和と偏差積和

正規方程式(4.9)にデータ (X_i, Y_i) を放り込めば，OLS 係数 a^* と b^* は計算できますが，OLS の統計的な性質を調べるのに不都合です．そこでこの節では，正規方程式を解き切り，a^* と b^* とデータとの関係を明示します[2]．準備としてまず，X_i と Y_i の標本平均を $\bar{X}, \bar{Y}$，標本分散を s_X^2, s_Y^2，両者の標本共分散を s_{XY} と置きます（詳しくは第 1 章を参照）．また，計算の効率化のため，新たに**偏差 2 乗和**と**偏差積和**を定義します．

$$\text{偏差 2 乗和}: S_{XX} = \sum (X_i - \bar{X})^2, \quad S_{YY} = \sum (Y_i - \bar{Y})^2 \tag{4.13}$$

$$\text{偏差積和}: S_{XY} = \sum (X_i - \bar{X})(Y_i - \bar{Y}) \tag{4.14}$$

定義より，$S_{XX} = (n-1)s_X^2$, $S_{XY} = (n-1)s_{XY}$ です．

偏差 2 乗和・偏差積和ともに，次の別表現を持ちます．

公式（偏差 2 乗和・偏差積和の別表現）

$$S_{XX} = \sum X_i^2 - n\bar{X}^2, \quad S_{YY} = \sum Y_i^2 - n\bar{Y}^2 \tag{4.15}$$

$$S_{XY} = \sum X_i Y_i - n\bar{X}\bar{Y} \tag{4.16}$$

[証明] まず標本平均の定義から $\bar{X} = \frac{1}{n}\sum X_i \Leftrightarrow \sum X_i = n\bar{X}$. 次いで S_{XX} の定義式の右辺を展開・整理すると，

---

[2] 本節では，まるで"テトリス"のような式の変形が続きます．テトリスとは，画面上部から降ってくるブロックを回転させ，平面を作るビデオゲームです．

4.2 OLS 係数の代数的構造

$$S_{XX} = \sum(X_i^2 - 2\bar{X}X_i + \bar{X}^2) = \sum X_i^2 - 2\bar{X}\underbrace{\sum X_i}_{=n\bar{X}} + \underbrace{\sum \bar{X}^2}_{=n\bar{X}^2}$$

$$= \sum X_i^2 - 2n\bar{X}^2 + n\bar{X}^2 \qquad (4.17)$$

$$= \sum X_i^2 - n\bar{X}^2$$

S_{YY} も同様. S_{XY} については復習問題とする. ∎

また,$(X_i - \bar{X})$ を 2 乗して合計すれば偏差 2 乗和 $S_{XX} = \sum(X_i - \bar{X})^2$ ですが,「2 乗せずに」和をとると次のようになります.

> **公式**(偏差和はゼロ)
>
> $$\sum(X_i - \bar{X}) = 0 \qquad (4.18)$$

[証明] 標本平均の定義 $\bar{X} = \frac{1}{n}\sum X_i$ より $\sum X_i = n\bar{X}$. したがって

$$\sum(X_i - \bar{X}) = \sum X_i - \sum \bar{X} = \sum X_i - n\bar{X} = 0 \qquad (4.19)$$

∎

$\sum(X_i - \bar{X})$ は見た目が $S_{XX} = \sum(X_i - \bar{X})^2 \neq 0$ と似ているので,ご注意を.

4.2.2 正規方程式を解く

準備が整ったところで,正規方程式(4.9)を解いてみましょう.まず,通常の連立方程式の要領で b^* を解くと

$$b^* = \frac{n\sum X_i Y_i - \sum X_i \sum Y_i}{n\sum X_i^2 - \sum X_i \sum X_i} \qquad (4.20)$$

という,非常に見通しの悪い表現を得ます.しかし $\sum X_i = n\bar{X}$,$\sum Y_i = n\bar{Y}$ および公式(4.15)に気付けば

第 4 章　OLS 回帰

$$b^* = \frac{n\sum X_i Y_i - n\bar{X}n\bar{Y}}{n\sum X_i^2 - n\bar{X}n\bar{X}} = \frac{\overbrace{\sum X_i Y_i - n\bar{X}\bar{Y}}^{= S_{XY}}}{\underbrace{\sum X_i^2 - n\bar{X}^2}_{= S_{XX}}} = \frac{S_{XY}}{S_{XX}} \quad (4.21)$$

と変形でき，偏差 2 乗和 S_{XX} と偏差積和 S_{XY} の比で表現できます．さらに上式左辺の分子・分母を $(n-1)$ で割れば

$$b^* = \frac{\frac{1}{n-1}S_{XY}}{\frac{1}{n-1}S_{XX}} = \frac{\frac{1}{n-1}\sum(X_i-\bar{X})(Y_i-\bar{Y})}{\frac{1}{n-1}\sum(X_i-\bar{X})^2} = \frac{s_{XY}}{s_X^2} \quad (4.22)$$

であり，b^* は標本分散・共分散の比で与えられます．次いで(4.9)式上段から

$$a^* + b^*\underbrace{\frac{1}{n}\sum X_i}_{=\bar{X}} = \underbrace{\frac{1}{n}\sum Y_i}_{=\bar{Y}} \Leftrightarrow a^* = \bar{Y} - b^*\bar{X}$$

が導かれます．上式に先に求めた b^* を代入することで，a^* が定まります．

> **公式**（OLS係数）
>
> $$a^* = \bar{Y} - b^*\bar{X}, \quad b^* = \frac{S_{XY}}{S_{XX}} = \frac{s_{XY}}{s_X^2} \quad (4.23)$$

[証明]　前段で証明済み．

　公式(4.23)が示すように，最小化問題(4.6)の解である OLS 係数 a^*, b^* は，実は私たちのよく知っている統計量で構成されるのです．また，b^* の分母の標本分散は定義上 $s_X^2 > 0$ なので，b^* の符号は分子の標本共分散 s_{XY} で決まります．したがって b^* の正負だけ知りたければ，s_{XY} の計算で十分と言えます．

Remark　公式(4.23)：OLS 係数 a^*, b^* とその他の統計量の関係
- ◆ a^*, b^* は基本的な統計量 $\bar{X}, \bar{Y}, s_X^2, s_{XY}$ から得られる．
- ◆ b^* の符号 ＝ 共分散 s_{XY} の符号（∵ b^* の符号は s_{XY} を見ればわかる）．

例 データから $\bar{X} = 10$, $\bar{Y} = 20$, $s_X^2 = 2$, $s_{XY} = -1$ を得た ($s_{XY} = -1 < 0$ なので，この段階ですでに二変数の負の相関が判明)．OLS の公式(4.23)にデータを当てはめると

$$b^* = -\frac{1}{2} = -0.5, \quad a^* = 20 - \left(-\frac{1}{2}\right) \times 10 = 25 \tag{4.24}$$

結果を回帰直線にまとめれば，$\hat{Y}_i = 25 - 0.5 X_i$ となる．

4.3 OLS 回帰と OLS 残差

4.3.1 OLS による予測の特徴

この節では，OLS による Y_i の予測と，その残差（予測誤差）の代数的な性質を考察しましょう．OLS 係数 a^*, b^* に基づく特別な回帰直線

$$\hat{Y}_i = a^* + b^* X_i, \quad \text{ただし，} \ a^* = \bar{Y} - b^* \bar{X}, \ b^* = \frac{S_{XY}}{S_{XX}} \tag{4.25}$$

を **OLS 回帰**と呼び，任意の回帰直線(4.1)と区別します．(4.2)式や(4.12)式の直線は OLS で係数を決めているので，皆 OLS 回帰ということになります．今後断りのない限り，$\hat{Y}_i$ は(4.1)式ではなく，(4.25)式による予測値を指すことにします．

a^* は b^* の一次式で与えられるので，(4.25)式の $\hat{Y}_i$ を

$$\hat{Y}_i = \bar{Y} - b^* \bar{X} + b^* X_i = \bar{Y} + (X_i - \bar{X}) b^* \tag{4.26}$$

とし，b^* だけの式に書き換えておくと便利です．

第4章 OLS回帰

> **公式**(OLS回帰の別表現)
> OLS回帰式を b^* だけの式で表すと,
> $$\hat{Y}_i = \bar{Y} + (X_i - \bar{X})b^* \quad \Leftrightarrow \quad \hat{Y}_i - \bar{Y} = (X_i - \bar{X})b^* \qquad (4.27)$$

[証明] 前段で証明済み. ∎

(4.25)式あるいは(4.26)式に仮想的な説明変数の水準 $X_i = X^*$ を代入すれば, X^* の下での Y_i の OLS 予測値 $\hat{Y}^*$ が得られます.これは,OLS 回帰に基づくシミュレーションの一種です.また公式(4.27)の X_i に平均値 $\bar{X}$ を与えると

$$X_i = \bar{X} \quad \Rightarrow \quad \hat{Y}_i = \bar{Y} + (\bar{X} - \bar{X})b^* = \bar{Y} \qquad (4.28)$$

となり, Y_i の予測値も平均値 $\bar{Y}$ になることがわかります.「平均的な X_i を持つ個体は, Y_i も平均的」という訳です.この結果はまた,散布図上に OLS 回帰(4.25)式を描くと,必ず座標 $(\bar{X}, \bar{Y})$ を通ることを意味します.

> **公式**(平均値を通るOLS回帰)
> OLS 回帰は,平均値の座標 $(\bar{X}, \bar{Y})$ を通る.
> $$X_i = \bar{X} \quad \Rightarrow \quad \hat{Y}_i = \bar{Y} \qquad (4.29)$$

[証明] 前段で証明済み. ∎

一方, X_i を仮想値 X^* に固定せず,各観測の値 X_i のままフリーにしておけば,予測値 $\hat{Y}_i$ も最大 n 通りの個体差が生じます.公式(4.27)の両辺の和を求めれば

$$\sum \hat{Y}_i = \sum [\bar{Y} + (X_i - \bar{X})b^*] = \underbrace{\sum \bar{Y}}_{=n\bar{Y}} + b^* \underbrace{\sum (X_i - \bar{X})}_{=0} = n\bar{Y}$$

を得ます.よって上式両辺を n で割れば

4.3 OLS回帰とOLS残差

$$\sum \hat{Y}_i = n\bar{Y} \iff \frac{1}{n}\sum \hat{Y}_i = \bar{Y}$$

となり，OLS予測値 $\hat{Y}_i$ の平均が，本物 Y_i の平均と等しいことがわかります．

> **公式（OLS予測の平均）**
>
> OLSによる予測値 $\hat{Y}_i$ の平均は，Y_i の平均と等しい．
>
> $$\bar{\hat{Y}} = \frac{1}{n}\sum \hat{Y}_i = \bar{Y} \tag{4.30}$$

[証明] 前段で証明済み． ∎

4.3.2 OLS残差

例外的な状況を除き，OLS回帰に残差は付き物です[3]．OLS回帰(4.25)による特別な残差を **OLS残差** と呼び，

$$\hat{u}_i = Y_i - \hat{Y}_i = Y_i - a^* - b^* X_i \tag{4.31}$$

と表記して一般の残差 e_i と区別します．できる限りの努力をした結果残った予測誤差，ということです．この表記を使えば，OLS係数 a^*, b^* で評価した，つまり最小化された残差2乗和は

$$Q^* = Q(a^*, b^*) = \sum \hat{u}_i^2 = \sum (Y_i - a^* - b^* X_i)^2 \tag{4.32}$$

となります．これは図4.3の最小値 Q^* に相当します．あわせて最小化の一階条件(4.8)も，$\hat{u}_i$ で次のように表しましょう．

---

[3] 散布図を描いたとき，すべての観測点が完全に直線に並ぶデータならば，すべての残差はゼロとなります．実際の分析では，このようなことはまずありません．

第4章 OLS回帰

> **公式**（最小化の一階条件）
> 残差2乗和最小化の一階条件は
> $$\sum \hat{u}_i = 0, \quad \sum \hat{u}_i X_i = 0 \tag{4.33}$$
> ただし $\hat{u}_i$ は OLS 残差．

[証明] 単に(4.8)式の e_i を $\hat{u}_i$ と書き換えただけ． ∎

(4.33)式より，$\hat{u}_i$ は，その平均が常にゼロになるように定義されています．

$$\bar{\hat{u}} = \frac{1}{n} \sum \hat{u}_i = 0 \tag{4.34}$$

また，$\hat{u}_i$ と X_i の偏差積和を $S_{X\hat{u}} = \sum (X_i - \bar{X})(\hat{u}_i - \bar{\hat{u}})$ と置けば，次の性質が成立します．

> **公式**（$\hat{u}_i$ と X_i の偏差積和はゼロ）
> $$S_{X\hat{u}} = 0 \tag{4.35}$$

[証明] $\bar{\hat{u}} = 0$ なので，(4.33)式から

$$S_{X\hat{u}} = \sum (X_i - \bar{X})(\hat{u}_i - \bar{\hat{u}}) = \sum (X_i - \bar{X})\hat{u}_i = \underbrace{\sum \hat{u}_i X_i}_{=0} - \bar{X} \underbrace{\sum \hat{u}_i}_{=0} = 0 \tag{4.36}$$

∎

したがって $\hat{u}_i$ と X_i の標本共分散は $s_{X\hat{u}} = \frac{1}{n-1} S_{X\hat{u}} = 0$ で，両者は無相関となります．これは，OLS残差 $\hat{u}_i$ には，X_i で予測できる変動が残っていないことを意味します．OLS回帰 $\hat{Y}_i$ による Y_i の予測が，X_i の持つ情報を余すことなく使っている証拠であり，好ましい結果と言えます．

さらに $\hat{u}_i$ は，$\hat{Y}_i$ とも無相関です．

> **公式**（$\hat{u}_i$ と $\hat{Y}_i$ の偏差積和はゼロ）
>
> $$S_{\hat{Y}\hat{u}} = 0 \tag{4.37}$$

[証明] 公式(4.27)および(4.33)式から

$$S_{\hat{Y}\hat{u}} = \sum(\hat{Y}_i - \bar{Y})(\hat{u}_i - \bar{\hat{u}}) = \sum \underbrace{(\hat{Y}_i - \bar{Y})}_{=(X_i - \bar{X})b^*}\hat{u}_i = b^*\underbrace{\sum(X_i - \bar{X})\hat{u}_i}_{=S_{X\hat{u}}=0} = 0 \tag{4.38}$$

■

ゆえに両者の共分散も $s_{\hat{Y}\hat{u}} = \frac{1}{n-1}S_{X\hat{u}} = 0$ です。X_i と $\hat{u}_i$ が無相関なのだから，X_i の一次式である $\hat{Y}_i$ も $\hat{u}_i$ と無相関となるのは自然な結果ですね。

4.4 決定係数

4.4.1 偏差2乗和の分解公式

OLS の目的は，散布図 (X_i, Y_i) に回帰直線を当てはめることなので，当てはまりの度合いを事後評価する必要があります。この節は，OLS 回帰のデータへの適合度を事後評価する指標として，決定係数を定義します。まず準備として，Y_i の偏差2乗和 S_{YY} に関する分解公式を導出しましょう。

OLS 回帰(4.31)を移項すれば，恒等的な関係式

$$Y_i = \hat{Y}_i + \hat{u}_i \tag{4.39}$$

を得ます。Y_i は，OLS 回帰で予測される $\hat{Y}_i$ と，OLS 残差 $\hat{u}_i$ （予測誤差）の和で表されます。はたして $\hat{Y}_i$ は，Y_i の動きを何割程度説明できているでしょうか？　まずは $\hat{Y}_i$ 自体の総変動を測るために，**回帰2乗和**

$$S_{\hat{Y}\hat{Y}} = \sum(\hat{Y}_i - \bar{Y})^2$$

を定義しましょう。これは $\hat{Y}_i$ の偏差2乗和に他なりません。

さて，(4.39)式両辺から $\bar{Y}$ を引けば

$$Y_i - \bar{Y} = \hat{Y}_i - \bar{Y} + \hat{u}_i \tag{4.40}$$

で，さらに両辺を2乗すると

$$\begin{aligned}(Y_i - \bar{Y})^2 &= [(\hat{Y}_i - \bar{Y}) + \hat{u}_i]^2 \\ &= (\hat{Y}_i - \bar{Y})^2 + 2(\hat{Y}_i - \bar{Y})\hat{u}_i + \hat{u}_i^2\end{aligned} \tag{4.41}$$

が得られます．上式両辺の和をとり，公式(4.37)を使えば

$$\underbrace{\sum (Y_i - \bar{Y})^2}_{=S_{YY}} = \sum [(\hat{Y}_i - \bar{Y})^2 + 2(\hat{Y}_i - \bar{Y})\hat{u}_i + \hat{u}_i^2]$$

$$= \underbrace{\sum (\hat{Y}_i - \bar{Y})^2}_{=S_{\hat{Y}\hat{Y}}} + 2\underbrace{\sum (\hat{Y}_i - \bar{Y})\hat{u}_i}_{=S_{\hat{Y}u}=0} + \underbrace{\sum \hat{u}_i^2}_{=Q^*}$$

となります．上式左辺は，Y_i の偏差2乗和 S_{YY} の定義そのものです．結局 S_{YY} は，回帰変動と，最小化された残差2乗和の和に分解されます．

公式（偏差2乗和の分解公式）

$$S_{YY} = S_{\hat{Y}\hat{Y}} + Q^* \tag{4.42}$$

[証明] 前段で証明済み． ∎

公式(4.42)の $S_{YY}, S_{\hat{Y}\hat{Y}}, Q^*$ は皆2乗和なので，どれも非負である点に注意しましょう．このことと公式(4.42)を合わせれば $S_{YY} > S_{\hat{Y}\hat{Y}}$ が成立し，予測値 $\hat{Y}_i$ の変動は，本物 Y_i の変動を下回ることがわかります．例えるならば，Y_i は生身の人間，$\hat{Y}_i$ はその動きを似せたロボットです（OLSは，なるべく精巧なロボットを作る手段です）．ロボットが本物ほど精密に動けないのは，自然な結論でしょう．

4.4.2　決定係数 R^2：モデルの当てはまり

分解公式(4.42)から，OLS予測のデータへの当てはまりを測る**決定係数**

4.4 決定係数

$$R^2 = \frac{S_{\hat{Y}\hat{Y}}}{S_{YY}} \tag{4.43}$$

を定義しましょう．公式(4.42)およびその導出過程から明らかな通り，決定係数 R^2 は「Y_i の総変動のうち，OLS 回帰で説明できた割合」と解釈できます．なお R^2 は OLS の残差 2 乗和 Q^* を使って

$$R^2 = 1 - \frac{Q^*}{S_{YY}} \tag{4.44}$$

と表現することもできます．

決定係数 R^2 の重要な性質は，下限と上限がはっきりしている点です．

> **公式**（決定係数の下限・上限）
>
> $$0 \leq R^2 \leq 1 \tag{4.45}$$

[証明] 公式(4.42)および $S_{YY} \geq 0$, $S_{\hat{Y}\hat{Y}} \geq 0$, $Q^* \geq 0$ から明らか． ∎

R^2 が 1 に近いほど，Y_i の変動が OLS 回帰 $\hat{Y}_i$ でよく説明されている，あるいは同じことですが，$\hat{Y}_i$ がデータによくフィットしている証拠となります．OLS を行ったら，OLS の係数 a^*, b^* とともに決定係数 R^2 もレポートしましょう．統計ソフトで OLS を実行すれば，これらはすべて自動出力されます．

> **Remark** 決定係数 R^2 で，OLS 回帰のデータへの適合度を評価
>
> $$R^2 = \frac{S_{\hat{Y}\hat{Y}}}{S_{YY}} = \frac{\text{OLS で予測された変動}}{Y_i \text{ の総変動}}, \quad 0 \leq R^2 \leq 1 \tag{4.46}$$
>
> ◆ R^2 が 1 に近い ⇒ 当てはまりが良い
> ◆ R^2 が 0 に近い ⇒ 当てはまりが悪い

> **例** (4.12)式の中古マンションの OLS 回帰に,決定係数を書き添えると,
>
> $$\widehat{\text{price}}_i = 4944.55 - 78.88\, \text{age}_i, \quad n = 196, \quad R^2 = 0.18 \tag{4.47}$$
>
> 築年数 age_i の違いにより,価格 price_i のバラつきが18%程度説明できる.

復習問題

問題 4.1 公式(4.16)の,S_{XY} に関するパートを証明せよ.

問題 4.2 データから $s_{XY} = 25$,$s_X^2 = 10$,$\bar{Y} = 10$,$\bar{X} = 2$ を得た.回帰直線 $Y_i = a + bX_i$ の OLS 係数 a^*, b^* を求めよ.

問題 4.3 定数項のない回帰直線 $\hat{Y}_i = bX_i$ について,b の OLS 推定量が

$$b^* = \frac{\sum X_i Y_i}{\sum X_i^2} \tag{4.48}$$

となることを示せ.〔ヒント:この直線の残差は $e_i = Y_i - bX_i$ なので,残差2乗和は

$$\begin{aligned} Q(b) = \sum e_i^2 &= \sum (Y_i^2 - 2X_i Y_i b + X_i^2 b^2) \\ &= (\sum Y_i^2) - 2(\sum X_i Y_i) b + (\sum X_i^2) b^2 \\ &= c_1 - 2c_2 b + c_3 b^2 \end{aligned} \tag{4.49}$$

で,b の2次関数である.これを b で微分し,最小化の一階条件を求めればよい.〕

問題 4.4 定数項だけの回帰直線 $\hat{Y}_i = a$ について,a の OLS 推定量が

$$a^* = \frac{1}{n} \sum Y_i$$

となること,つまり標本平均 $\bar{Y}$ であることを示せ.〔ヒント:この直線の残差は $e_i = Y_i - a$.ここから残差2乗和を作る.〕

問題 4.5 OLS 回帰の結果,Y_i の偏差2乗和 $S_{YY} = 20$,回帰2乗和 $S_{\hat{Y}\hat{Y}} = 15$ を得た.決定

章末付録

係数 R^2 を求めよ．

> 章末付録

証明 (4.8) 目的関数 $Q(a,b) = \sum e_i^2$ について，e_i^2 は e_i の 2 次関数，$e_i = Y_i - a - bX_i$ は a, b の 1 次関数である点に注目する．

$$a, b \to e_i \to e_i^2 \tag{4.50}$$

e_i^2 を e_i で，$e_i = Y_i - a - bX_i$ を a および b で偏微分すれば

$$\frac{de_i^2}{de_i} = 2e_i, \quad \frac{\partial e_i}{\partial a} = -1, \quad \frac{\partial e_i}{\partial b} = -X_i$$

合成関数の微分公式（チェーン・ルール）を用いると，

$$\frac{\partial e_i^2}{\partial a} = \underbrace{\frac{de_i^2}{de_i}}_{=2e_i} \times \underbrace{\frac{\partial e_i}{\partial a}}_{=-1} = -2e_i, \quad \frac{\partial e_i^2}{\partial b} = \underbrace{\frac{de_i^2}{de_i}}_{=2e_i} \times \underbrace{\frac{\partial e_i}{\partial b}}_{=-X_i} = -2e_i X_i$$

よって $Q(a,b)$ の a, b に関する偏導関数はそれぞれ

$$\frac{\partial Q(a,b)}{\partial b} = \sum \frac{\partial e_i^2}{\partial a} = -2\sum e_i, \quad \frac{\partial Q(a,b)}{\partial b} = \sum \frac{\partial e_i^2}{\partial b} = -2\sum e_i X_i$$

したがって最小化の一階条件は，

$$\frac{\partial Q(a,b)}{\partial a} = 0 \Leftrightarrow \sum e_i = 0$$

$$\frac{\partial Q(a,b)}{\partial b} = 0 \Leftrightarrow \sum e_i X_i = 0$$

を満たす (a, b) である． ∎

第5章 古典的回帰モデル

本章は統計的推測(第3章)の立場から,回帰分析を再考します.まず説明変数 X_i と被説明変数 Y_i の依存関係を,改めて確率的な線形回帰モデルとして定式化します.次いで古典的仮定の下で,OLS の統計上の性質を明らかにします.回帰係数の有意性検定の手順もマスターしましょう.

5.1 回帰分析の古典的仮定

5.1.1 線形回帰モデル:回帰直線と確率誤差の出会い

前章は二次元データ (X_i, Y_i) の関係を,OLS 回帰(以下再掲)で分析しました.

$$\hat{Y}_i = a^* + b^* X_i \tag{5.1}$$

OLS 係数 a^*, b^* は,回帰直線の散布図へのフィット,あるいは同じことですが,残差2乗和の最小化により得られました.しかし,いくら努力して直線を散布図上のデータ (X_i, Y_i) に当てはめても,OLS 残差 $\hat{u}_i = Y_i - \hat{Y}_i$ は生じます.説明変数 X_i だけで被説明変数 Y_i の変動を説明するのは,どだい無理な話です.

そこで,あらかじめ回帰式の誤差を認め,Y_i は次の**線形回帰モデル**に従って変動すると仮定します.

5.1 回帰分析の古典的仮定

仮定（線形回帰モデル）

$$Y_i = \alpha + \beta X_i + u_i, \quad i = 1, 2, ..., n \qquad \text{(CA0)}$$

　前章の回帰直線(5.1)との違いは，右辺に**誤差項** u_i を持つ点です．誤差項は，先に指摘した，説明変数 X_i で説明できない Y_i のバラつきをとらえた確率変数です．(CA0)式は，回帰直線(5.1)に，第3章で登場した誤差モデルの要素を加えたモデルと解釈できます．(CA0)式によれば，私たちが観測する Y_i の変動・個体差は二つの要因からなります．一つはデータとして観測できる X_i，もう一つは観測不能な確率的ノイズ u_i です（誤差項 u_i と OLS 残差 $\hat{u}_i$ は異なるので，ご注意を）．これからは(CA0)式の切片 α（アルファ），傾き β（ベータ）を，改めて**回帰係数**と呼ぶことにしましょう[1]．

　第3章の統計的推測の言葉を使えば，標本 (X_i, Y_i) の観測プロセスを表現した母集団モデルは(CA0)式，推定・検定の対象となる未知の母数は回帰係数 α, β です．(CA0)式に従って変動する標本 (X_i, Y_i) を収集・分析すれば，さかのぼって α, β の値を推測することができるはずです．

Remark 　回帰係数 α, β の統計的推測

$$\underbrace{Y_i = \alpha + \beta X_i + u_i}_{\text{母集団（母数 }\alpha, \beta\text{）}} \xrightarrow{\text{標本を観測}} \underbrace{(X_1, Y_1), (X_2, Y_2), ..., (X_n, Y_n)}_{\text{標本}}$$
$$\xleftarrow{\alpha, \beta \text{ の推定・仮説検定}}$$

5.1.2 古典的回帰モデル

　(CA0)式は，登場する変数の確率的な性質を明記しておらず，母集団モデルの記述として不完全です．本書第Ⅱ部では，次の**古典的仮定**（classical assumption, CA）を満たす標本を想定します．これらの仮定を満たすとき，

---
[1] 回帰直線(5.1)の切片 a，傾き b と区別するため，ギリシア文字 α, β で表記しています．

(CA0)式は**古典的回帰モデル**と呼ばれます．

仮定（回帰分析の古典的仮定）

- ◆ 非確率的な説明変数 : $X_1, X_2, ..., X_n$ は n 個の定数 　(CA1)
- ◆ 期待値はゼロ　　　　: $\mathrm{E}(u_i) = 0$ 　(CA2)
- ◆ 母分散の均一性　　　: $\mathrm{Var}(u_i) = \mathrm{E}(u_i^2) = \sigma^2$ 　(CA3)
- ◆ 独立標本⇒無相関　　: $\mathrm{Cov}(u_i, u_j) = \mathrm{E}(u_i u_j) = 0$ 　(CA4)
- ◆ 正規性　　　　　　　: $u_i \sim \mathrm{N}(0, \sigma^2)$ 　(CA5)

仮定(CA2)から仮定(CA5)は，誤差項 u_i に関する仮定です．標本の誤差モデル（第3章）と同様ですね．仮定(CA3)または仮定(CA5)の σ^2 は，u_i の**母分散**です．なお仮定(CA3)と仮定(CA4)の表記には，少々注意を要します．仮定(CA2)より $\mathrm{E}(u_i) = 0$ なので，u_i の分散は仮定(CA3)の如何に関わらず

$$\mathrm{Var}(u_i) = \mathrm{E}[(u_i - \mathrm{E}(u_i))^2] = \mathrm{E}(u_i^2) \qquad (5.2)$$

となります．上式の値が常に σ^2 で一定である，というのが仮定(CA3)の要求です．誤差項に限らず一般的に，期待値がゼロの確率変数を2乗して期待値をとると，分散が得られます．同様の理由で，共分散は $\mathrm{Cov}(u_i, u_j) = \mathrm{E}(u_i u_j)$ となります（ご確認下さい）．

気になるのは，X_i を非確率変数扱いする仮定(CA1)です．仮定(CA1)は，回帰分析が実験データ（第1章）の解析で発展したことに由来します．すなわち，分析者が n 通りの X_i の値 $\{x_1, x_2, ..., x_n\}$（例えば薬品投与量）を被験者 i に与え，それを受けて Y_i（例えば血圧）の個体差が生じた状況を想定しているのです．なるほどこの状況では，Y_i を観測する前から X_i の値は確定していて，確率変数ではありません．非実験データをおもに使う私たちは違和感を感じますが，分析が格段にやさしくなるので，当面は仮定(CA1)のお世話になりましょう[2]．

---
2)「分析者が X_i の値を指定する」という意味で，仮定(CA1)を**指定変数**の仮定とも呼びます．

5.1 回帰分析の古典的仮定

ここで古典的回帰モデルの特徴を総括しておきましょう．(CA0)式の期待値をとれば，仮定(CA1)と仮定(CA2)より

$$E(Y_i) = E(\alpha + \beta X_i + u_i) = \alpha + \beta X_i + \underbrace{E(u_i)}_{=0} = \alpha + \beta X_i$$

となります．仮定(CA1)より X_i は定数なので，第2章の公式(2.9)より $E(X_i) = X_i$ とできます．また $Y_i - E(Y_i) = \alpha + \beta X_i + u_i - (\alpha + \beta X_i) = u_i$ なので，Y_i の分散は仮定(CA3)より次式で与えられます．

$$\mathrm{Var}(Y_i) = E[(Y_i - E(Y_i))^2] = \underbrace{E(u_i^2)}_{=\sigma^2} = \sigma^2$$

こちらは X_i に依存せず，母分散 σ^2 で一定です．さらに仮定(CA5)の $u_i \sim N(0, \sigma^2)$ の中心を定数（母平均）$E(Y_i) = \alpha + \beta X_i$ だけシフトすると，正規分布に関する公式(2.16)より $Y_i \sim N(\alpha + \beta X_i, \sigma^2)$ を得ます．古典的回帰モデルは結局，「X_i に依存して期待値がシフトする Y_i の正規母集団」になります．

公式（古典的回帰モデルの構造）

古典的回帰モデルは，次式の構造を持つ正規母集団である．

$$Y_i \sim N(\alpha + \beta X_i, \sigma^2), \quad \underbrace{E(Y_i) = \alpha + \beta X_i}_{\text{期待値}(X_i \text{に依存})}, \quad \underbrace{\mathrm{Var}(Y_i) = \sigma^2}_{\text{母分散（一定）}} \quad (5.3)$$

[証明] 前段で証明済み．

図5.1は $\beta > 0$ の古典的回帰モデルを，(X_i, Y_i) 平面上に描いたイメージです．まず X_i の値で期待値 $E(Y_i)$ の位置が決まり，次いで誤差 u_i が加わることで $E(Y_i)$ を中心に据えた Y_i の正規分布が形成されます．重要なのは，同じ X_i の値を持つ個体でも，u_i の違いで Y_i の観測に差異が生まれる点です．

前章の OLS 回帰は，まず散布図に n 個の観測点 (X_i, Y_i) があって，そこに回帰直線 $\hat{Y}_i = a + bX_i$ をフィットさせるという発想でした．それに対し本章は，もともと母平均のモデル $E(Y_i) = \alpha + \beta X_i$ があり，そこから u_i による確率的な乖離で n 組の (X_i, Y_i) が観測されると考えます．私たちが次に考えるべきことは，いかにして (X_i, Y_i) から α と β をリカバーするか，すなわち回帰係数の推定です．

図5.1 古典的回帰モデル：$Y_i = \alpha + \beta X_i + u_i, \quad u_i \sim N(0, \sigma^2)$

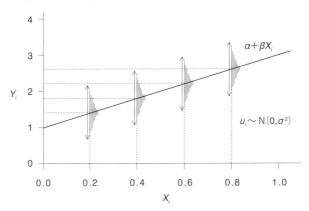

Remark OLS回帰（第4章）と古典的回帰モデル（第5章）の違い
- ◆ OLS回帰：はじめにデータありき．所与の散布図 (X_i, Y_i) に，回帰式 $\hat{Y}_i = a + bX_i$ を当てはめ（∴記述統計の一種）．
- ◆ 古典的回帰モデル：はじめにモデルありき．母平均の式 $E(Y_i) = \alpha + \beta X_i$ から，(X_i, Y_i) が発生．⇒ (X_i, Y_i) から α と β を推定するには？

5.2 回帰係数のOLS推定

5.2.1 OLS推定量

回帰係数 α, β の推定量として，前章で導出した OLS 係数 a^*, b^* を「とりあえず」採用してみます．すなわち，残差2乗和最小化の一階条件を満たす次式の $\hat{\alpha}, \hat{\beta}$ を，α, β の **OLS推定量** と定義します．

$$\begin{cases} \sum \hat{u}_i = \sum (Y_i - \hat{\alpha} - \hat{\beta} X_i) = 0 \\ \sum \hat{u}_i X_i = \sum (Y_i - \hat{\alpha} - \hat{\beta} X_i) X_i = 0 \end{cases} \Rightarrow \hat{\alpha} = \bar{Y} - \hat{\beta} \bar{X}, \quad \hat{\beta} = \frac{S_{XY}}{S_{XX}} \quad (5.4)$$

前章の公式(4.8), (4.23)および(4.33)を今一度ご確認下さい．

「回帰直線と線形回帰モデルは見た目がよく似ているから，OLSで何とかなるのでは？」 計量経済学の習得には，こういった大胆なイメージも必要です．しかしながらOLSは，前章で見た通り，残差2乗和（ある種の予測誤差）

5.2 回帰係数の OLS 推定

を最小にするという方針で得たものです．第3章で定義した望ましい推定量の採用基準，不偏性と有効性を満たす保証はありません．そこで本節では，推定量としての OLS の性質を詳しく調べます．

準備として，OLS 推定量 $\hat{\alpha}, \hat{\beta}$ の代数構造をもう少し考えてみましょう．まず偏差2乗和 S_{XX}，偏差積和 S_{XY} に関する公式を導出しておきます．

> **公式（偏差2乗和・偏差積和の別表現：その2）**
>
> $$S_{XX} = \sum (X_i - \bar{X})X_i, \quad S_{XY} = \sum (X_i - \bar{X})Y_i \tag{5.5}$$

[証明] 公式(4.18)より偏差の和がゼロなので，

$$\begin{aligned} S_{XY} = \sum (X_i - \bar{X})(Y_i - \bar{Y}) &= \sum [(X_i - \bar{X})Y_i - (X_i - \bar{X})\bar{Y}] \\ &= \sum (X_i - \bar{X})Y_i - \bar{Y}\underbrace{\sum (X_i - \bar{X})}_{=0} = \sum (X_i - \bar{X})Y_i \end{aligned}$$

S_{XX} に関しては各自で確認されたい． ∎

(5.4)式に示した $\hat{\beta}$ の分子 S_{XY} に上の公式を代入し変形すると，

$$\hat{\beta} = \frac{1}{S_{XX}} \sum (X_i - \bar{X})Y_i = \sum \left(\frac{X_i - \bar{X}}{S_{XX}} \right) Y_i = \sum w_i Y_i, \quad w_i = \frac{X_i - \bar{X}}{S_{XX}} \tag{5.6}$$

を得ます．この w_i を **OLS ウェイト** と呼ぶことにしましょう．上式より $\hat{\beta}$ は，w_i をウェイトとする Y_i の一次式であることがわかります．このような推定量は一般的に，**線形推定量** と呼ばれます[3]．

> **公式（OLS推定量の線形性）**
>
> $\hat{\beta}$ は，OLS ウェイト w_i による Y_i の加重和．
>
> $$\hat{\beta} = \sum w_i Y_i = w_1 Y_1 + w_2 Y_2 + \cdots + w_n Y_n, \quad w_i = \frac{X_i - \bar{X}}{S_{XX}} \tag{5.7}$$

[証明] 前段で証明済み． ∎

OLS ウェイト w_i には，今後頻繁に利用する三つの性質があります．

公式（OLSウェイトの性質）

◆ 和はゼロ　　　　　　：$\sum w_i = 0$ 　　　　　　　　　　　　　(5.8)

◆ X_iとの積和は1　　：$\sum w_i X_i = 1$ 　　　　　　　　　　　(5.9)

◆ 2乗和はS_{XX}の逆数：$\sum w_i^2 = \dfrac{1}{S_{XX}}$ 　　　　　　　　　(5.10)

[証明] 公式(4.18)，公式(5.5)，およびS_{XX}の定義をそれぞれ使えば，

$$\sum w_i = \sum \frac{X_i - \bar{X}}{S_{XX}} = \frac{1}{S_{XX}} \underbrace{\sum (X_i - \bar{X})}_{= 0} = 0$$

$$\sum w_i X_i = \sum \frac{(X_i - \bar{X})}{S_{XX}} X_i = \frac{1}{S_{XX}} \underbrace{\sum (X_i - \bar{X}) X_i}_{= S_{XX}} = 1$$

$$\sum w_i^2 = \sum \frac{(X_i - \bar{X})^2}{S_{XX}^2} = \frac{1}{S_{XX}^2} \underbrace{\sum (X_i - \bar{X})^2}_{= S_{XX}} = \frac{1}{S_{XX}} \quad ■$$

5.2.2　OLS推定量の期待値と分散

さて，公式(5.7)のY_iに回帰モデル(CA0)を代入し，展開・整理すると，公式(5.8)および公式(5.9)から次のようになります．

$$\hat{\beta} = \sum w_i Y_i = \sum w_i (\alpha + \beta X_i + u_i) = \alpha \underbrace{\sum w_i}_{= 0} + \beta \underbrace{\sum w_i X_i}_{= 1} + \sum w_i u_i$$

$$= \beta + \sum w_i u_i \quad (5.11)$$

上式より，OLS推定量$\hat{\beta}$は，真のβの周りを誤差の加重和$\sum w_i u_i$だけバラつく確率変数であり，一般に$\hat{\beta} \neq \beta$であることがわかります．この表現に見覚えはないでしょうか？　そう，第3章の標本平均の誤差表現(3.3)に似ていますね．推定量の誤差表現は，多くの推定問題で登場し，その性能を評価する際に大変重宝します．

3）標本平均も

$$\bar{Y} = \frac{1}{n} \sum Y_i = \frac{1}{n} Y_1 + \frac{1}{n} Y_2 + \cdots + \frac{1}{n} Y_n$$

なので，均等なウェイト$1/n$の線形推定量ですね．

5.2 回帰係数の OLS 推定

> **Remark　推定量の誤差表現**
>
> 多くの推定問題において，未知の母数 θ とその推定量 $\hat{\theta}$ は正確に，または近似的に以下のように表現できる．
>
> $$\hat{\theta} = \theta + \text{推定の誤差}$$
>
> ∴ $\hat{\theta}$ の性質を調べる際に便利．
>
> ◆ 例：標本 X_i による μ の推定で，$\bar{X} = \mu + \sum \frac{1}{n} u_i$
>
> ◆ 例：二次元標本 (X_i, Y_i) による β の OLS 推定で，$\hat{\beta} = \beta + \sum w_i u_i$

誤差表現 (5.11) をもとに，$\hat{\beta}$ の期待値と分散を導出します．まず，(5.11) 式で β にまとわりついている推定誤差 $\sum w_i u_i$ の期待値は，仮定 (CA1) より w_i は非確率変数，仮定 (CA2) より $\mathrm{E}(u_i) = 0$ なので次の通りです．

$$\mathrm{E}(\textstyle\sum w_i u_i) = w_1 \underbrace{\mathrm{E}(u_1)}_{=0} + w_2 \mathrm{E}(u_2) + \cdots + w_n \mathrm{E}(u_n) = 0 \tag{5.12}$$

次いで分散は，仮定 (CA4) の独立標本および仮定 (CA3) により，

$$\begin{aligned}
\mathrm{Var}(\textstyle\sum w_i u_i) &= \mathrm{Var}(w_1 u_1 + w_2 u_2 + \cdots + w_n u_n) \\
&= \mathrm{Var}(w_1 u_1) + \mathrm{Var}(w_2 u_2) + \cdots + \mathrm{Var}(w_n u_n) \\
&= w_1^2 \underbrace{\mathrm{Var}(u_1)}_{=\sigma^2} + w_2^2 \mathrm{Var}(u_2) + \cdots + w_n^2 \mathrm{Var}(u_n) \\
&= w_1^2 \sigma^2 + w_2^2 \sigma^2 + \cdots + w_n^2 \sigma^2 = \sigma^2 \textstyle\sum w_i^2
\end{aligned} \tag{5.13}$$

で与えられます．公式 (2.13) より，定数を分散記号の外に出すときは，2 乗しなければならない点を思い出しましょう．さらに公式 (5.10) を使えば上式は

$$\mathrm{Var}(\textstyle\sum w_i u_i) = \sigma^2 \textstyle\sum w_i^2 = \frac{\sigma^2}{S_{XX}} \tag{5.14}$$

となります．

よって (5.11) 式から，$\hat{\beta}$ の期待値と分散

$$\mathrm{E}(\hat{\beta}) = \mathrm{E}(\beta + \textstyle\sum w_i u_i) = \underbrace{\mathrm{E}(\beta)}_{=\beta} + \underbrace{\mathrm{E}(\textstyle\sum w_i u_i)}_{=0} = \beta$$

$$\text{Var}(\hat{\beta}) = \text{Var}(\beta + \sum w_i u_i) = \underbrace{\text{Var}(\beta)}_{=0} + \underbrace{\text{Var}(\sum w_i u_i)}_{=\sigma^2/S_{XX}} = \frac{\sigma^2}{S_{XX}} \tag{5.15}$$

が導かれます．以上を公式にまとめましょう．

> **公式**（OLS推定量 $\hat{\beta}$ の期待値・分散）
> 古典的仮定(CA1)〜(CA4)を満たす標本ならば，
> $$\text{E}(\hat{\beta}) = \beta, \quad \text{Var}(\hat{\beta}) = \frac{\sigma^2}{S_{XX}} = \frac{\sigma^2}{\sum (X_i - \overline{X})^2} \tag{5.16}$$

[証明] 前段で証明済み ■

上の公式の $\text{E}(\hat{\beta}) = \beta$ より，$\hat{\beta}$ は回帰係数 β の**不偏推定量**です．したがって OLS で β を推定するのは合理的と言えます．また分散 $\text{Var}(\hat{\beta})$ は，$(n-1)s_X^2 = S_{XX} = \sum(X_i - \overline{X})^2$ を利用して分母を変形すると

$$\text{Var}(\hat{\beta}) = \frac{\sigma^2}{(n-1)s_X^2} \tag{5.17}$$

と表現でき，サンプル数 n が大きいほど $\text{Var}(\hat{\beta})$ が減少すること，つまり OLS 推定の精度が向上することがわかります．なお定数項 α の OLS 推定量 $\hat{\alpha}$ も，同様の性能を持っています．

> **公式**（OLS推定量 $\hat{\alpha}$ の期待値・分散）
> $$\text{E}(\hat{\alpha}) = \alpha, \quad \text{Var}(\hat{\alpha}) = \sigma^2 \left(\frac{1}{n} + \frac{\overline{X}}{S_{XX}} \right) \tag{5.18}$$

[証明] $\text{E}(\hat{\alpha})$ は復習問題とする．$\text{Var}(\hat{\alpha})$ は章末付録を参照． ■

5.2.3　ガウス・マルコフの定理：OLS の有効性

回帰係数 α, β の不偏推定量は，実は OLS 以外にも存在します．いま非確率的なウェイト $c_1, c_2, ..., c_n$ により，任意の線形推定量

5.2 回帰係数の OLS 推定

$$\tilde{\beta} = \sum c_i Y_i \tag{5.19}$$

を定義します．上式右辺に (CA0) 式の Y_i を代入・整理し，期待値をとれば

$$\tilde{\beta} = \alpha \sum c_i + \beta \sum c_i X_i + \sum c_i u_i$$

$$\xrightarrow{\text{期待値}} \mathrm{E}(\tilde{\beta}) = \alpha \sum c_i + \beta \sum c_i X_i + \sum c_i \underbrace{\mathrm{E}(u_i)}_{=0} = \alpha \sum c_i + \beta \sum c_i X_i$$

を得ます．したがって $\tilde{\beta}$ が不偏性を満たすための条件は，次の通りです．

$$\sum c_i = 0, \quad \sum c_i X_i = 1 \quad \Rightarrow \quad \mathrm{E}(\tilde{\beta}) = \beta \tag{5.20}$$

条件 (5.20) を満たすように c_i を設定してやれば，いくらでも β の不偏推定量をデザインすることができます．公式 (5.8)，公式 (5.9) より，OLS ウェイト w_i も上式の条件を満たすことを確認しましょう．以上の議論より，OLS 推定量 $\hat{\beta} = \sum w_i Y_i$ は，線形な不偏推定量の一般型 $\tilde{\beta}$ に包含される，特殊ケースに過ぎないのです．

不偏性の点で同性能ならば，c_i を工夫して，OLS よりも分散の小さい，より安定した不偏推定量を開発できるでしょうか？ 結論から言えば，それは理論上不可能です．つまり古典的仮定を満たす標本を用いた回帰分析では，公式 (5.16) にある $\hat{\beta}$ の分散が，不偏推定量の分散の下限なのです（定数項 $\hat{\alpha}$ も同様）．これを**ガウス・マルコフの定理**と呼びます．(5.13) 式と全く同じ計算により

$$\mathrm{Var}(\tilde{\beta}) = \mathrm{Var}(\sum c_i w_i) = \sigma^2 \sum c_i^2 \tag{5.21}$$

を示すことができますが，上式は必ず OLS の分散 $\mathrm{Var}(\hat{\beta}) = \sigma^2 \sum w_i^2$ を上回ります．並み居るライバルを押しのけて OLS が統計ソフトに実装されている理由は，その**有効性**，すなわち最小分散という性能にあります．

> **公式**（ガウス・マルコフの定理）
>
> 　古典的仮定 (CA1)〜(CA4) が成立するならば，OLS 推定量 $\hat{\beta}$ の分散は，β の線形不偏推定量の中で最小となる．

$$\mathrm{E}(\hat{\beta}) = \beta, \quad \mathrm{Var}(\hat{\beta}) = \sigma^2 \sum w_i^2 = \frac{\sigma^2}{S_{XX}} < \mathrm{Var}(\tilde{\beta}) \tag{5.22}$$

ただし $\tilde{\beta}$ は任意の線形不偏推定量である．

[証明] 章末付録を参照． ∎

> **Remark** OLS 推定量が採用される理由：ガウス・マルコフの定理
> ◆ OLS 推定量 $\hat{\alpha}, \hat{\beta}$ は，回帰係数 α, β の最小分散の線形不偏推定量．
> ◆ 単なる不偏推定量ではない．有効性（分散）の基準で優れている．

「残布図に直線をフィットさせる」最小2乗原理（予測誤差の最小化）に基づく OLS が，推定量として優れた性質を持っているというのは，興味深い結論です．もちろん古典的仮定を満たさない標本では，ガウス・マルコフの定理は成立しません．その場合は，OLS 以外の推定法が最適になるかも知れません．

5.3 OLS 推定量の分布

5.3.1 OLS 推定量の正規性

これまでの議論において，誤差項の正規性(CA5)だけは全く出番がありませんでした．誤差項が正規分布をなさなくともガウス・マルコフの定理は成立し，よって OLS 推定量は素晴らしい性能を発揮します．

誤差項の正規性の効用は，$\hat{\beta}$ の従う分布の特定化にあります．再び誤差表現 (5.11) を考えましょう．仮定(CA5)が成立する標本ならば，個々の誤差項が $u_i \sim \mathrm{N}(0, \sigma^2)$ です．したがって (5.11) 式右辺の加重和 $\sum w_i u_i$ は，正規分布の再生性および公式(5.10)から

$$\sum w_i u_i \sim \mathrm{N}(0, \sigma^2 \underbrace{\sum w_i^2}_{=1/S_{XX}}) \quad \Rightarrow \quad \sum w_i u_i \sim \mathrm{N}\left(0, \frac{\sigma^2}{S_{XX}}\right) \tag{5.23}$$

となります．(5.11) 式に公式 (2.16) を適用すれば，$\hat{\beta}$ は $\sum w_i u_i$ を定数 β だけ横滑りさせた確率変数なので，

5.3 OLS 推定量の分布

$$\hat{\beta} \sim \mathrm{N}\left(\beta, \frac{\sigma^2}{S_{xx}}\right) \tag{5.24}$$

すなわち正規分布に従うことがわかります（同様の方法で，$\hat{\alpha}$ の正規性も確認できますが，本書では省略します）．

> **公式**（OLS推定量の分布）
>
> 仮定(CA1)〜仮定(CA5)の下で，OLS推定量 $\hat{\beta}$ の分布は
>
> $$\hat{\beta} \sim \mathrm{N}\left(\beta, \frac{\sigma^2}{S_{xx}}\right), \quad \mathrm{E}(\hat{\beta}) = \beta, \quad \mathrm{Var}(\hat{\beta}) = \frac{\sigma^2}{S_{xx}} \tag{5.25}$$

[証明] 前段で証明済み ∎

公式(5.25)の $\hat{\beta}$ の期待値・分散は，誤差項の正規性の仮定(CA5)を前提としない公式(5.16)と同じであり，ガウス・マルコフの定理(5.22)も同様に成立します．公式(5.25)の新機軸は，仮定(CA5)により $\hat{\beta}$ の分布型が正規分布に特定された点にあります．ここで $\hat{\beta}$ の確率的な性質と，導出に必要な古典的仮定を表5.1にまとめておきます．第3章でも述べましたが，一般に母集団モデルに強い仮定を置くほど，推定量の性質がより具体的になります．

> **Remark** 表5.1：古典的仮定と，$\hat{\beta}$ の確率論上の性質・性能
> 仮定の追加で，$\hat{\beta}$ の性質がより具体的に．

OLS推定量 $\hat{\beta}$ の分布を導出する目的は，回帰係数 β に対する仮説検定の実行（第3章）にあります．公式(5.25)を標準化すれば（期待値を引き，その後標準偏差で割る），$\hat{\beta}$ に関する **Z統計量** を得ます．

$$\hat{\beta} \sim \mathrm{N}\left(\beta, \frac{\sigma^2}{S_{xx}}\right) \xrightarrow{\text{標準化}} Z = \frac{\hat{\beta} - \beta}{\sigma/\sqrt{S_{xx}}} \sim \mathrm{N}(0, 1) \tag{5.26}$$

5.3.2 母分散の不偏推定と OLS の標準誤差

標準化で(5.26)式の Z 統計量を作るには，$\hat{\beta}$ の分散，ひいては標準偏差が

表5.1 古典的仮定(CA1)〜(CA5)とOLS推定量 $\hat{\beta}$ の性質

	(CA1)と(CA2)	(CA1)〜(CA4)	(CA1)〜(CA5)
$E(\hat{\beta}) =$	β	β	β
$Var(\hat{\beta}) =$	?	$\dfrac{\sigma^2}{S_{xx}}$	$\dfrac{\sigma^2}{S_{xx}}$
$\hat{\beta} \sim$	?	?	$N\left(\beta, \dfrac{\sigma^2}{S_{xx}}\right)$

必要です．しかし標準偏差

$$\sqrt{\text{Var}(\hat{\beta})} = \sqrt{\frac{\sigma^2}{S_{xx}}} = \frac{\sigma}{\sqrt{S_{xx}}} \tag{5.27}$$

は，母数である誤差項の母分散 σ^2（の平方根）に依存するので，分析者はわかりません．そこで σ^2 を，次の推定量で推定します．

$$s^2 = \frac{1}{n-2}Q^* = \frac{1}{n-2}\sum \hat{u}_i^2$$

$$= \frac{1}{n-2}\sum (Y_i - \hat{Y}_i)^2 \tag{5.28}$$

Q^* は OLS によって最小化された残差 2 乗和で，決定係数 R^2（第 4 章）の計算で用いましたね．上式を σ^2 の推定に使う理由は，s^2 が σ^2 の不偏推定量となるからです．この性質から，s^2 はしばしば**不偏分散**と呼ばれます．

> 公式 (不偏分散)
>
> 誤差項の母分散 σ^2 は，s^2 で不偏推定できる．
>
> $$s^2 = \frac{1}{n-2}\sum (Y_i - \hat{Y}_i)^2, \quad E(s^2) = \sigma^2 \tag{5.29}$$

[証明] 章末付録を参照．　　　　　　　　　　　　　　　　　　　　　　■

不偏分散 s^2 は，一次元標本 Y_i の標本分散 $s_Y^2 = \frac{1}{n-1}\sum(Y_i - \bar{Y})^2$ と異なるの

で十分注意しましょう．s_Y^2 が Y_i の生の変動だとするならば，s^2 は X_i に起因する変動を取り除いた分散です（詳しくは復習問題参照）．また分母の数が，s_Y^2 では $n-1$ であるのに対し，s^2 では $n-2$ に減っています．これは**自由度**という概念によるものです．自由度とは「実質的なサンプル数」のことで，簡単に言えば，標本に残された「燃料」です．s_Y^2 を求める際，私たちはまず標本平均 $\bar{Y}$ を求めます．この時点で，「燃料」n を1だけ使ったと勘定するのです．このルールにのっとれば，s^2 を求めるには OLS 推定量 $\hat{\alpha}, \hat{\beta}$ を事前に計算する必要があるので，「燃料」を2消費したことになります．よって和 $\sum \hat{u}_i^2$ は実質的には $n-2$ 個の数の和であり，平均をとるならば自由度 $n-2$ で割るべきです．もし (5.29) 式の分母を n や $n-1$ にしてしまうと，σ^2 の不偏推定量にならないことも重要です．ただし n が十分多ければ，n でも $n-2$ でも大差ありません．

(5.27) 式の σ^2 を不偏分散 s^2 で置き換えると，$\hat{\beta}$ の標準偏差の推定量

$$\text{s.e.}(\hat{\beta}) = \sqrt{\frac{s^2}{S_{XX}}} = \frac{s}{\sqrt{S_{XX}}} \tag{5.30}$$

が得られます．これを（ややこしいですが）$\hat{\beta}$ の**標準誤差**（standard error）と呼びます．s.e.$(\hat{\beta})$ は $\hat{\beta}$ の確率的なブレを測る統計量で，s.e.$(\hat{\beta})$ が小さいほど，$\hat{\beta}$ の精度が高い証拠になります．OLS を行った際は，推定値 $\hat{\beta}$ とともに s.e.$(\hat{\beta})$ を確認しましょう（統計ソフトを使えば自動出力されます）．

Remark

標準誤差 s.e.$(\hat{\beta})$ で OLS 推定量 $\hat{\beta}$ のブレを測る．

s.e.$(\hat{\beta})$ が小さい $\Leftrightarrow$ $\hat{\beta}$ の精度が高く，信頼できる

∴ s.e.$(\hat{\beta})$ は小さいほうがよい．

5.4 回帰係数の仮説検定

5.4.1 回帰係数の t 検定

(5.26) 式分母の σ を (5.29) 式で求めた s で置き換えることにより，**t 統計量**

$$Z = \frac{\hat{\beta}-\beta}{\sigma/\sqrt{S_{XX}}} \quad \xrightarrow{\sigma \text{を} s \text{で置換}} \quad t = \frac{\hat{\beta}-\beta}{s/\sqrt{S_{XX}}}$$

が得られます(第3章).上式分母は標準誤差(5.30)と同値なので,以下では

$$t = \frac{\hat{\beta}-\beta}{\text{s.e.}(\hat{\beta})} \tag{5.31}$$

と表記します.第3章同様,$\sigma \to s$ の置換により,t 統計量の確率は標準正規分布 $N(0,1)$ ではなくそのニセモノ,t 分布で与えられます.ただし自由度 m の設定が,$m = n-2$ へ変更になります.

$$t \sim T(m), \quad m = n-2$$

回帰係数の **t 検定**は,第3章で学んだ仮説検定の一般論に従います.ポイントは,分析者が未知の β に関しあらかじめ**仮説値** β_*(こうでなければならない,こうであるはずだ)を抱いている点です.**帰無仮説**にまとめれば,

$$H_0 : \beta = \beta_* \quad \Leftrightarrow \quad H_0 : \beta - \beta_* = 0 \tag{5.32}$$

という表現になります.β は未知なので推定値 $\hat{\beta}$ で代用し,差 $\hat{\beta} - \beta_*$ が「十分」大きければ,帰無仮説 $H_0 : \beta = \beta_*$ を棄却します.具体的には $\hat{\beta} - \beta_*$ を **t 値**

$$\underbrace{\hat{\beta} - \beta_*}_{\text{推定値と仮説値のズレ}} \quad \Rightarrow \quad t_* = \frac{\hat{\beta}-\beta_*}{\text{s.e.}(\hat{\beta})} \tag{5.33}$$

に換算し,$|t_*|$ が t 分布の臨界値 $t(m)$ を超えれば,推定値と仮説値に大きな隔たりがあるとみなし H_0 を棄却します.簡単に言えば t_* は,$\hat{\beta}$ と β_* のギャップを測る「ものさし」のようなものです.

5.4 回帰係数の仮説検定

Remark 回帰係数 β の t 検定の手順

① 帰無仮説 $H_0: \beta = \beta_*$ を設定 ⇒ 差 $\hat{\beta} - \beta_*$ を, t 値に換算.

$$t_* = \frac{\hat{\beta} - \beta_*}{\text{s.e.}(\hat{\beta})} \tag{5.34}$$

② t 分布表から自由度 $m = n-2$ の 2.5% 臨界値, $t_{0.025}(m)$ を求め, $|t_*| > t_{0.025}(m)$ ならば $H_0: \beta = \beta_*$ を棄却.

例 あるモデルの係数に関し, $H_0: \beta = 100$ を検定したい. サンプル数 $n = 20$ の標本による分析結果として, $\hat{\beta} = 120$, s.e.$(\hat{\beta}) = 20$ を得た. 帰無仮説 H_0 の下での t 値は

$$120 - 100 = 20 \quad \Rightarrow \quad t_* = \frac{120 - 100}{20} = \frac{20}{20} = 1 \tag{5.35}$$

一方, 自由度 $m = n - 2 = 18$ の t 分布の臨界値は $t_{0.025}(18) = 2.101$ である. $|t_*| < 2.101$ なので, H_0 は棄却されない. すなわち, $\beta = 100$ とみなしても問題ない.

上の例では推定値と仮説値の差が 20 で, 何となく大きなズレのように見えますが, 推定のブレを考慮すれば誤差の範囲内であることがわかります.

5.4.2 回帰係数の有意性検定

実証分析では, 回帰係数の OLS 推定とセットで, 次の検定を行います.

$$H_0: \beta = 0 \tag{5.36}$$

これを回帰係数 β の (あるいは説明変数 X_i の) **有意性検定**と呼びます. 帰無仮説 $H_0: \beta = 0$ が真ならば, 回帰モデル (CA0) は $Y_i = \alpha + u_i$ となり, X_i は Y_i に影響しないことになります. 一方, 分析者は, X_i と Y_i の関係性を実証するために回帰分析をしているはずです. しかし, そこであえて「X_i は効果がないのでは?」と疑うスタンスをとるわけです. 有意性検定の結果 $H_0: \beta = 0$ という「疑い」が棄却されることを示せば, X_i と Y_i の統計的な関係性を裏付

ける強力な証拠となります．これが β を有意性検定にかける意図です．

有意性検定では仮説値が $\beta_* = 0$ なので，t 値は

$$t_* = \frac{\hat{\beta} - 0}{\text{s.e.}(\hat{\beta})} = \frac{\hat{\beta}}{\text{s.e.}(\hat{\beta})}$$

となり，OLS 推定値 $\hat{\beta}$ とその標準誤差 s.e.$(\hat{\beta})$ との比になります．前項の一般的な t 検定と同じく，$|t_*| > t_{0.025}(m)$ ならば $\text{H}_0: \beta = 0$ を棄却しましょう．この検定手順で H_0 が棄却された場合は，「β は（X_i は）**統計的に有意**である」「β は有意にゼロと異なる」などと表現します．私たちが統計ソフトで OLS 推定を実行すると，特段仮説値を設定していないのに，推定値 $\hat{\beta}$ とともに t 値が自動出力されます．それは有意性検定の t_* です．

例　第1章(1.4)式ないしは前章(4.2)式の，生活保護受給率（welfare$_i$）と失業率（unemp$_i$）の OLS 回帰を，以下に再掲．カッコ内は有意性検定の t 値．

$$\widehat{\text{welfare}_i} = \underset{(-1.07)}{-1.07} + \underset{(3.18)}{0.46}\,\text{unemp}_i, \quad n = 19, \quad R^2 = 0.37 \tag{5.37}$$

自由度 $m = 19 - 2 = 17$ の t 分布の臨界値は，t 分布表より $t_{0.025}(17) = 2.110$．よって失業率の係数は統計的に有意だが（$|3.18| > 2.110$），定数項は有意でない（$|-1.07| < 2.110$）．

5.4.3　t 検定のショートカット

t 検定は，自由度 $m = n - 2$ に応じて t 統計量の臨界値 $t_{0.025}(m)$ が動くので，いちいち t 分布表で臨界値を調べる必要があります．しかしながら，p.305 の t 分布表の 2.5% 臨界値を見ると $m = 30, 40, 60$ の臨界値がそれぞれ 2.042, 2.021, 2.000 であり，$m = 30$ あたりからほぼ $t_{0.025}(m) \approx 2.00$ で固定します．そして m が十分大きい（$m \to \infty$）場合，$t_{0.025}(m)$ は標準正規分布の 2.5% 臨界値，$z = 1.96$ で近似されます．

以上の理由から，自由度 m が十分大きい（サンプル数 n が十分大きい）な

らば，t 分布の臨界値をおよそ $t_{0.025}(m) \approx 2.00 \approx 1.96$ と置いて差し支えありません．この近似が許される自由度の目安は，$m = 30$ あたりでしょう．実際，計量経済学の多くのテキストでは，t 分布表に臨界値が $m = 30$ 程度までしか載っていません．経済学で扱うデータはサンプル数が $n = 100$ を超えることも珍しくなく，近似の臨界値 $t_{0.025}(m) \approx 2.00$ で有意性検定の判定を行うのが通常です．t 分布表を調べるのはむしろ，n が少ない例外的なケースです．

Remark t 検定のショートカット

だいたい $m = n-2 \geq 30$ なら，t 分布の右端 2.5% 臨界値を $t_{0.025}(m) \approx 2.00$ と置いてよい．

◆ サンプル数 n が多いなら，t 分布表は不要．
◆ 例：回帰係数 β の有意性検定

$$|t_*| = \left| \frac{\hat{\beta}}{\text{s.e.}(\hat{\beta})} \right| \geq (<) \, 2 \quad \Rightarrow \quad \beta \text{ は統計的に有意（有意でない）} \tag{5.38}$$

例 前章 (4.47) 式の中古価格マンションの推定結果を以下に再掲．カッコ内は有意性検定の t 値．

$$\widehat{\text{price}}_i = \underset{(21.40)}{4944.55} - \underset{(-6.44)}{78.88}\,\text{age}_i, \quad n = 196, \quad R^2 = 0.18 \tag{5.39}$$

自由度 $m = 196 - 2 = 194$ と十分大きいので，標準正規分布の臨界値 $z = 1.96$ を検定に使う．定数項，築年数の係数ともに，t 値が $1.96 \approx 2$ を上回っており，統計的に有意である．

統計ソフトで回帰分析を行うと，驚くほどたくさんの数値が吐き出され，初心者は混乱を覚えるでしょう．しかしながら，分析結果をレポートや論文にまとめる際は，(5.37) 式や (5.39) 式にあるような情報を見せれば十分です．なお，有意性の t 値の代わりに標準誤差 s.e.$(\hat{\beta})$ を見せても結構です．標準誤差と t 値のうち，いずれか一方を載せるのが一般的です．

Remark　回帰分析を行ったらレポートすべき数値

①　回帰係数の OLS 推定値 $\hat{\alpha}, \hat{\beta}$.
②　サンプル数 n と，モデルの当てはまりを測る決定係数 R^2.
③　標準誤差か，有意性の t 値のうち，どちらか一方．

復習問題

問題 5.1　古典的仮定が成立する標本を使う際，回帰係数 β の線形不偏推定量は（OLS 推定量 $\hat{\beta}$ を含め）無数に存在する．しかし実際の回帰分析では，その中でも $\hat{\beta}$ を使う．その根拠を簡単に説明せよ．

問題 5.2　(5.4)式で与えられた，定数項の OLS 推定量 $\hat{\alpha}$ の不偏性を証明する．
(1) Y_i の標本平均が，

$$\bar{Y} = \alpha + \beta \bar{X} + \frac{1}{n}\sum_i u_i \tag{5.40}$$

となることを示せ．〔ヒント：$\bar{Y} = \frac{1}{n}\sum Y_i$ に $Y_i = \alpha + \beta X_i + u_i$ を代入して整理する．〕
(2) 上の結果を用い，次式を示せ．

$$\hat{\alpha} = \alpha - (\hat{\beta} - \beta)\bar{X} + \frac{1}{n}\sum u_i \tag{5.41}$$

(3) 古典的仮定に注意して上式 $\hat{\alpha}$ の期待値を求め，

$$\mathrm{E}(\hat{\alpha}) = \alpha \tag{5.42}$$

つまり $\hat{\alpha}$ が α の不偏推定量であることを示せ．

問題 5.3　第 4 章で導出した偏差 2 乗和の分解公式 (4.42) を確認せよ．サンプル数 n が十分大きいならば，通常の標本分散 $s_Y^2 = \frac{1}{n-1}\sum(Y_i - \bar{Y})^2$ と回帰モデルの誤差項の不偏分散 $s^2 = \frac{1}{n-2}Q^* = \frac{1}{n-2}\sum(Y_i - \hat{Y})^2$ に，

$$s_Y^2 > s^2 \tag{5.43}$$

という関係があることを示せ．

問題 5.4 OLS 推定の結果, $\hat{\beta} = 2$, s.e.$(\hat{\beta}) = 4$ を得た．サンプル数は $n = 20$ である．帰無仮説 $H_0 : \beta = 1$ を t 検定したい．

(1) $H_0 : \beta = 1$ の t 値を求めよ．

(2) t 分布表から，自由度 $m = 20 - 2 = 18$ の右端 2.5% 臨界値を求め，$H_0 : \beta = 1$ が棄却されるか否か判断せよ．

問題 5.5 OLS 推定の結果, $\hat{\beta} = -10$, s.e.$(\hat{\beta}) = 4$ を得た．サンプル数は $n = 500$ である．β の有意性検定（$H_0 : \beta = 0$）を行う．

(1) $H_0 : \beta = 0$ の t 値を求めよ．

(2) β が統計的に有意（$H_0 : \beta = 0$ が棄却される）か否か，判断せよ．サンプル数・自由度が十分多いので，検定の判断には標準正規分布の臨界値 $z = 1.96$ を用いてよい．

章末付録

証明 (5.18) $E(\hat{\alpha}) = \alpha$ は上の問題で証明済み．(5.41)式を移項・変形すると

$$\hat{\alpha} = \alpha - \underbrace{(\hat{\beta} - \beta)}_{=\sum w_i u_i} \bar{X} + \frac{1}{n} \sum u_i$$

$$= \alpha - \sum \bar{X} w_i u_i + \sum \frac{1}{n} u_i = \alpha + \sum g_i u_i, \quad g_i = \frac{1}{n} - \bar{X} w_i \tag{5.44}$$

誤差の加重和 $\sum g_i u_i$ の分散は，独立性の仮定から

$$\mathrm{Var}(\sum g_i u_i) = \sum \mathrm{Var}(g_i u_i) = \sum g_i^2 \underbrace{\mathrm{Var}(u_i)}_{=\sigma^2} = \sigma^2 \sum g_i^2 \tag{5.45}$$

ここで公式(5.8), 公式(5.10)を使うと

$$\sum g_i^2 = \sum \left[\frac{1}{n^2} - \frac{2\bar{X}}{n} w_i + \bar{X}^2 w_i^2 \right]$$

$$= n\frac{1}{n^2} - \frac{2\bar{X}}{n} \underbrace{\sum w_i}_{=0} + \bar{X}^2 \underbrace{\sum w_i^2}_{=1/S_{XX}} = \frac{1}{n} + \frac{\bar{X}^2}{S_{XX}} \tag{5.46}$$

よって(5.44)式から $\hat{\alpha}$ の分散を求めれば

$$\mathrm{Var}(\hat{\alpha}) = \mathrm{Var}(\alpha + \sum g_i u_i) = \mathrm{Var}(\sum g_i u_i) = \sigma^2 \left(\frac{1}{n} + \frac{\bar{X}^2}{S_{XX}} \right) \tag{5.47}$$

第5章 古典的回帰モデル

証明 (5.22) 不偏性の条件を満たす線推定量 $\tilde{\beta}$ の分散は，OLS 推定量と全く同じ手順により

$$\mathrm{Var}(\tilde{\beta}) = \sigma^2 \sum c_i^2 \tag{5.48}$$

ここで一般的な c_i を，OLS ウェイト w_i との乖離 d_i をもって

$$c_i = d_i + w_i \tag{5.49}$$

と表すことにする（∵ OLS なら $d_i = 0$）．この表記に従えば，OLS を含む任意の不偏推定量 $\tilde{\beta}$ の分散は

$$\begin{aligned}\mathrm{Var}(\tilde{\beta}) &= \sigma^2 \sum (d_i + w_i)^2 = \sigma^2 \sum (d_i^2 + 2d_i w_i + w_i^2) \\ &= \sigma^2 (\sum d_i^2 + 2\sum d_i w_i + \sum w_i^2)\end{aligned} \tag{5.50}$$

となる．$\sum c_i = \sum w_i = 0$，$\sum c_i X_i = \sum w_i X_i = 1$ なので，d_i も同様に

$$\sum d_i = \sum c_i - \sum w_i = 0, \quad \sum d_i X_i = \sum c_i X_i - \sum w_i X_i = 0 \tag{5.51}$$

したがって (5.50) 式の右辺第 2 項は

$$2\sum d_i w_i = \frac{2}{S_{XX}} \sum d_i (X_i - \bar{X}) = \frac{2}{S_{XX}} (\sum d_i X_i - \bar{X} \sum d_i) = 0 \tag{5.52}$$

であり，

$$\mathrm{Var}(\tilde{\beta}) = \sigma^2 \sum d_i^2 + \sigma^2 \sum w_i^2 \tag{5.53}$$

よって $d_i = 0$ すなわち $c_i = w_i$ と置けば（OLS を採用すれば），上式右辺第 1 項は消え，$\sigma^2 \sum w_i^2$ で最小となる．∎

証明 (5.29) 回帰モデルと OLS 回帰の定義および (5.41) 式より，OLS 残差は

$$\begin{aligned}\hat{u}_i = Y_i - \hat{Y}_i &= -(\hat{\alpha} - \alpha) - (\hat{\beta} - \beta) X_i + u_i \\ &= -(\hat{\beta} - \beta)(X_i - \bar{X}) + (u_i - \bar{u}), \quad \bar{u} = \frac{1}{n} u_i\end{aligned} \tag{5.54}$$

上式を 2 乗して期待値をとれば

章末付録

$$E(\hat{u}_i^2) = (X_i - \bar{X})^2 E[(\hat{\beta}-\beta)^2] - 2(X_i - \bar{X})E[(\hat{\beta}-\beta)(u_i - \bar{u})] + E[(u_i - \bar{u})^2] \tag{5.55}$$

右辺第1項に関し $E[(\hat{\beta}-\beta)^2] = \text{Var}(\hat{\beta}) = \dfrac{\sigma^2}{S_{xx}}$. 第2項は $\hat{\beta}-\beta = \sum w_i u_i$, また古典的仮定から $\text{Var}(u_i) = E(u_i^2) = \sigma^2$, $\text{Cov}(u_i, u_j) = E(u_i u_j) = 0$ なので,

$$\begin{aligned}
E[(\hat{\beta}-\beta)(u_i - \bar{u})] &= E[u_i \sum w_i u_i] - \frac{1}{n} E[(\sum w_i u_i)(\sum u_i)] \\
&= E[u_i(w_1 u_1 + \cdots + w_n u_n)] \\
&\quad - \frac{1}{n} E[(w_1 u_1 + \cdots + w_n u_n)(u_1 + \cdots + u_n)] \\
&= w_i E(u_i^2) - \frac{1}{n} \sum w_i E(u_i^2) \\
&= w_i \sigma^2 - \frac{1}{n} \sigma^2 \underbrace{\sum w_i}_{=0} = w_i \sigma^2 = \frac{X_i - \bar{X}}{S_{xx}} \sigma^2
\end{aligned} \tag{5.56}$$

第3項も同様に

$$\begin{aligned}
E[(u_i - \bar{u})^2] &= E\left[u_i^2 - \frac{2}{n} u_i \sum u_i + \frac{1}{n^2}(\sum u_i)(\sum u_i)\right] \\
&= E(u_i^2) - \frac{2}{n} E(u_i^2) + \frac{1}{n^2} \sum E(u_i^2) \\
&= \sigma^2 - \frac{2}{n}\sigma^2 + \frac{1}{n^2} n\sigma^2 = \left(\frac{n-1}{n}\right)\sigma^2
\end{aligned} \tag{5.57}$$

したがって

$$\begin{aligned}
E(\hat{u}_i^2) &= \frac{(X_i - \bar{X})^2}{S_{xx}} \sigma^2 - 2\frac{(X_i - \bar{X})^2}{S_{xx}} \sigma^2 + \left(\frac{n-1}{n}\right)\sigma^2 \\
&= \frac{\sigma^2(X_i - \bar{X})^2}{S_{xx}} - 2\frac{\sigma^2(X_i - \bar{X})^2}{S_{xx}} + \left(\frac{n-1}{n}\right)\sigma^2 \\
&= -\frac{\sigma^2(X_i - \bar{X})^2}{S_{xx}} + \left(\frac{n-1}{n}\right)\sigma^2
\end{aligned} \tag{5.58}$$

以上を踏まえ, s^2 の期待値をとると

$$\mathrm{E}(s^2) = \mathrm{E}\!\left(\frac{1}{n-2}\sum \hat{u}_i^{\,2}\right) = \frac{1}{n-2}\sum \mathrm{E}(\hat{u}_i^{\,2})$$

$$= \frac{1}{n-2}\Big[-\frac{\sigma^2}{S_{XX}}\underbrace{\sum (X_i-\bar{X})^2}_{=\,S_{XX}} + n\Big(\frac{n-1}{n}\Big)\sigma^2\Big]$$

$$= \frac{1}{n-2}[-\sigma^2 + (n-1)\sigma^2]$$

$$= \frac{1}{n-2}(n-2)\sigma^2 = \sigma^2 \qquad (5.59)$$

■

第6章 重回帰分析

本章では，説明変数を複数持つ重回帰モデルの推定と仮説検定を学びます．重回帰分析の進め方は，基本的には単回帰と変わらないのですが，いくつかの面で注意すべき問題が生じます．特に偏回帰係数の考え方と，コントロール変数の利用は，本書のテーマである「因果関係の実証」に関わる重要事項です．

6.1 重回帰モデル

6.1.1 重回帰モデル：複数の説明変数

単一決定要因だけで十分説明のつく社会現象・自然現象は，少ないでしょう．前章(5.39)式の例では，マンション価格を築年数だけに回帰しました．しかし実際の不動産市場取引では，間取りや最寄駅からの距離，あるいはその地域の治安や景観なども価格に影響すると思われます．人間の体重は，年齢や性別，身長，カロリー摂取・消費量，遺伝（親の体格）など，無数の要因に依存するはずです．経済理論でも，資本 K_i と労働 L_i で企業の生産水準 Q_i が決まる生産関数 $Q_i = F(K_i, L_i)$ のように，インプトを複数持つ関数が登場します．

第5章の単回帰モデル(CA0)の拡張として，k 個の説明変数 $X_{1i}, X_{2i}, ..., X_{ki}$ を持つ線形の**重回帰モデル**を考えましょう．

6.1 重回帰モデル

仮定（重回帰モデル）

$$Y_i = \alpha + \beta_1 X_{1i} + \beta_2 X_{2i} + \cdots + \beta_k X_{ki} + u_i, \quad i = 1, 2, ..., n \qquad (\text{CA0}^*)$$

上式の β_j $(j = 1, 2, ..., k)$ は各説明変数 X_{ji} と被説明変数 Y_i の結びつきを測る回帰係数です．定数項 α も合わせれば，計 $(k+1)$ の未知パラメータがこのモデルに含まれています．最後の項 u_i は誤差項です．

本章でも引き続き，回帰分析の古典的仮定（CA1）〜（CA5）を満たす標本を使用できるとします．すると前章と同じ議論より，個々の観測 Y_i は正規分布

$$Y_i \sim \mathrm{N}(\alpha + \beta_1 X_{1i} + \beta_2 X_{2i} + \cdots + \beta_k X_{ki}, \sigma^2) \qquad (6.1)$$

に従います．ただし期待値と分散は

$$\mathrm{E}(Y_i) = \alpha + \beta_1 X_{1i} + \beta_2 X_{2i} + \cdots + \beta_k X_{ki}, \quad \mathrm{Var}(Y_i) = \sigma^2 \qquad (6.2)$$

です．したがって重回帰分析においても，「説明変数で期待値がシフトする正規母集団」が統計的推測（推定・検定）の対象である点は変わりません．

重回帰分析は，単一の説明変数による単回帰と比べ，二つの大きな分析上のメリットを持っています．一つは，複数の説明変数を同時に使うことによる，モデルの予測力の改善です．もう一つは，第1章で述べた非実験データの解析における問題点を，部分的に克服できる可能性です．後者は計量経済学の重要テーマであり，本章後半で特に詳しく議論します．

6.1.2 重回帰モデルの OLS 推定

単回帰のケースと同様に，重回帰モデル（CA0*）の係数 $\alpha, \beta_1, \beta_2, ..., \beta_k$ を OLS 推定してみましょう．まず k 個の説明変数 $(X_{1i}, X_{2i}, ..., X_{ki})$ による Y_i の回帰直線および残差

$$\hat{Y}_i = a + b_1 X_{1i} + b_2 X_{2i} + \cdots + b_k X_{ki}, \quad e_i = Y_i - \hat{Y}_i, \quad i = 1, 2, ..., n \qquad (6.3)$$

を用意します[1]．次いで上式の残差 e_i より残差2乗和（予測誤差の総和）

$$Q(a, b_1, b_2, ..., b_k) = \sum e_i^2 = \sum (Y_i - \hat{Y}_i)^2 \tag{6.4}$$

を定義し，調節弁 $a, b_1, b_2, ..., b_k$ を動かして最小化します．この最小化問題の解が OLS 推定量 $\hat{\alpha}, \hat{\beta}_1, \hat{\beta}_2, ..., \hat{\beta}_k$ です．

重回帰の場合，残差 2 乗和最小化の一階条件は，次の通りとなります．

> **公式**（重回帰モデルにおける一階条件）
>
> $Q(a, b_1, b_2, ..., b_k)$ を $a, b_1, b_2, ..., b_k$ で最小化すると，その一階条件は
>
> $$\sum \hat{u}_i = 0, \quad \sum \hat{u}_i X_{ji} = 0, \quad j = 1, 2, ..., k \tag{6.5}$$
>
> ただし $\hat{u}_i = Y_i - \hat{Y}_i$ は OLS 残差．

[証明] (4.8)式と同様．第 4 章の章末付録を参照． ∎

重回帰の OLS 推定量 $\hat{\alpha}, \hat{\beta}_1, \hat{\beta}_2, ..., \hat{\beta}_k$ は，公式(6.5)の $(k+1)$ 個の方程式を連立させて解くことにより，得られます．単回帰のときと比べ大きな連立方程式ですが，統計ソフトによる推定値の計算は一瞬です．大切なのは，重回帰においても，OLS はモデルをデータにフィットさせるように決まる点です．

6.1.3　説明変数が二つ（$k = 2$）のケース

重回帰の場合，一階条件(6.5)を解き，OLS 推定量 $\hat{\alpha}, \hat{\beta}_1, \hat{\beta}_2, ..., \hat{\beta}_k$ のそれぞれを陽表的に表すのは困難です．そこで説明変数が二つ（$k = 2$）のケース

$$Y_i = \alpha + \beta_1 X_{1i} + \beta_2 X_{2i} + u_i \tag{6.6}$$

に焦点を当て，重回帰の OLS 係数の性質を考察しましょう[2]．準備として，登場する変数の偏差 2 乗和と偏差積和を定義しておきます．

---

1) 厳密に言えば，二次元以上の変数の線形関係なので，回帰直線ではなく回帰超平面です．
2) 説明変数の次元が $k = 2$ 以上の重回帰モデルとその OLS 推定量は，行列・ベクトルで表記するのが一般的であり，本書のレベルを超えます．詳しくは浅野・中村 (2009) あるいは大学院向けの教科書を参照して下さい．

6.1 重回帰モデル

X_{ji} と Y_i の偏差積和 ： $S_{jY} = \sum (X_{ji} - \bar{X}_j)(Y_i - \bar{Y})$, $j = 1, 2$ (6.7)

X_{ji} と X_{si} の偏差積和： $S_{js} = \sum (X_{ji} - \bar{X}_j)(X_{si} - \bar{X}_s)$, $j, s = 1, 2$ (6.8)

上の表記で，$j = s$ なら偏差 2 乗和 $S_{jj} = \sum (X_{ji} - \bar{X}_j)^2$ になります．単回帰と比べ記号が増えたので，ご注意下さい．

さて，(6.6)式に対応する残差および残差 2 乗和は

$$Q(a, b_1, b_2) = \sum e_i^2 = \sum (Y_i - \hat{Y}_i)^2, \quad \hat{Y}_i = a + b_1 X_{1i} + b_2 X_{2i} \quad (6.9)$$

であり，最小化の一階条件は公式(6.5)から得られます．この条件を(4.9)式の要領で整理すると，説明変数が $k = 2$ 個の正規方程式

$$\begin{cases} na^* + (\sum X_{1i})b_1^* + (\sum X_{2i})b_2^* = \sum Y_i \\ (\sum X_{1i})a^* + (\sum X_{1i}^2)b_1^* + (\sum X_{1i}X_{2i})b_2^* = \sum X_{1i}Y_i \\ (\sum X_{2i})a^* + (\sum X_{1i}X_{2i})b_1^* + (\sum X_{2i}^2)b_2^* = \sum X_{2i}Y_i \end{cases} \quad (6.10)$$

が得られます．上式を解いて整理するとOLS推定量（OLS係数）は次の公式の通りとなります．

公式（説明変数が $k = 2$ 個のOLS）

説明変数が $k = 2$ 個の重回帰モデルに関し，係数のOLS推定量は

$$\hat{\alpha} = \bar{Y} - \hat{\beta}_1 \bar{X}_1 - \hat{\beta}_2 \bar{X}_2, \quad \hat{\beta}_1 = \frac{S_{22}S_{1Y} - S_{12}S_{2Y}}{S_{11}S_{22} - S_{12}S_{12}}, \quad \hat{\beta}_2 = \frac{S_{11}S_{2Y} - S_{12}S_{1Y}}{S_{11}S_{22} - S_{12}S_{12}} \quad (6.11)$$

[証明] 山本 (1995) を参照．■

上の表現で注意すべきは，$\hat{\beta}_1$ は S_{12} や S_{22}, S_{2Y} を通じ，X_{1i} の係数推定値が「相方」X_{2i} から影響を受ける点です．一般に重回帰分析では，同一説明変数 X_{ji} であっても，X_{ji} 以外の説明変数 X_{si} に何を使うかにより推定値が変化します．

Remark　重回帰 OLS の特徴

説明変数 X_{ji} の係数 β_j の OLS 推定値 $\hat{\beta}_j$ は，その他の説明変数に何を使うかで値が変わる．

いま，もし分析者が Y_i を X_{1i} だけに回帰すれば，それは単回帰であり，X_{1i} の係数の OLS は第 4 章の公式 (4.23) より次式となります．

$$b^* = \frac{\sum(X_{1i}-\bar{X}_1)(Y_i-\bar{Y})}{\sum(X_{1i}-\bar{X}_1)^2} = \frac{S_{1Y}}{S_{11}} \tag{6.12}$$

興味深いことに，X_{1i} と X_{2i} の偏差積和が $S_{12}=0$ のとき (6.11) 式より

$$\hat{\beta}_1 = \frac{S_{22}S_{1Y}-0\cdot S_{2Y}}{S_{11}S_{22}-0\cdot 0} = \frac{S_{22}S_{1Y}}{S_{11}S_{22}} = \frac{S_{1Y}}{S_{11}} = b^* \tag{6.13}$$

なので，Y_i を X_{1i} だけに単回帰した b^* と，X_{1i}, X_{2i} に重回帰した $\hat{\beta}_1$ が一致します．両者の標本共分散は $s_{12} = \frac{1}{n-1}S_{12}$ なので，この条件は X_{1i} と X_{2i} の標本が無相関 ($s_{12}=0$) であることと同値です．実際のデータではまず起こらない状況です．

例　2010年の47都道府県の一万人当たり医療支出（$health_i$：入院外）を，65歳以上割合（old_i）と一人当たり診療所数（$clinic_i$）に OLS 回帰し，次式を得た．

$$\text{単回帰：}\widehat{health}_i = 53.86 + 2.03\, old_i \tag{6.14}$$
$$\text{重回帰：}\widehat{health}_i = 36.88 + 0.88\, old_i + 57.64\, clinic_i \tag{6.15}$$

説明変数として $clinic_i$ を加えると，old_i の推定値が大きく変わる．

6.2 重回帰分析の注意点

6.2.1 OLS の統計的性質

本節はまず，重回帰モデルを OLS 推定した際の統計的な性質を概観します．結論から述べれば，重回帰分析であっても，古典的仮定を満たす標本ならば，OLS の統計的性質は単回帰の場合（第 5 章）とほぼ同じです．すなわち，(6.5)式の解で与えられる重回帰の OLS 推定量は，(CA0*)式が持つ回帰係数の不偏推定量となります．またガウス・マルコフの定理も成立し，OLS 推定量があらゆる線形不偏推定量の中で最小分散であることが約束されています．

> **公式**（重回帰版OLSの期待値と分散，ガウス・マルコフの定理）
>
> 古典的仮定のうち(CA1)〜(CA4)が成立する標本で，重回帰 OLS の期待値と分散は
>
> $$E(\hat{\beta}_j) = \beta_j, \quad \mathrm{Var}(\hat{\beta}_j) = \frac{\sigma^2}{S_{jj}(1-R_j^2)}, \quad j = 1, 2, ..., k \tag{6.16}$$
>
> ここで S_{jj} は，第 j 説明変数 X_{ji} の偏差 2 乗和，また R_j^2 は，X_{ji} をそれ以外の $k-1$ 個の説明変数に重回帰した際の決定係数である．さらに上式の分散は，線形不偏推定量の中で最小となる．

[証明] Wooldridge（2013）を参照． ∎

上式で分散 $\mathrm{Var}(\hat{\beta}_j)$ の分母は，X_{ji} の標本分散 s_j^2 を使えば $S_{jj}(1-R_j^2) = (n-1)s_j^2 \times (1-R_j^2)$ となります．やはり単回帰の OLS と同様，サンプル数 n が大きくなるほど $\mathrm{Var}(\hat{\beta}_j)$ が縮小する傾向が見てとれます．

母分散 σ^2 の不偏推定量も，単回帰の(5.28)式と同じく

$$s^2 = \frac{1}{n-(k+1)} \sum \hat{u}_i^2, \quad E(s^2) = \sigma^2 \tag{6.17}$$

で与えられます．分母を n ではなく $n-(k+1)$ と置く理由は，第 5 章で述べた

通りです．s^2 の推定にたどり着くまでに，私たちは $(k+1)$ 個の回帰係数を OLS 推定しなければなりません．このため OLS を適用した後の実質的なサンプル数，すなわち自由度は，$m = n-(k+1)$ となります．そこで，$\sum \hat{u}_i^2$ は実質的に $n-(k+1)$ 個の数の和であるとみなすのです．s^2 を求めれば，各 $\hat{\beta}_j$ の標準誤差

$$\text{s.e.}(\hat{\beta}_j) = \frac{s}{\sqrt{S_{jj}(1-R_j^2)}}, \quad j = 1, 2, ..., k \qquad (6.18)$$

が計算できます．推定値のブレは，標準誤差で測りましょう．

単回帰と同じく，正規性の仮定(CA5)が成立すれば $\hat{\beta}_j$ は正規分布に従うため，Z 統計量を作成できます．

$$\hat{\beta}_j \sim \text{N}\left(\beta_j, \frac{\sigma^2}{S_{jj}(1-R_j^2)}\right) \xrightarrow{\text{標準化}} Z_j = \frac{\hat{\beta}_j - \beta_j}{\sigma/\sqrt{S_{jj}(1-R_j^2)}} \sim \text{N}(0, 1) \qquad (6.19)$$

最後に標準誤差を使えば，t 統計量

$$t_j = \frac{\hat{\beta}_j - \beta_j}{s/\sqrt{S_{jj}(1-R_j^2)}} = \frac{\hat{\beta}_j - \beta_j}{\text{s.e.}(\hat{\beta}_j)} \sim \text{T}(m), \quad m = n-(k+1) \qquad (6.20)$$

を得ます．上式により，j 番目の係数 β_j に関する仮説検定

$$\text{H}_0 : \beta_j = \beta_{j*} \qquad (6.21)$$

が可能になります．ただ自由度の設定が，$m = n-(k+1)$ となっている点にご注意下さい．もちろんサンプル数 n が十分大きい場合は，自由度を無視して標準正規分布の臨界値 $z = 1.96 \approx 2.00$ を検定に使えます．

拍子抜けしますが，重回帰版 OLS の統計的性質は，単回帰のそれとほとんど変わりません．これまで通り，安心して OLS を使って下さい（gretl の操作法も，単回帰と重回帰でさほど違いはありません）．

6.2 重回帰分析の注意点

> **Remark　重回帰分析における OLS 推定量の性質**
> 基本的に単回帰と同じ．
> ◆ 推定：単回帰同様，ガウス・マルコフの定理により，OLS は最小分散の不偏推定量．
> ◆ 仮説検定：単回帰と同じ手順で t 検定ができる．ただし自由度 $m = n-(k+1)$ に注意．

例　(6.14)式，(6.15)式に示した医療費の分析で，係数の有意性の t 値を書き加えると

$$\widehat{\text{health}}_i = \underset{(4.02)}{53.86} + \underset{(3.75)}{2.03}\,\text{old}_i \tag{6.22}$$

$$\widehat{\text{health}}_i = \underset{(3.55)}{36.88} + \underset{(1.97)}{0.88}\,\text{old}_i + \underset{(6.05)}{57.64}\,\text{clinic}_i \tag{6.23}$$

clinic_i を入れると，old_i の係数の推定値だけでなく，その統計的な有意性が落ちる．

6.2.2　多重共線性と「緩い」多重共線性の問題

上で見た通り，重回帰分析の OLS は単回帰と大差ありません．しかし説明変数の数が増えることで，留意すべき点が増えるのも事実です．本節はその一つ，多重共線性の問題を考えます．説明変数の数が $k = 2$ 個の重回帰モデルで，X_{1i} と X_{2i} に完全な一次式の関係，$X_{1i} = c_0 + c_1 X_{2i}$ があるとしましょう．ここでは簡略化して，両者は正比例の関係

$$X_{1i} = cX_{2i} \tag{6.24}$$

であるとします．例えば X_{1i} が「円」単位で測った年収，X_{2i} が「万円」単位で測った年収だとすれば，両者は $X_{1i} = 10000 X_{2i}$ という比例関係にあります．

このとき，$X_{1i} = cX_{2i}$ を正規方程式(6.10)の X_{1i} に代入すれば

$$\begin{cases} na^* + (c\sum X_{2i})b_1^* + (\sum X_{2i})b_2^* = \sum Y_i \\ (c\sum X_{2i})a^* + (c^2\sum X_{2i}^2)b_1^* + (c\sum X_{2i}^2)b_2^* = c\sum X_{2i}Y_i \\ (\sum X_{2i})a^* + (c\sum X_{2i}^2)b_1^* + (\sum X_{2i}^2)b_2^* = \sum X_{2i}Y_i \end{cases} \quad (6.25)$$

となります．上式の第2式の両辺を c で割ると

$$(\sum X_{2i})a^* + (c\sum X_{2i}^2)b_1^* + (\sum X_{2i}^2)b_2^* = \sum X_{2i}Y_i \quad (6.26)$$

なので，第2式と第3式は互いに重複していることがわかります．つまり，$X_{1i} = cX_{2i}$ ならば，(6.10)式の正規方程式は実質二本の方程式なのです．一方，正規方程式中の未知数は a^*, b_1^*, b_2^* の三つです．このため，未知数（係数）の数 ＝ 3 が方程式の数 ＝ 2 を超え，解が一意に定まらない状況におちいります．

　重回帰分析において，説明変数間の完全な線形関係により OLS の解が一意に定まらないことを，**多重共線性**の問題と呼びます．多重共線性は，分析者が持つ情報量の欠如に起因します．比例関係 $X_{1i} = cX_{2i}$ より，X_{1i} と X_{2i} いずれかの値が確定すればもう一方も確定するので，分析者は実質的に一つの説明変数しか持っていない状態です．しかしここで分析者は図々しくも，二つの係数 b_1^*, b_2^* を別個に求めようとしています．X_{1i} と X_{2i} は実質同じ変数なのだから，各々の Y_i への影響を識別できるはずはありません．この場合，X_{1i} と X_{2i} のどちらかをモデルから落として OLS をかけるべきです．

　さて，統計ソフトによる OLS 推定では，データ中に多重共線性があるとエラーメッセージが出ます（親切なソフトなら，多重共線性を起こしている変数を自動的に落として OLS を計算します）．実際の分析で注意したいのは**緩い多重共線性**のケースです．これは，説明変数同士に強い相関関係があるとき，近似的な比例関係が生じ，統計ソフトで数値計算上の問題が発生する状況です．緩い多重共線性があると，OLS の係数推定値や標準誤差が桁外れに大きく，または小さくなることがあります．具体的なエラーメッセージが出ないので，厳密な多重共線性よりも厄介です．簡単な対処法として，分析に使う説明変数同士の相関係数をあらかじめ求め，±1 に近いならどちらか一方を外す方法があります．

6.2.3 自由度修正済み決定係数：モデル選択

重回帰分析でも，第4章で見た Y_i の偏差2乗和の分解公式が成立し，決定係数 R^2 も当てはまりの尺度として使えます（以下再掲）．

$$S_{YY} = S_{\hat{Y}\hat{Y}} + \sum \hat{u}_i^2 \quad \Rightarrow \quad R^2 = \frac{S_{\hat{Y}\hat{Y}}}{S_{YY}} = 1 - \frac{\sum \hat{u}_i^2}{S_{YY}} \tag{6.27}$$

ただし $\hat{u}_i^2$ は重回帰の OLS 残差です．証明は省きますが，説明変数の数 k が多いほど，回帰モデルの予測力・説明力は高まるため，残差2乗和 $\sum \hat{u}_i^2$ が単調に減少し，決定係数 R^2 は単調増加します．すると私たちは，R^2 を高めるために，いたずらに説明変数を多用する誘引に駆られます．一方で説明変数の増加は，モデルの煩雑さにつながります．

そこで重回帰分析では，モデルのデータへの当てはまりとシンプルさを両方評価する指標として，**（自由度）修正済み決定係数**

$$\bar{R}^2 = 1 - d(k) \frac{\sum \hat{u}_i^2}{S_{YY}}, \quad d(k) = \frac{n-1}{n-(k+1)} > 1 \tag{6.28}$$

を使います．修正済み決定係数では，説明変数を増やすと $\sum \hat{u}_i^2$ が減少する一方，調整項 $d(k)$ も上昇し，$\bar{R}^2$ を下げる力が働きます．つまり，あまり予測に貢献しない説明変数をむやみに加えると，かえって $\bar{R}^2$ は低下するのです．したがって，$\bar{R}^2$ をガイドに説明変数群を厳選すれば，説明力が高く，かつシンプルな重回帰モデルを構築できます．

一般に，モデルが説明力と簡便さを兼ね備えていることを，**節約性**（parsimony）を持つ，と言います．修正済み決定係数 $\bar{R}^2$ は，節約性を持ったモデルを選択する基準の一つです．予測力や節約性の基準によるモデル選択の問題は，ファイナンスやマクロ時系列データなど，予測を目的とする分野で重視されます．しかし本書のように，特定の変数間の因果関係を識別することを目的とする分析では，機械的なモデル選択は通常行いません．こちらの分野では，R^2 や $\bar{R}^2$ は「高いに越したことはない」程度の認識で十分でしょう．

6.3 偏回帰係数

6.3.1 重回帰モデルの偏回帰係数

一つの説明変数 X_{1i} が被説明変数 Y_i に与える効果を推定したいならば，重回帰分析をせずに，Y_i を X_{1i} に単回帰すれば十分なように思えます．しかし (6.22)式，(6.23)式の例で見たように，単回帰と重回帰では，同一説明変数の係数推定値や t 値が大幅に異なることがあります．単回帰と重回帰の回帰係数は，それぞれ何を測っているのでしょうか？　両者の違いを理解する鍵は，数学の「微分」と「偏微分」の違いにあります．

準備として，一次式 $y = a + b_1 x_1 + b_2 x_2$ の偏微分を復習しましょう．x_1 の偏導関数は，x_2 を適当な定数値 c に固定し，

$$y = a + b_1 x_1 + b_2 x_2 \xrightarrow{x_2 = c \text{に固定}} \underbrace{y = a + b_1 x_1 + \underbrace{b_2 c}_{\text{定数}}}_{x_1 \text{だけの関数}} \xrightarrow{x_1 \text{で微分}} \frac{\partial y}{\partial x_1} = b_1 \quad (6.29)$$

となります（同様に $\frac{\partial y}{\partial x_2} = b_2$）．上式の偏導関数は，$x_2$ を一定としたときに，x_1 が y に与える影響を測ります[3]．経済学ではこれを「**他の条件を一定として (ceteris paribus)**」と表現します．

重回帰分析に話を戻します．簡単化のため，古典的仮定を満たす $k = 2$ の重回帰モデル，(6.6)式を再考しましょう．

$$Y_i = \alpha + \beta_1 X_{1i} + \beta_2 X_{2i} + u_i, \quad \mathrm{E}(u_i) = 0 \quad (6.30)$$

また二つの説明変数 X_{1i} と X_{2i} が，次の依存関係にあると仮定します．

仮定（解説のための臨時の仮定，本節限り有効）

$$X_{2i} = \eta_0 + \eta_1 X_{1i} + v_i, \quad \mathrm{E}(v_i) = 0 \quad (6.31)$$

---
[3] 私たちは残差2乗和の最小化問題（第4章）で，2次関数の偏導関数を求めました．

6.3 偏回帰係数

上式の v_i は，X_{2i} を X_{1i} に単回帰したときの確率的な誤差項です．この仮定に従うと X_{2i} は確率変数となり，古典的仮定(CA1)に抵触するのですが，しばし目をつぶって下さい．上式の η_0 と η_1 （エータ）は回帰係数で，$\eta_1 = 0$ の場合を除き，X_{2i} の変動は X_{1i} で予測されます．

いま，すべての観測個体の X_{2i} が同一水準，例えば $X_{2i} = c$ であるという仮想的な状況を考えます．このとき(6.30)式は

$$Y_i = \alpha + \beta_1 X_{1i} + \beta_2 c + u_i \tag{6.32}$$

となり，期待値をとり X_{1i} で微分すれば，偏導関数

$$\mathrm{E}(Y_i) = \alpha + \beta_1 X_{1i} + \beta_2 c \xrightarrow[X_{2i}=c]{X_{1i}\text{で微分}} \frac{\partial \mathrm{E}(Y_i)}{\partial X_{1i}} = \beta_1 \tag{6.33}$$

を得ます．したがって係数 β_1 は，「仮に X_{2i} を一定水準に固定したときに，X_{1i} が Y_i の期待値に与える影響」を測っていると言えます．このため，重回帰モデルの回帰係数は，特に**偏回帰係数**と呼ばれます．なお，前節の公式(6.16)で確認した通り，OLS推定量 $\hat{\beta}_1$ は，偏回帰係数 β_1 の不偏推定量になります．

$$\mathrm{E}(\hat{\beta}_1) = \beta_1 \tag{6.34}$$

以上の結果を一般型 $Y_i = \alpha + \beta_1 X_{1i} + \beta_2 X_{2i} + \cdots + \beta_k X_{ki} + u_i$ でまとめると，次の通りです．

公式（偏回帰係数の意味）

一般的な重回帰モデル(CA0*)式の偏回帰係数 β_j $(j = 1, 2, ..., k)$ は，「仮に X_{ji} 以外の変数が観測間で同一水準だったとしたとき，X_{ji} が Y_i の期待値に与える影響」を測るパラメータである．

$$\mathrm{E}(Y_i) = \alpha + \beta_1 X_{1i} + \beta_2 X_{2i} + \cdots \beta_k X_{ki} \xrightarrow[X_{ji}\text{以外一定}]{X_{ji}\text{で微分}} \frac{\partial \mathrm{E}(Y_i)}{\partial X_{ji}} = \beta_j \tag{6.35}$$

重回帰のOLS推定量 $\hat{\beta}_j$ は，各 β_j の不偏推定量で，$\mathrm{E}(\hat{\beta}_j) = \beta$ である．

[証明] 前段で証明済み． ∎

6.3.2 単回帰と重回帰の違い：除外変数バイアス

それでは(6.30)式に関し，「X_{2i} が一定ではない」$\mathrm{E}(Y_i)$ を X_{1i} で微分すると，何が得られるでしょうか？ この場合，X_{2i} は(6.31)式に従って自由に動いています．(6.31)式を(6.30)式の X_{2i} に代入し整理すると，次式を得ます．

$$
\begin{aligned}
Y_i &= \alpha + \beta_1 X_{1i} + \beta_2(\eta_0 + \eta_1 X_{1i} + v_i) + u_i \\
&= \underbrace{(\alpha + \beta_2 \eta_0)}_{=\alpha'} + \underbrace{(\beta_1 + \beta_2 \eta_1)}_{=\beta'} X_{1i} + \underbrace{\beta_2 v_i + u_i}_{=u'_i} = \alpha' + \beta' X_{1i} + u'_i
\end{aligned}
\tag{6.36}
$$

上式は，Y_i を X_{1i} だけに回帰した**単回帰モデル**に他なりません．注目すべきは，単回帰の X_{1i} の係数

$$
\frac{d\mathrm{E}(Y_i)}{dX_{1i}} = \beta' = \beta_1 + \beta_2 \eta_1
\tag{6.37}
$$

に，X_{2i} に由来する係数 β_2, η_1 が混在してしまう点です．単回帰の OLS を $\hat{\beta}'$ と置けば，$\hat{\beta}'$ は β' を不偏推定します．しかし

$$
\mathrm{E}(\hat{\beta}') = \beta' = \beta_1 + \beta_2 \eta_1 \neq \beta_1
\tag{6.38}
$$

であり，偏回帰係数 β_1 の不偏推定量にはなりません．

単回帰と重回帰の違いを，ここで整理しましょう．仮定(6.31)に基づけば，(6.30)式に登場する三変数 X_{1i}, X_{2i}, Y_i は，およそ次のような相互依存関係にあります．

$$
\begin{array}{c}
X_{1i} \xrightarrow{\beta_1} \\
\eta_1 \downarrow \quad\quad Y_i \\
X_{2i} \xrightarrow{\beta_2}
\end{array}
\tag{6.39}
$$

重回帰においては X_{2i} が一定値に固定されるので，OLS により「$X_{1i} \xrightarrow{\beta_1} Y_i$」がうまく識別されます．しかし X_{2i} をフリーにした単回帰では，OLS が「$X_{1i} \xrightarrow{\beta_1} Y_i$」だけでなく，「$X_{1i} \xrightarrow{\eta_1} X_{2i} \xrightarrow{\beta_2} Y_i$」まで拾ってしまうのです．単回帰と重回帰の OLS が異なる分析結果を生む理由は，ここにあります．

Remark 重回帰モデル(6.6)に関する，単回帰 OLS と重回帰 OLS の違い

◆ Y_i を X_{1i} だけに単回帰 ：$\mathrm{E}(\hat{\beta}') = \underbrace{\beta_1}_{X_{1i} \to Y_i} + \underbrace{\eta_1}_{X_{1i} \to X_{2i}} \times \underbrace{\beta_2}_{X_{2i} \to Y_i}$ (6.40)

◆ Y_i を X_{1i} と X_{2i} に重回帰：$\mathrm{E}(\hat{\beta}_1) = \underbrace{\beta_1}_{X_{1i} \to Y_i}$ (6.41)

分析者の目標が偏回帰係数 β_1 の推定であるとするならば，Y_i を X_{1i} だけに単回帰して得られる OLS 推定量 $\hat{\beta}'$ は，不適切と言えます．$\hat{\beta}'$ の期待値と β_1 の差

$$\mathrm{Bias}(\hat{\beta}') = \mathrm{E}(\hat{\beta}') - \beta_1 = \eta_1 \beta_2 \iff \mathrm{E}(\hat{\beta}') = \beta_1 + \mathrm{Bias}(\hat{\beta}') \quad (6.42)$$

を，X_{2i} の除外による**除外変数バイアス**（omitted variables bias）と呼びます[4]．$\hat{\beta}'$ で β_1 を推定すると，推定結果としてターゲットの β_1 から $\mathrm{Bias}(\hat{\beta}')$ だけ外れた値が実現しやすくなります．例えば $\beta_2 > 0$，$\eta_1 > 0$ なら $\mathrm{Bias}(\hat{\beta}') > 0$ となり，$\hat{\beta}'$ は β_1 を過大評価してしまいます．除外変数バイアスを避ける方法は，いたって簡単です．素直に重回帰 OLS を使えばよいのです．

6.4 コントロール変数の重要性

6.4.1 コントロール変数とは？

実証分析に臨む分析者は，多くの場合，ある一つの説明変数 X_{ji} が Y_i に与える影響に興味があります．このとき X_{ji} 以外の説明変数は興味の対象ではなく，「その他変数の影響を一定」というコンディション作りのために存在します．雑音を取り除くためにあえてモデルに入れる説明変数群を，**コントロール変数**と呼びます．例えば(6.23)式の医療費の例で，分析の目的が「高齢化による医療費増」の実証にあるならば，興味のある変数は old_i であり，clinic_i は「仮に全地域で診療所が均一だったとしたら」という仮想的な状況を与えるためのコントロール変数です．

---

[4] 「単回帰の OLS は見当違いのパラメータを不偏推定している」という言い方もできます．

コントロール変数は言わば「脇役」ですが，しばしば「脇役」が物語の要となるものです．どのような変数をコントロールしたかにより，実証分析の評価・信頼性は大きく変わります．医療費の例では，$clinic_i$ をコントロールすると，old_i が医療費に与える影響は限定的なものであることが明らかになりました．一方，$health_i$ を old_i だけに単回帰した OLS は，除外変数バイアスにより，高齢化が医療費に与える効果を過大評価することになります．

コントロール変数の重要性を確認するために，別の分析例を考察しましょう．

例 「駅へのアクセスのよさがマンション価値に与える影響」を実証したい分析者が，第1章表1.1のデータを用い，マンション価格（$price_i$：万円）を最寄駅までの所要時間（min_i：分）に OLS 回帰した（カッコ内は有意性の t 値）．

$$\widehat{price_i} = \underset{(10.47)}{3092.68} + \underset{(2.65)}{74.56} \min_i \tag{6.43}$$

t 値を見ると，定数項・係数ともに統計的に有意である．驚くべきことに，駅までの時間が1分長くなると市場価値が74万円増える傾向が検出された．

この分析結果は，私たちの予想（あるいは不動産価格の理論）を覆すものです．これははたして「世紀の大発見」でしょうか？ 答えは残念ながらノーです．

表6.1には，マンション価格に関する3パターンの OLS 推定の結果がまとめられています．モデル1は(6.43)式の再掲，モデル2は重回帰で「築年数」を，モデル3は「築年数」と「面積」をコントロールした推定値です．注目すべきは，「面積」をコントロールすると，「最寄駅所要時間」の係数が負で有意となる点です．モデル3によると，築年数・面積が同一のマンションは，最寄駅までの所要時間1分増につき33万円ほど価格が下がります．大方の予想通り，駅から離れるほど価格が落ちる傾向が検出されました．

それでは逆に，なぜ「面積」をコントロールしないと，(6.43)式のような結果（駅から遠いほど価格が高い）となるのでしょうか？ 理由は簡単，駅から

6.4 コントロール変数の重要性

表6.1 マンション価格の回帰分析

	モデル1		モデル2		モデル3	
	係数	t 値	係数	t 値	係数	t 値
定数項	3092.68	10.47	4325.66	13.08	1496.51	9.88
最寄駅所要時間(分)	74.56	2.65	66.25	2.58	-32.68	-3.20
築年数(年)			-77.30	-6.40	-58.45	-12.61
面積(m^2)					64.18	33.58
修正済み決定係数	0.03		0.20		0.88	
サンプル数 n	194		194		194	
説明変数 k	1		2		3	

遠い場所ほど面積の広い物件が多いからです．表6.1でも明らかなように，面積はマンション価格に支配的な影響を持ちます．したがって，単にマンション価格を最寄駅からの距離（ないしは時間）に回帰すると，部屋の広さによる価格上昇効果を OLS が拾ってしまい，正の係数が検出されるのです．

コントロール変数アプローチは，第1章で強調した，非実験データによる回帰分析の問題点を解決する糸口となり得ます．第1章(1.6)式の，補習参加が成績に与える効果の実証分析（数値例）を振り返りましょう．私たちはこの結果を受けて，「補習に参加する子とそうでない子は，補習を抜きにしても，もともと学力に違いがあるのでは？」という疑念を抱きました．前年度の成績や家庭の教育費支出など，プログラム参加前の児童の学力に作用し得る要因を重回帰でコントロールすれば，これらを一定とした下での補習の効果を OLS 推定できます．この場合分析者は，事前に家庭や児童に対しアンケートを行い，（直接興味がなくとも）コントロール変数を収集しておくべきです．

実証分析の各分野では，「定石」とも言うべきコントロール変数がすでに定着しています．例えば物件価格の分野で何か新しい研究を行おうと思ったら，物件面積のコントロールが必須です．労働者賃金の分析では性別や年齢・学歴など，子どもの学力の分析では親の年収などがコントロール変数として求められます[5]．何をコントロールすべきか迷ったら，既存の研究論文などを読んで参考にしましょう．これも実証分析の常識です．

Remark 実証分析では，適切なコントロール変数の使用を心がける
◆ 単回帰 OLS の結果は，さまざまな雑音（バイアス）が入る可能性.
◆ 何をコントロールすべきか？ ⇒ 既存研究を参考にすればよい．

6.4.2 実験データの回帰分析

さて，もし(6.31)式で $\eta_1 = 0$，つまり二つの説明変数 X_{1i} と X_{2i} が互いに独立ならば，ここまでの話は大きく変わります．このとき(6.38)式ないし(6.42)式は

$$\mathrm{E}(\hat{\beta}') = \beta_1 + 0 \cdot \beta_2 = \beta_1 \tag{6.44}$$

でバイアス項は消え，単回帰 OLS は，偏回帰係数 β_1 の不偏推定量となります[6]．このことは，$S_{12} = 0$ のとき単回帰 OLS と重回帰 OLS が数値計算上一致するという(6.13)式の結果と整合的です．模式図で表現すれば，次の通りです．

$$\begin{array}{c} X_{1i} \xrightarrow{\beta_1} \\ {}_{独立} \quad Y_i \\ X_{2i} \xrightarrow{\beta_2} \end{array} \tag{6.46}$$

それでは具体的に，いかなるデータ環境で $\eta_1 = 0$ となるでしょうか？一つの方法は，分析者が X_{1i} の値を観測個体（被験者）にランダムに割り当てることです．そう，第1章(1.7)式ですでに言及した，無作為化実験です．(1.7)式の例では，分析者が（コンピュータの乱数などで）新薬の投与量（dose_i）をランダムに与えており，dose_i は被験者 i が持つあらゆる個人属性と独立で

---

5) もちろん研究によっては，ここでコントロール変数として挙げた説明変数が，分析の主役となることもあります．例えば児童の貧困や格差をめぐる研究では，子どもの学力と家庭の財力との関係が注目されます．
6) 除外変数バイアスが消えるもう一つのケースは，重回帰モデル(6.30)において X_{2i} の偏回帰係数が $\beta_2 = 0$ の場合です．この場合も

$$\mathrm{E}(\hat{\beta}') = \beta_1 + \eta_1 \cdot 0 = \beta_1 \tag{6.45}$$

なので，X_{2i} を抜いて単回帰 OLS をかけてもバイアスは発生しません．

6.4 コントロール変数の重要性

す．したがって(6.44)式の類推により，$dose_i$ 以外のその他の属性をコントロールしようがしまいが，単回帰 OLS にバイアスが発生しません．

　実験データであるならば，重回帰分析およびコントロール変数アプローチはそれほど重要ではないのです．単回帰の OLS を行い，係数が統計的に有意であることが確認されれば，「因果関係の実証」になります．本書第5章までの技術で十分です．無作為化実験のポイントは，説明変数とその他の個人属性に相関・共変動が存在しないことです．ありえないことですが，もし分析者が「年齢が高いほど多く投与する」というルールで投与量を決めると，投与量と年齢に相関が生じバイアスが発生してしまいます．「被験者の希望に従って投与する」ルールでも，投与量と個人属性に何らかの共変動が生じるでしょう．

6.4.3　コントロール変数の意義と限界

　一方，経済学など非実験データに基づく回帰分析では，コントロール変数による重回帰分析が必須です．適切な変数をコントロールしないと，(6.43)式のマンション価格の例で経験したような，見当違いの結論を得ることとなります．もし私たちが「マンションの場所をランダムに決め，建てる」という実験を行い，それらマンションにいかなる価格がつくか観測できるならば，価格の最寄駅所要時間への単回帰は「正解」です．「ランダムに駅を作ってみる」でもよいでしょう．しかしそのような実験は，通常不可能です．実験が行えない限り，重回帰分析を使ってなるべく実験に近い環境を作るべきです[7]．

　しかしながら，コントロール変数アプローチにも限界があります．「変数として観測できない属性は，コントロールしようがない」という点です．例えば医療経済学や公衆衛生学，疫学といった分野では，喫煙が個人の健康状態に与える影響の実証分析が盛んです．データで喫煙者と非喫煙者を比較すると，喫煙状況だけでなく，年収や学歴など，健康に作用する可能性のある属性に差が見られます．したがってこれらの属性は，重回帰でコントロールすべきです．しかし「リスク回避度」や「健康への選好」など，喫煙習慣と健康状態双方に

---

7) もちろん，分析者が実験を行っていなくとも，偶然，説明変数がランダムに決まっている状況もあり得ます．この状況下では，実験データと同様の分析が可能になります．詳しくは第13章で扱います．

影響し得る重要な属性は，観測・コントロールできません．結局「タバコを吸うと健康が損なわれる」のか，「健康に無関心だからタバコを吸い，健康状態も悪い」のか，重回帰分析のテクニックを持ってしても区別ができないのです．

統計理論上「喫煙状態を個人にランダムに与える」実験は理想的ですが，倫理上，実行不可能です．コントロール変数アプローチ（重回帰）も無理，実験も無理，という状況において，計量経済学は真価を発揮します．残念ながら古典的回帰モデルの枠組みでは，この点を深く議論できません．第12章・第13章を待つことにしましょう．

復習問題

問題 6.1 重回帰分析に関する次の点について，第4章，第5章の単回帰分析と比較し，変わること・変わらないことを簡潔にまとめよ．
(1) データから係数を推定する原理．
(2) モデルの当てはまりの尺度．
(3) OLSの，推定量としての性質（不偏性・有効性）．
(4) 回帰係数の有意性検定の手順．

問題 6.2 重回帰モデル $Y_i = \alpha + \beta_1 X_{1i} + \beta_2 X_{2i} + u_i$ に関する次の問いに答えよ．
(1) このモデルの係数 β_1 は，何を測っているのか？ 簡潔に述べよ．
(2) 上のモデルから X_{2i} を除いて OLS 推定すると，β_1 の推定に関していかなる問題が生じるか？ 簡潔に述べよ．

第7章 回帰モデルを工夫する

　線形回帰モデルは被説明変数 Y_i と説明変数 $X_{1i}, X_{2i}, ..., X_{ki}$ に一次式の関係を仮定しており，一見すると柔軟性に欠けます．しかしながら，工夫次第で変数間の非線形な関係を描写することも可能です．本章は，前章までの回帰分析の知識を前提に，より柔軟な回帰モデルの OLS 推定を提案します．

7.1 二次関数モデルと交差項モデル

7.1.1 説明変数・被説明変数の変換

　次の線形回帰モデル（?）を考えましょう．

$$Y_i = \alpha + \beta_1 X_{1i} + \beta_2 \sqrt{X_{2i}^3} + u_i \tag{7.1}$$

上式において Y_i は X_{1i} と線形関係にありますが，X_{2i} とは非線形な関係です．しかし表計算ソフトなどで事前に $X'_{2i} = \sqrt{X_{2i}^3} = X_{2i}^{\frac{3}{2}}$ という変数の変換を行い，新たな変数を作っておけば，上式は

$$Y_i = \alpha + \beta_1 X_{1i} + \beta_2 X'_{2i} + u_i \tag{7.2}$$

と同値であり，β_2 の OLS 推定や有意性の検定が可能です．

　上の例からわかる通り，「線形回帰モデルの OLS 推定」が通用するための条件は，「Y_i と回帰係数の線形性」であり，必ずしも「Y_i と説明変数の線形性」ではないのです．本節のテーマは，説明変数・被説明変数をうまく変換し，モ

7.1 二次関数モデルと交差項モデル

デルのデータへのフィットを改善したり，回帰係数（偏回帰係数）にさまざまな意味を持たせることです．また一見非線形なモデルも，変数変換で線形回帰モデルの形式に書き換えることができます．

7.1.2　二次関数モデル：カーブの推定

次の例は，気温による電力需要の予測を試みた回帰分析です．

例　次式は2008年から2010年の36カ月間の近畿県内における電力需要量（$elec_i$：一千万キロワット）を，同月の大阪の平均気温（$temp_i$：摂氏）に回帰したOLS推定の結果である．

$$\widehat{elec}_i = \underset{(27.00)}{12922.80} + \underset{(1.84)}{46.78}\, temp_i, \quad R^2 = 0.09, \quad n = 36 \qquad (7.3)$$

（カッコ内の数字は，各係数の有意性検定の t 値）．$temp_i$ の統計的有意性は高いとは言えず，またモデルの説明力を測る決定係数 R^2 も，非常に低い．

はたしてこれは，妥当な分析結果と言えるでしょうか？　電力消費が気温で十分説明できないというのは，どうも腑に落ちませんね．

　OLS推定は，回帰直線の散布図へのフィットにより得られたことを思い出しましょう．図7.1 A は，横軸に平均気温（$temp_i$），縦軸に電力需要量（$elec_i$）をとった散布図に(7.3)式の回帰直線を示したグラフです．この図から明らかなように，$elec_i$ と $temp_i$ の関係は一様ではなく，下に凸の曲線的なグラフとなります．$temp_i$ が低い領域では，$temp_i$ が上がるほど（暖かくなるほど）$elec_i$ が下がる傾向があります．一方 $temp_i$ が高い領域では，その傾向は逆転し，両者は右上がりの関係となります．つまり，至極当然ですが，電力は寒い冬ほど・暑い夏ほど需要され，過ごしやすい気温において需要量が落ちるのです．このような図に一次式をフィットさせたら，当てはまりが悪いのは当然です．

　下に凸や上に凸の散布図の形状を近似するには，直線 $f(x) = a + bx$ よりも二次の曲線 $f(x) = a + b_1 x + b_2 x^2$ がふさわしそうです．ある説明変数 X_i の2

図7.1 気温（temp_i）と電力需要（elec_i）の関係

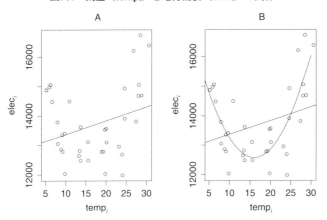

乗（2次の項）を説明変数に含む回帰モデル

$$Y_i = \alpha + \beta_1 X_i + \beta_2 X_i^2 + u_i \tag{7.4}$$

を，**二次関数モデル**と呼びます．本節冒頭で述べた通り，事前に $X_i' = X_i^2$ という変数を作り，Y_i を X_i と X_i' の二つの変数に重回帰すれば，簡単に α, β_1, β_2 が OLS 推定できます．推定された OLS 回帰式は，散布図に最もフィットする曲線を描いてくれるはずです（もちろん X_i 以外の説明変数と併用しても構いません）．一方，散布図がカーブを描いているときに無理に直線を当てはめようとすると，直線の係数が有意に推定されなかったり，決定係数が非常に低くなったりします．このことは電力需要の例で見た通りです．

二次関数モデルは，被説明変数の期待値 $\text{E}(Y_i)$ が説明変数 X_i について単調増加・単調減少でないデータをモデル化する際に大変便利です．古典的仮定 $\text{E}(u_i) = 0$ に注意して，二次関数モデルの期待値をとり，X_i で微分すると

$$\text{E}(Y_i) = \alpha + \beta_1 X_i + \beta_2 X_i^2 \xrightarrow{\text{微分}} \frac{d\text{E}(Y_i)}{dX_i} = \beta_1 + 2\beta_2 X_i \tag{7.5}$$

となります．上式の導関数より，X_i の変化が $\text{E}(Y_i)$ に与える影響（傾き）が，X_i の水準に依存することが確認できます．二次の項が必要か否かは，β_2 の有

7.1 二次関数モデルと交差項モデル

意性検定により統計的にテストできます．

例 前の例における分析で，気温の2乗（temp_i^2）を加えた推定結果は

$$\widehat{\text{elec}}_i = \underset{(23.89)}{17293.90} - \underset{(-6.12)}{583.79}\,\text{temp}_i + \underset{(6.71)}{18.09}\,\text{temp}_i^2, \quad \bar{R}^2 = 0.59, \quad n = 36 \quad (7.6)$$

（カッコ内は有意性検定の t 値）．すべての係数は統計的に有意である．修正済み決定係数 $\bar{R}^2$ を見ると，モデルのデータへの適合度も大幅に改善している．

二次関数モデルの当てはめによる新しい推定結果に基づけば

$$\frac{d\,\widehat{\text{elec}}_i}{d\,\text{temp}_i} = -583.79 + 2 \times 18.09\,\text{temp}_i \quad (7.7)$$

で，気温が $\text{temp}_i = 5$ 度のとき $\frac{d\,\widehat{\text{elec}}_i}{d\,\text{temp}_i} = -402.89$ となり，寒い時期は気温上昇で電力需要が落ちることが予測されます（同様に $\text{temp}_i = 15$ 度, 25度のケースを計算してみて下さい）．

7.1.3 交差項モデル・多項式モデル

二次関数モデルの延長で，次のような重回帰モデルを想定することもできます．

$$Y_i = \alpha + \beta_1 X_{1i} + \beta_2 X_{2i} + \beta_3 X_{1i} X_{2i} + u_i \quad (7.8)$$

これを**交差項モデル**と呼びます．上式が，二つの説明変数 X_{1i} と X_{2i} の交差項，$X_{1i}X_{2i}$ を含む点にご注目下さい．二次関数モデルと同様，あらかじめ変数 $X'_i = X_{1i}X_{2i}$ を用意し，Y_i を X_{1i}, X_{2i}, X'_i に回帰すれば，すべての係数が OLS 推定できます．

交差項モデルの期待値の，X_{1i} に関する導関数を求めると

$$\text{E}(Y_i) = \alpha + \beta_1 X_{1i} + \beta_2 X_{2i} + \beta_3 X_{1i} X_{2i} \xrightarrow{\text{微分}} \frac{\partial \text{E}(Y_i)}{\partial X_{1i}} = \beta_1 + \beta_3 X_{2i} \quad (7.9)$$

となり，説明変数 X_{1i} が $\text{E}(Y_i)$ に与える影響が，もう一方の説明変数 X_{2i} の水

準に依存する状況をとらえることができます．省略しますが，X_{2i} に関する導関数も同様に，X_{1i} に依存します．

二次関数モデルはまた，p 次の項を持つ**多項式モデル**

$$Y_i = \alpha + \beta_1 X_i + \beta_2 X_i^2 + \cdots + \beta_p X_i^p + u_i \tag{7.10}$$

に一般化できます．こちらも X_i から $X_i^2, X_i^3, ..., X_i^p$ を作れば，重回帰 OLS で推定可能です．ただし実証分析で実際に用いられるのは，せいぜい $p = 4$ 程度の次数までです．さまざまな説明変数をコントロールすると，高次の項の係数が有意とならないことが多いからです．

7.2 対数線形モデル：弾力性の推定

7.2.1 コブ・ダグラス型生産関数の対数線形化

経済学では，企業が生産要素から生産物を生み出す技術を，**生産関数**で表します．生産水準を Q，労働投入量を L，工場設備などの資本ストックを K と置けば，生産関数は一般に $Q = f(L, K)$ となります．投入量が増えるほど生産量も増えるので，$f(\cdot, \cdot)$ は L と K の増加関数です．特によく採用されるのが，**コブ・ダグラス型生産関数**

$$Q = AL^{\beta_1}K^{\beta_2} \tag{7.11}$$

です（Cobb and Douglas 1928）．ここで A, β_1, β_2 は未知のパラメータです．さて，企業の生産活動のデータ L_i, K_i, Q_i が観測されたとき，(7.11)式を推定するにはどうすればよいでしょうか？ (7.11)式右辺にはべき乗の形でパラメータが現れており，OLS が適用できないように思えます．しかし工夫次第で，(7.11)式を線形回帰モデルに落とし込むことができるのです．

本題に入る前に，準備として対数関数の基本性質をおさらいしておきましょう．

7.2 対数線形モデル：弾力性の推定

公式（対数関数 $\log(x)$ の性質）

◆ 肩の荷が下りる：$\log(x^a) = a\log(x)$ (7.12)

◆ 積が和に　　　：$\log(x_1 x_2) = \log(x_1) + \log(x_2)$ (7.13)

◆ 微分公式　　　：$\frac{d\log(x)}{dx} = \frac{1}{x}$ (7.14)

[証明] 適当な数学のテキストを参照. ∎

対数の性質を踏まえ，(7.11)式両辺を対数変換すれば

$$\begin{aligned}\log(Q) &= \log(AL^{\beta_1}K^{\beta_2}) = \log(A) + \log(L^{\beta_1}) + \log(K^{\beta_2})\\ &= \log(A) + \beta_1\log(L) + \beta_2\log(K)\end{aligned} \quad (7.15)$$

を得ます．したがって，$Y_i = \log(Q_i)$, $X_{1i} = \log(L_i)$, $X_{2i} = \log(K_i)$, そして $\alpha = \log(A)$ と置き，誤差項 u_i を加えれば

$$Y_i = \alpha + \beta_1 X_{1i} + \beta_2 X_{2i} + u_i \quad (7.16)$$

となり，ご存知の線形回帰モデルのできあがりです．上式では，生産関数のパラメータが，うまい具合に回帰係数として現れている点に注目しましょう．まずデータ L_i, K_i, Q_i を対数変換し，それらを説明変数・被説明変数として OLS 推定すれば，これらのパラメータの推定値を得ることができます．

対数線形化されたコブ・ダグラス型生産関数のように，説明変数・被説明変数が対数のスケールで一次式の関係になる回帰モデルを，**対数線形モデル**と呼びます．一般的には，変換前の変数を X_{ji}, Y_i と置けば，

$$\log(Y_i) = \alpha + \beta_1\log(X_{1i}) + \beta_2\log(X_{2i}) + \cdots + \beta_k\log(X_{ki}) + u_i \quad (7.17)$$

です．これらを事前に対数変換すれば，あとは OLS で係数の推定ができます．対数線形モデルの利用で注意すべきは，もともとの観測にゼロを含む場合，対数変換が定義上できない点です[1]．この場合は，説明変数・被説明変数がゼロである観測を標本から落として分析する他ありません．

1）$\lim_{x \to 0}\log(x) = -\infty$ なので，統計ソフトなどでゼロの対数変換を実行するとエラーが出ます．

> **例** 北海道内の公立病院の生産技術をコブ・ダグラス型生産関数で近似し，対数線形モデルに変換して OLS 推定を行う．$Q_i =$ 病院 i の患者数，$L_i =$ 総従業員数（医師・看護師・職員など），$K_i =$ 病床数 × 稼働率と置く．推定結果は次の通り（カッコ内は有意性検定の t 値）．
>
> $$\widehat{\log(Q_i)} = \underset{(2.78)}{0.44} + \underset{(10.82)}{0.72} \log(L_i) + \underset{(2.54)}{0.18} \log(K_i), \quad \bar{R}^2 = 0.95, \quad n = 89 \qquad (7.18)$$
>
> 係数はすべて統計的に有意に推定されている．また，モデルのデータへの当てはまりも良好である．

7.2.2　対数線形モデルによる弾力性の推定

　実証分析では測定単位の異なる変数同士の関係を議論することが多く，測定単位に依存しない，中立的な「効果の強弱」を定義する必要が出てきます．中でも重要なのが**弾力性**です．二つの変数 x, y について，それぞれの変化率を $dx/x \approx \Delta x/x$, $dy/y \approx \Delta y/y$ と置けば，y の x に対する弾力性 ϵ（イプシロン）は

$$\epsilon = \frac{\Delta y/y}{\Delta x/x} = \frac{\Delta y}{\Delta x}\frac{x}{y} \approx \frac{dy}{dx}\frac{x}{y} \qquad (7.19)$$

で定義されます．弾力性 ϵ は「x が 1 ％変化したとき，y が何％変化するか」を測る指標で，経済学では「需要の価格弾力性」や「輸出の為替レート弾力性」といった具合に，頻繁に使います．

　実は，対数線形モデルの係数と弾力性は，密接な関係があります．対数線形化されたコブ・ダグラス型生産関数(7.16)式の，誤差項を $u_i = u_o$ に固定したバージョンを

$$Y = \alpha + \beta_1 X_1 + \beta_2 X_2 + u_o \qquad (7.20)$$

と置きましょう．この式を X_1 で微分すると，$Y = \log(Q)$, $X_1 = \log(L)$ より次の導関数の表現を得ます．

7.2 対数線形モデル:弾力性の推定

$$\frac{dY}{dX_1} = \beta_1 = \frac{d\log(Q)}{d\log(L)} \tag{7.21}$$

一方,対数関数の微分公式(7.14)を変形すると

$$\frac{d\log(x)}{dx} = \frac{1}{x} \Leftrightarrow d\log(x) = \frac{dx}{x} \tag{7.22}$$

となります.したがって $d\log(Q) = dQ/Q$, $d\log(L) = dL/L$ と書けるので,

$$\beta_1 = \frac{d\log(Q)}{d\log(L)} = \frac{dQ/Q}{dL/L} \tag{7.23}$$

を得ます.(7.19)式の定義より,これは生産量 Q の労働 L に関する弾力性に他なりません.

以上から,対数線形モデルの回帰係数の OLS 推定値 $\hat{\beta}_1$ は,弾力性の推定値であることがわかります.例えば(7.18)式の $\log(L_i)$ の係数推定値 $\hat{\beta}_1 = 0.72$ は,「従業員が1%増えると医療サービスの生産が0.72%増える」と解釈できます.一般に,対数線形モデルの回帰係数は弾力性に相当します.したがって弾力性を推定したい場合は,対数線形モデルを OLS 推定すればよいのです.

7.2.3 半弾力性と半対数線形モデル

弾力性と類似の測定概念に,**半弾力性**(semi-elasticity)があります.半弾力性の定義は

$$\delta = \frac{\Delta y/y}{\Delta x} = \frac{\Delta y}{\Delta x}\frac{1}{y} \approx \frac{dy}{dx}\frac{1}{y} \tag{7.24}$$

で,「x が1単位変化したとき,y が何%変化するか」を測ります.上式を,弾力性 ϵ の定義式(7.19)と比較してみて下さい.

さて,被説明変数 Y_i だけを対数スケールに変換したモデル

$$\log(Y_i) = \alpha + \beta_1 X_{1i} + \beta_2 X_{2i} + \cdots + \beta_k X_{ki} + u_i \tag{7.25}$$

表7.1 説明変数・被説明変数の対数変換

モデル	被説明変数	説明変数	回帰係数の解釈
線形回帰	Y_i	X_i	通常の導関数：$\beta = \dfrac{\Delta Y}{\Delta X_j}$
対数線形	$\log(Y_i)$	$\log(X_i)$	弾力性：$\beta = \dfrac{\Delta Y/Y}{\Delta X_j/X_j} = \varepsilon$
半対数線形	$\log(Y_i)$	X_i	半弾力性：$\beta = \dfrac{\Delta Y/Y}{\Delta X_j} = \delta$

を，**半対数線形モデル**（semi log-linear model）と呼びます．対数線形モデルと同様の操作をすると，

$$\beta_j = \frac{dY/Y}{dX_j} \tag{7.26}$$

が得られ，(7.25)式の回帰係数は，誤差項を適当に固定した下での Y の X_j に関する半弾力性に等しくなります．対数線形モデルも，実証分析でよく採用されています（表7.3の例では，年収の対数値を被説明変数に置いています）．

対数変換を利用した回帰モデルとして，対数線形モデル・半対数線形モデルを紹介しました．重要な点は，説明変数・被説明変数の対数変換により，回帰係数の読み方が異なる点です．他者の分析結果を見るときも，いずれのモデルを採用しているか気を付けましょう．

Remark
表7.1：対数線形・半対数線形モデルの係数の解釈．

7.3 ダミー変数

7.3.1 ダミー変数の基礎知識

私たちが扱うデータは，必ずしも量的な変数ばかりではありません．例えば個人 i の性別（男・女）や，企業 i の産業分類（製造業・非製造業）などは，i の属性や状態・分類を表す変数であり，量的ではなく**質的**な情報と言えます．質的な変数は文字列で記録されることが多く，このままでは分析に使えませ

7.3 ダミー変数

表7.2 間取り（ワンルームか否か）に基づくグループ平均値の比較

	全標本	ワンルーム Yes	ワンルーム No	差
価格（万円）	3762.60	1528.10	4289.20	-2761.10
ワンルームダミー D_i	0.19	1.00	0.00	1.00
最寄駅所要時間（分）	8.98	6.14	9.66	-3.52
築年数（年）	14.99	13.19	15.41	-2.22
面積（m²）	53.53	20.14	61.40	-41.27
サンプル数 n	194	37	157	

ん．

そこで質的変数を，次のようにコード化します．

$$D_i = \begin{cases} 0 & (i が○○に該当しない) \\ 1 & (i が○○に該当する) \end{cases}, \quad i = 1, 2, ..., n \tag{7.27}$$

この新しく定義された変数 D_i を，**ダミー変数**（二値ダミー）と呼びます．ダミー変数は，観測 i が二つのグループ，非該当・該当のどちらに属するかを区別する機械的な「ラベル」のようなものです．総サンプル数を n，$D_i = 0$，$D_i = 1$ それぞれに該当する観測の数を n_0, n_1 と置けば，これらは $n = n_0 + n_1$ という関係にあります．

例 表1.1のマンションデータで，最後の変数は「ワンルームなら 1，そうでなければ 0」と置いた「ワンルームダミー」である．標本をワンルームか否かでグループ分けし，各変数の平均を比較すると表7.2の通り．$n = 194$ 軒中，$n_1 = 37$ 軒がワンルームである．ワンルームのマンションは，そうでないマンションと比べ取引価格が約2761万円ほど安い．

上の例のように，グループ間の比較のためにダミーを用いる場合，$D_i = 0$ が割り振られたグループを**リファレンスグループ**と呼びます．ここで reference とは，照会・比較対象という意味です．上の例では「ワンルーム以外のマンショ

ン」がリファレンスですね.

さて,全体 $n = n_0 + n_1$ に占める $D_i = 1$ グループの割合は

$$\hat{p} = \frac{n_1}{n_0 + n_1} = \frac{n_1}{n} \tag{7.28}$$

で得られます.一方,ダミー変数 D_i の平均値を求めると

$$\bar{D} = \frac{1}{n}\sum D_i = \frac{1}{n}(\underbrace{0+0+\cdots+0}_{=n_0 \times 0} + \underbrace{1+1+\cdots+1}_{=n_1 \times 1}) = \frac{n_1}{n} \tag{7.29}$$

であり,割合 $\hat{p}$ と等しいことがわかります.

> **公式**(ダミー変数の平均)
> ダミー変数 D_i の平均は,$D_i = 1$ グループの全体に占める割合 $\hat{p}$ と等しい.
>
> $$\bar{D} = \frac{n_1}{n} = \hat{p} \tag{7.30}$$

[証明] 前段で証明済み.　　　　　　　　　　　　　　　　　　　■

> **例** マンション全体に占めるワンルームの割合は $\hat{p} = \frac{37}{194} \approx 0.19$.この値は,表7.2に挙げたワンルームダミー D_i の平均値と等しい.

7.3.2 ダミー説明変数

ここで,被説明変数 Y_i をダミー変数 D_i に回帰してみましょう.

$$Y_i = \alpha + \beta D_i + u_i, \quad D_i = 0, 1 \tag{7.31}$$

上式の回帰係数 α, β は,それぞれ特別な意味があります.(7.31)式の期待値をとると,$\mathrm{E}(u_i) = 0$ なので

7.3 ダミー変数

$$\mathrm{E}(Y_i) = \alpha + \beta D_i \tag{7.32}$$

を得ます．いま $D_i = 0$ の母平均を $\mu_0 = \mathrm{E}(Y_i|D_i = 0)$，$D_i = 1$ の母平均を $\mu_1 = \mathrm{E}(Y_i|D_i = 1)$ と定義します．すると上式より

$$D_i = 0 \;\;\Rightarrow\;\; \underbrace{\mu_0 = \alpha + \beta \cdot 0}_{D_i = 0 \, \text{グループの母平均}} = \alpha \tag{7.33}$$

$$D_i = 1 \;\;\Rightarrow\;\; \underbrace{\mu_1 = \alpha + \beta \cdot 1}_{D_i = 1 \, \text{グループの母平均}} = \alpha + \beta \tag{7.34}$$

であり，両者とも (7.31) 式の回帰係数 α, β で構成されます．まず定数項 α は，$D_i = 0$ グループの母平均に一致します．また両グループの母平均の差は

$$\mu_1 - \mu_0 = \beta \tag{7.35}$$

なので，ダミー説明変数 D_i の係数 β は，二つのグループの母平均の差に相当することがわかります．

公式（ダミー説明変数の係数の解釈）

$D_i = 0$ グループの Y_i の母平均を $\mu_0 = \mathrm{E}(Y_i|D_i = 0)$，$D_i = 1$ グループの母平均を $\mu_1 = \mathrm{E}(Y_i|D_i = 1)$ と置けば，これらと回帰モデル (7.31) 式の回帰係数の対応関係は次の通り．

$$\alpha = \mu_0, \;\; \beta = \mu_1 - \mu_0 \tag{7.36}$$

[証明] 前段で証明済み． ∎

(7.31) 式の回帰係数は，OLS により難なく不偏推定されます．

$$\hat{\beta} = \frac{\sum (D_i - \bar{D})(Y_i - \bar{Y})}{\sum (D_i - \bar{D})^2}, \;\; \hat{\alpha} = \bar{Y} - \hat{\beta} \bar{D} \tag{7.37}$$

容易に想像できることですが，β の OLS 推定量 $\hat{\beta}$ は，$D_i = 1$ グループの標本平均 $\bar{Y}_1$ と $D_i = 0$ グループの標本平均 $\bar{Y}_0$ の差と等しくなります．

公式（ダミー説明変数における係数のOLS）

$$\hat{\alpha} = \bar{Y}_0, \quad \hat{\beta} = \bar{Y}_1 - \bar{Y}_0 \tag{7.38}$$

[証明] 章末付録を参照. ∎

これまでの議論から，「被説明変数 Y_i のグループ平均に有意差があるか否か」の検定は，(7.31)式の係数 β の有意性検定と同値であることがわかります．

$$\underbrace{\mathrm{H}_0 : \mu_0 = \mu_1}_{\text{グループ平均に差がない}} \quad \Leftrightarrow \quad \mathrm{H}_0 : \beta = 0 \tag{7.39}$$

この仮説検定は，松原他（1991）など統計学のテキストでは**二標本問題**と呼ばれています．

例 マンション価格（price_i）をワンルームダミー（D_i）に単回帰すると

$$\widehat{\text{price}}_i = \underset{(26.46)}{4289.17} - \underset{(-13.21)}{2761.06} D_i, \quad n = 194, \quad R^2 = 0.26 \tag{7.40}$$

D_i の係数推定値は，（小数点以下の端数の丸め込みを除くと）表7.2で見た Y_i の平均差と一致する．ワンルームマンションは，それ以外のマンションと比べ約2761万円安い傾向がある．また t 値を見れば，この係数は統計的に有意であり，間取り（ワンルームか否か）によってマンション価格に有意差が生じていると言える．

7.3.3 ダミー説明変数とコントロール変数の併用

表7.2あるいは(7.40)式の結果によれば，ワンルームマンション（$D_i = 1$）とそれ以外（$D_i = 0$）には約2761万円の平均価格差があります．この差は，はたして純粋に間取りに対する市場評価の差に起因するのでしょうか？ 再び表7.2を見ると，間取りを抜きにしても，$D_i = 1$ と $D_i = 0$ グループには著しい差が見られます．特に $D_i = 1$ グループには，狭いマンションが偏っています．

7.3 ダミー変数

したがって D_i の係数推定値 $\hat{\beta} = -2761.06$ は，「ワンルームである」ことに加え「部屋が狭い」ことの効果・ペナルティを拾っている可能性があります．

これら D_i 以外のスペックを一定としたときに，純粋に D_i の違いだけでマンション価格にどれだけの差が生じるかを推定したいならば，第6章で学んだ重回帰分析を行うべきです．回帰分析の枠組みでグループ平均の有意差を検討する利点は，その他変数（属性）のコントロールにあるのです．

例 (7.40)式の説明変数に，所要時間（$\min_i$），築年数（age_i），面積（$area_i$）を加え重回帰した結果は次の通り．

$$\widehat{price}_i = \underset{(10.03)}{1896.26} - \underset{(-3.38)}{544.81}\, D_i - \underset{(-3.68)}{36.79}\, \min_i - \underset{(-13.35)}{61.31}\, age_i + \underset{(27.19)}{60.14}\, area_i, \tag{7.41}$$

$n = 194$, $\bar{R}^2 = 0.89$

(7.40)式の結果と比べると，ワンルームダミー（D_i）の係数推定値が大幅に縮小している．

新たな推定結果より，面積などを一定にコントロールすれば，「ワンルームであること」の効果は -545 万円程度です（別の言い方をすれば，仮に面積などが同じだったとしても，ワンルームというだけで 545 万円安くなります）．やはり (7.40)式の推定結果は，間取り以外の効果を含んでいたようです．

Remark ダミー変数 D_i を使った単回帰と重回帰の，係数の意味

- Y_i を D_i だけに単回帰 $\Rightarrow$ D_i の係数は，「$D_i = 1$ グループと $D_i = 0$ グループの，Y_i の平均値の差」を測る．
- Y_i を D_i とその他コントロール変数に重回帰 $\Rightarrow$ D_i の係数は，「仮にその他の属性が一定だったとしたときの，$D_i = 1$ グループと $D_i = 0$ グループの，Y_i の平均値の差」を測る．

7.4 ダミー変数の高度な使い方

7.4.1 状態が二つ以上ある場合のダミー

前節では，状態や属性が二元的な質的変数について，ダミー変数の使い方を学びました．しかし実際の分析では，観測個体が二つ以上のカテゴリーに分類されることがあります．例えばアンケート調査で個人の最終学歴を中卒・高卒・短大含む大卒以上と記録すれば，三つの学歴群ができます．また企業の産業分類などは，細かく分けると十を超えます．

回帰分析で二つ以上の状態をダミー変数で処理する方法を，学歴を例に考えましょう．この例では標本が中卒・高卒・大卒の三グループに分かれています．まず二つのダミー変数，高卒ダミー D_{1i} と大卒ダミー D_{2i} を定義します．

$$D_{1i} = \begin{cases} 0 & \text{if } i \text{ が高卒以外} \\ 1 & \text{if } i \text{ が高卒} \end{cases} \quad D_{2i} = \begin{cases} 0 & \text{if } i \text{ が大卒以外} \\ 1 & \text{if } i \text{ が大卒} \end{cases} \quad (7.42)$$

「中卒ダミー」がない点に注意しましょう．これは，観測 i が中卒ならば $D_{1i} = 0$，$D_{2i} = 0$ で示されるので，別個に中卒ダミーを作る必要がないためです．二つのダミーを作れば，その組み合わせにより三つの状態を識別できるのです（ここでは，中卒がリファレンスグループとなります）．この点は重要なので，復習問題7.5で確認してください．

一般的に，全標本が s 個の互いに排反な状態・属性に分類されるとき，$s-1$ 個のダミー変数で各観測 i の所属を識別できます．「男・女」なら $s-1 = 2-1 = 1$ 個，「中卒・高卒・大卒」なら $s-1 = 3-1 = 2$ 個のダミーを用意すれば十分です．

Remark

s 個のグループに対し，$s-1$ 個のダミーを定義する．

さて，Y_i を i の年収と置き，Y_i を学歴のダミー群 D_{1i}, D_{2i} に回帰してみます．

7.4 ダミー変数の高度な使い方

$$Y_i = \alpha + \beta_1 D_{1i} + \beta_2 D_{2i} + u_i \quad (7.43)$$

また中卒・高卒・大卒それぞれの Y_i の期待値を，ダミーの表記に合わせ μ_{00}, μ_{10}, μ_{01} と置きます．(7.31)と同様に，(7.43)式の期待値をとれば

$$E(Y_i) = \alpha + \beta_1 D_{1i} + \beta_2 D_{2i} \quad (7.44)$$

となり，

$$\text{中卒}:(D_{1i}, D_{2i}) = (0,0) \Rightarrow \mu_{00} = \alpha + \beta_1 \cdot 0 + \beta_2 \cdot 0 = \alpha \quad (7.45)$$
$$\text{高卒}:(D_{1i}, D_{2i}) = (1,0) \Rightarrow \mu_{10} = \alpha + \beta_1 \cdot 1 + \beta_2 \cdot 0 = \alpha + \beta_1 \quad (7.46)$$
$$\text{大卒}:(D_{1i}, D_{2i}) = (0,1) \Rightarrow \mu_{01} = \alpha + \beta_1 \cdot 0 + \beta_2 \cdot 1 = \alpha + \beta_2 \quad (7.47)$$

で，やはりすべてのグループの期待値を回帰係数 α, β_1, β_2 で表現できます．次いで上式より

$$\mu_{10} - \mu_{00} = \beta_1, \quad \mu_{01} - \mu_{00} = \beta_2 \quad (7.48)$$

なので，(7.43)式のダミー変数 D_{1i}, D_{2i} の係数は，それぞれ高卒・大卒と中卒（レファレンス）の期待値の差を測っていることが確認できます．大卒と高卒の差も，$\mu_{01} - \mu_{10} = \beta_2 - \beta_1$ で得られますね．したがって(7.43)式の OLS 推定は，これらグループ間の平均的な所得差を推定するのと同値です．

例 アメリカの高卒労働者に関する「National Longitudinal Study of Adolescent Health」データを用い，Fletcher (2009) は外見と年収の関係を分析した．この調査は質問者が回答者の外見を5段階評価しており，四つの外見ダミーを作成できる．表7.3は Fletcher (2009) からの抜粋であり，「外見が普通」をリファレンスとし，時間当たり年収対数値を職能テストスコアと外見ダミー，そしてコントロール変数に回帰している．カッコ内の数字は該当者の割合である．

上の例は対数賃金を被説明変数とする半対数線形モデルです．また，リファ

表7.3 外見と収入の関係（女性サンプル，リファレンス＝普通）

	モデル1		モデル2	
	係数	t 値	係数	t 値
職能テスト	0.044	4.000	0.054	3.857
非常に魅力的でない（2％）	0.124	1.253	0.140	1.308
魅力的でない（6％）	−0.041	−1.640	−0.028	−0.800
魅力的（35％）	0.084	4.667	0.072	3.130
非常に魅力的（11％）	0.065	2.407	0.025	0.714
その他コントロール変数	YES		YES	
質問者ダミー	NO		YES	
修正済み決定係数	0.094		0.386	
サンプル数 n	1565		1540	

レンスは外見が「普通」の労働者です．したがって，例えば「魅力的ダミー」の係数推定値は，「外見が魅力的である労働者は，普通の労働者と比較し7％ほど年収が高い」という読み方になります．

7.4.2 被説明変数としてのダミー：線形確率モデル

再び二値ダミー $D_i = 0, 1$ を考えましょう．分析の目的によっては，被説明変数がダミー変数の場合もあり得ます．例えば D_i を既婚ダミー（未婚なら0，既婚なら1）とし，個人 i の社会経済属性 $X_{1i}, X_{2i}, ..., X_{ki}$ が D_i に与える影響を推定する，などです．D_i が企業の倒産ダミーで，D_i を財務状況 $X_{1i}, X_{2i}, ..., X_{ki}$ に回帰することも考えられます．

ダミー変数を被説明変数とする回帰モデル

$$D_i = \alpha + \beta_1 X_{1i} + \beta_2 X_{2i} + \cdots + \beta_k X_{ki} + u_i, \quad D_i = 0, 1 \tag{7.49}$$

を，**線形確率モデル**と呼びます．ここで β_j は，（他の変数を固定したとき）X_{ji} の変化により $D_i = 1$ となる確率 $\Pr(D_i = 1)$ がどれだけ変化するかを近似しています．つまり

$$\frac{\partial \Pr(D_i = 1)}{\partial X_{ji}} \approx \frac{\partial D_i}{\partial X_{ji}} = \beta_j \tag{7.50}$$

であり，β_j の OLS 推定値 $\hat{\beta}_j$ は，確率の変化を推定しています．真の被説明変数 $\Pr(D_i = 1)$ の代わりに，データとして観測可能な，確率試行の結果 $D_i = 0, 1$ を被説明変数に置いているわけです．

線形確率モデルは OLS 推定できるので便利ですが，「確率」を説明するモデルとして不備があります．(7.49)の OLS 推定された予測式を

$$\hat{D}_i = \hat{\alpha} + \hat{\beta}_1 X_{1i} + \hat{\beta}_2 X_{2i} + \cdots + \hat{\beta}_k X_{ki} \tag{7.51}$$

と置きましょう．すると $\hat{D}_i$ は，説明変数の値次第によっては $\hat{D}_i < 0$ あるいは $\hat{D}_i > 1$ となってしまい，必ずしも $0 \leq \hat{D}_i \leq 1$ に収まりません．したがって確率 $0 \leq \Pr(D_i = 1) \leq 1$ の推定モデルとしては，(7.49)式は不適合と言わざるを得ません．確率 $\Pr(D_i = 1)$ の予測という観点から見れば，「$0 \leq$ 確率の予測値 ≤ 1」を満たす別のモデルを推定したほうがよいでしょう．第14章では，その一例としてプロビット・モデルを扱います．ただし，確率 $\Pr(D_i = 1)$ そのものではなく，確率の変化 $\frac{\partial \Pr(D_i = 1)}{\partial X_{ji}}$ を推定することが目的ならば，線形確率モデルの回帰係数 β_j は良い近似となることが知られています．

◀ 復習問題 ▶

問題 7.1 コンビニ店舗の年間売上（$sales_i$）と，その店舗が構える区画の昼間人口（pop_i）のデータがある．$sales_i$ の pop_i に対する弾力性を，回帰モデルから推定する方法を簡潔に述べよ．

問題 7.2 対数線形モデル以外の方法で，弾力性を推定する方法を考案せよ．

問題 7.3 ダミー変数 D_i（$D_i = 0, 1$）に関し，次の性質を示せ．

$$\sum D_i^2 = n_1 \tag{7.52}$$

$$\bar{Y} = \frac{n_0}{n}\bar{Y}_0 + \frac{n_1}{n}\bar{Y}_1 \tag{7.53}$$

ここで $\bar{Y}_0 = \frac{1}{n_0}\sum(1-D_i)Y_i$, $\bar{Y}_1 = \frac{1}{n_1}\sum D_iY_i$ はそれぞれ, $D_i = 0$, $D_i = 1$ グループの Y_i の標本平均である.

問題 7.4 サラリーマンの年収 (income_i), 勤続年数 (career_i), 女性ダミー (D_i: 男なら 0, 女なら 1) のデータがある.
(1) 性別をコントロールしたうえで, 勤続年数が年収に与える影響を分析するには, どのような回帰モデルを設定すればよいか？
(2) 勤続年数が年収に与える影響の男女差を分析するには, どのような回帰モデルを設定すればよいか？

問題 7.5 (7.42) 式に関し次の表を完成させ, 二つのダミー (D_{1i}, D_{2i}) の組み合わせで三つの状態が区別できることを確認せよ.

	D_{1i}	D_{2i}
i は中卒		
i は高卒		
i は大卒		

章末付録

証明 (7.38) 公式 (4.15) を用いて (7.37) 式の $\hat{\beta}$ の分母を変形すると

$$\begin{aligned}\sum(D_i-\bar{D})^2 = \sum D_i^2 - n\bar{D}^2 &= \sum D_i - n\frac{1}{n^2}\sum D_i\sum D_i \\ &= n_1 - \frac{1}{n}n_1^2 \\ &= \left(\frac{n-n_1}{n}\right)n_1 = \frac{n_0 n_1}{n}\end{aligned} \tag{7.54}$$

同様に分子は

$$\begin{aligned}
\sum (D_i - \bar{D})(Y_i - \bar{Y}) &= \sum D_i Y_i - n\bar{D}\bar{Y} \\
&= \sum D_i Y_i - n\frac{1}{n}\sum D_i \bar{Y} \\
&= n_1 \bar{Y}_1 - \frac{n_1}{n}(n_0 \bar{Y}_0 + n_1 \bar{Y}_1) \\
&= n_1 \left(\frac{n - n_1}{n}\right)\bar{Y}_1 - \frac{n_0 n_1}{n}\bar{Y}_0 = \frac{n_0 n_1}{n}\bar{Y}_1 - \frac{n_0 n_1}{n}\bar{Y}_0
\end{aligned} \quad (7.55)$$

したがって,

$$\hat{\beta} = \frac{\sum (D_i - \bar{D})(Y_i - \bar{Y})}{\sum (D_i - \bar{D})^2} = \left(\frac{n_0 n_1}{n}\bar{Y}_1 - \frac{n_0 n_1}{n}\bar{Y}_0\right) \div \left(\frac{n_0 n_1}{n}\right) = \bar{Y}_1 - \bar{Y}_0 \quad (7.56)$$

また(7.53)式の結果より,

$$\hat{\alpha} = \bar{Y} - \hat{\beta}\bar{D} = \frac{n_0}{n}\bar{Y}_0 + \frac{n_1}{n}\bar{Y}_1 - \frac{n_1}{n}(\bar{Y}_1 - \bar{Y}_0) = \left(\frac{n_0 + n_1}{n}\right)\bar{Y}_0 = \bar{Y}_0 \quad (7.57)$$

∎

第8章 線形制約の仮説検定

私たちはこれまで，t検定・Z検定により，個別の回帰係数に対する仮説検定を行ってきました．それに対し，本章のカイ2乗検定・F検定は，複数の回帰係数を同時に検定にかける手法です．本章はまず，これら新しい検定が必要になる分析の例を示し，次いで具体的な検定の手順を解説します．

8.1 回帰係数への線形制約

8.1.1 線形制約とは？

第7章では，対数線形化されたコブ・ダグラス型生産関数

$$Y_i = \alpha + \beta_1 X_{1i} + \beta_2 X_{2i} + u_i \tag{8.1}$$

を扱いました．上式のY_i, X_{1i}, X_{2i}はそれぞれ産出量Q_i，労働投入量L_i，資本ストックK_iを対数スケールになおした変数です．経済理論においては，しばしば生産関数に**規模に関する収穫一定の仮定**を置きます．コブ・ダグラス型生産関数が収穫一定となるためには，パラメータが$\beta_1 + \beta_2 = 1$を満たす必要があります．しかしながら，実際にはこの性質が真である保証はありません．そこで収穫一定の仮定を帰無仮説

$$H_0 : \beta_1 + \beta_2 = 1 \tag{8.2}$$

で示すに留めましょう．

8.1 回帰係数への線形制約

(8.2)式の帰無仮説の特徴は，仮説値が複数の係数にまたがっている点です．回帰モデルの複数の係数に対し，仮説値が一次式で一挙に与えられるとき，その帰無仮説を線形制約と呼びます．以下は**線形制約**の例です．

$$H_0 : \beta_1 = \beta_2 \tag{8.3}$$

$$H_0 : \beta_3 = 1, \quad \beta_5 = -2 \tag{8.4}$$

$$H_0 : \beta_1 = \beta_2 = \cdots = \beta_k = 0 \tag{8.5}$$

一つの帰無仮説中の制約の数を G と置けば，(8.3)式，(8.4)式，(8.5)式はそれぞれ $G = 1$, $G = 2$, $G = k$ 個の制約を含みます．第5章と第6章で見た回帰係数の有意性検定「$H_0 : \beta_j = 0$」も，$G = 1$ 個の線形制約ととらえることができます．本章の目標は，線形制約の仮説検定を習得することです．

私たちがこれまで使ってきた t 検定（あるいは Z 検定）は，個々の回帰係数に置かれた仮説値を，個別に検定する手法である点に注意しましょう．例えば「$H_0 : \beta_1 = 0$」と「$H_0 : \beta_2 = 0$」を個別に t 検定することは可能ですが，二つの係数にまたがる線形制約「$H_0 : \beta_1 = \beta_2 = 0$（$\beta_1 = 0$ かつ $\beta_2 = 0$）」は，t 検定のフォーマットに乗りません．したがって，t 検定に代わる検定の手段をここで新たに考える必要があります．本章は線形制約の検定として，F 検定とカイ2乗検定を提案します．

8.1.2 制約付きモデルの OLS：タイプ I

仮説検定の手段を論じる前に，まずは実証分析において典型的な線形制約を概観し，制約付きのモデルを OLS 推定する方法を考えましょう．簡単化のため，以下では説明変数が $k = 3$ 個の重回帰モデル

$$Y_i = \alpha + \beta_1 X_{1i} + \beta_2 X_{2i} + \beta_3 X_{3i} + u_i \tag{8.6}$$

を制約なしの基本形として扱います．なお，古典的仮定は満たされていて，モデルの回帰係数がすべて OLS 推定できるものとします．

線形制約は，大別すると二つのタイプがあります．ここでは第一のタイプを見てゆきます．いま，分析者が(8.6)式の係数の一部に対し線形制約

$$H_0 : \beta_1 = 5, \quad \beta_2 = 1 \tag{8.7}$$

を置いたとします（制約の数は $G=2$ ですね）．この制約を(8.6)式に代入すると

$$Y_i = \alpha + 5X_{1i} + X_{2i} + \beta_3 X_{3i} + v_i \tag{8.8}$$

となります．上式で，残差の表記が v_i となっている点にご注意下さい．これは，制約が課されない一般的なモデル(8.6)式と，制約を織り込んだ特殊なモデル(8.8)式は別物であり，区別する必要があるからです．(8.8)式を移項・整理すると

$$Y_i - (5X_{1i} + X_{2i}) = \alpha + \beta_3 X_{3i} + v_i \iff Y_i' = \alpha + \beta_3 X_{3i} + v_i \tag{8.9}$$

を得ます．ただし $Y_i' = Y_i - (5X_{1i} + X_{2i})$ です．

(8.8)式あるいは(8.9)式でまず気付くことは，事前に線形制約を課したことにより，推定すべき係数が α と β_3 だけに限られる点です．β_1 と β_2 の値は，（それが正しいかどうかわかりませんが）線形制約(8.7)により先決されています．また Y_i' を，簡単な変数変換で作ることができる点も重要です．制約下のモデル(8.8)式の係数 α, β_3 は，変数の変換で作った Y_i' を X_{3i} に回帰すればOLS推定できます．

(8.9)式のタイプの線形制約で特に重要なのは，複数の係数の統計的有意性を試す**結合有意性検定**です．(8.6)式に関し，

$$H_0 : \beta_2 = \beta_3 = 0 \tag{8.10}$$

という仮定を置いてみましょう．もしこの仮説が（何らかの手順で）棄却されれば，X_{2i} と X_{3i} が統計的に有意である証拠となります．したがってこれは，通常の有意性検定と意図を同じくする検定です．この制約下では(8.6)式は

$$Y_i = \alpha + \beta_1 X_{1i} + v_i \tag{8.11}$$

となり，ちょうど説明変数 X_{2i}, X_{3i} を除いたモデルとなります．(8.6)式は，(8.11)式を含む一般型と言うこともできますね．この状況を，「モデル(8.6)は

モデル(8.11)を**包含**（nest）する」と表現します．

複数の説明変数がセットで有意性を問われる状況とは，例えば以下の通りです．いま Y_i が労働者 i の年収，X_{1i} が年齢，X_{2i} が高卒ダミー，X_{3i} が大卒ダミーであるとします[1]．X_{2i} と X_{3i} は，セットで「学歴」を表す変数である点に注意しましょう．「(大卒の有意性のいかんに関わらず) 高卒が年収に与える効果」を実証したければ $\beta_2 = 0$ の有意性検定が妥当です．しかし分析の目的が「学歴が年収に与える効果」の実証ならば，$H_0: \beta_2 = \beta_3 = 0$ が棄却されるか否かを検定で問うべきです．個別の係数は t 検定（Z 検定）で検定できますが，結合有意性は別の検定法に依らざるを得ません．外見と所得の関係を分析した表7.3の例でも，「外見が年収に与える効果」の検定は，外見に関する四つのダミーの結合有意性検定となります．

8.1.3 制約付きモデルのOLS：タイプⅡ

続いて，第二タイプの線形制約を見ていきましょう．分析者が，(8.6)式のモデルに対し，別の線形制約

$$H_0: \beta_1 + 2\beta_2 = 4 \tag{8.12}$$

を課したとします（制約の数は $G=1$ です）．個々の係数に数値を指定した(8.7)式と異なり，上式の線形制約は，係数を一次式で紐付けしている点が特徴です．コブ・ダグラス型生産関数の収穫一定の仮定(8.2)式は，こちらのタイプに相当します．

(8.12)式を織り込んだモデルの導出は，少々工夫が必要です．まず与えられた制約を β_1 について解き，$\beta_1 = 4 - 2\beta_2$ とします．これを(8.6)式に代入すると

$$\begin{aligned} Y_i &= \alpha + (4 - 2\beta_2)X_{1i} + \beta_2 X_{2i} + \beta_3 X_{3i} + v_i \\ &= \alpha + 4X_{1i} + \beta_2(X_{2i} - 2X_{1i}) + \beta_3 X_{3i} + v_i \end{aligned} \tag{8.13}$$

---

1) ここでは，中卒がリファレンスグループとなっています．ダミー変数に関しては第7章で確認して下さい．

となり，(8.13)式を移項・整理すれば

$$Y_i - 4X_{1i} = \alpha + \beta_2(X_{2i} - 2X_{1i}) + \beta_3 X_{3i} + v_i$$
$$\Leftrightarrow \quad Y_i' = \alpha + \beta_2 X_{2i}' + \beta_3 X_{3i} + v_i \tag{8.14}$$

と表現できます．ここで $Y_i' = Y_i - 4X_{1i}$, $X_{2i}' = X_{2i} - 2X_{1i}$ です．こちらのケースでも同様に，推定すべき係数（β_1）が線形制約により減ります．残りの係数は，Y_i' を X_{2i}' と X_{3i} に回帰した OLS で推定できます．ただしこちらのケースでは，制約を $\beta_2 = 2 - \frac{1}{2}\beta_1$ と解いて展開すると，(8.14)式とは別の制約付きモデルが導出されます（ご確認下さい）．

例 (8.2)式を $\beta_1 = 1 - \beta_2$ と置き，コブ・ダグラス型生産関数の労働投入量の係数 β_1 に代入すると

$$Y_i = \alpha + (1-\beta_2)X_{1i} + \beta_2 X_{2i} + v_i \quad \Leftrightarrow \quad Y_i' = \alpha + \beta_2 X_{2i}' + v_i \tag{8.15}$$

ただし $Y_i' = Y_i - X_{1i}$, $X_{2i}' = X_{2i} - X_{1i}$. 前章(7.18)式の例と同じく，北海道の公立病院のデータで制約下のモデルを推定した結果は，次式の通り．

$$制約なし：\hat{Y}_i = \underset{(2.78)}{0.44} + \underset{(10.82)}{0.72}X_{1i} + \underset{(2.54)}{0.18}X_{2i} \tag{8.16}$$

$$制約あり：\hat{Y}_i' = \underset{(0.21)}{0.03} + \underset{(3.93)}{0.29}X_{2i}' \tag{8.17}$$

Remark

制約付きのモデルは，制約なしのモデルに制約をうまく織り込むことで得られる．

- ◆ タイプⅠ・タイプⅡ，いずれの制約下のモデルも，最終的に OLS 推定が可能．
- ◆ 制約なしのモデルと比べ，制約付きモデルは推定すべき係数の数が減る．

制約付きのモデルを推定する方法は，明らかとなりました．次のステップは，はたしてその制約が正しいか否かを検定する枠組みの構築です．

8.2 線形制約の残差2乗和への影響

8.2.1 線形制約による当てはまりの悪化

係数への線形制約は，回帰モデルのデータへの当てはまりを悪化させることが知られています．本節はまず，この性質を確認します．ベンチマークとして，制約なしの回帰モデル(8.6)のOLS推定をまず考えましょう．第4章・第6章で見たように，(8.6)式の係数のOLS推定量は，残差2乗和（予測誤差）最小化の解として得られます．

$$Q(a, b_1, b_2, b_3) = \sum (Y_i - a - b_1 X_{1i} - b_2 X_{2i} - b_3 X_{3i})^2 \xrightarrow{\text{最小化}} \underbrace{\hat{a}, \hat{\beta}_1, \hat{\beta}_2, \hat{\beta}_3}_{\text{OLS}} \tag{8.18}$$

この最小化の解 $\hat{a}, \hat{\beta}_1, \hat{\beta}_2$ で評価した残差2乗和を，

$$Q = Q(\hat{a}, \hat{\beta}_1, \hat{\beta}_2, \hat{\beta}_3) = \sum \hat{u}_i^2, \quad \hat{u}_i = Y_i - \hat{a} - \hat{\beta}_1 X_{1i} - \hat{\beta}_2 X_{2i} - \hat{\beta}_3 X_{3i} \tag{8.19}$$

で表しましょう．$\hat{u}_i$ は通常のOLS残差です．

次いで，(8.6)式に線形制約(8.7)を課した場合を考えます．事前の制約により $\beta_1 = 5$，$\beta_2 = 1$ と固定されているので，ここでの最小化問題は

$$Q(a, 5, 1, b_3) = \sum (Y_i - a - 5X_{1i} - X_{2i} - b_3 X_{3i})^2 \xrightarrow{\text{最小化}} \underbrace{\tilde{a}, \tilde{\beta}_3}_{\text{制約付きのOLS}} \tag{8.20}$$

となります．ただし，先に求めた制約なしのOLSと区別するため，制約付きのOLSを $\tilde{a}, \tilde{\beta}_3$（ティルダ）と表記しています．一般に $\hat{a} \neq \tilde{a}$，$\hat{\beta}_3 \neq \tilde{\beta}_3$ です．制約付きのOLS残差および残差2乗和を

$$Q_R = Q(\tilde{a}, 5, 1, \tilde{\beta}_3) = \sum \hat{v}_i^2, \quad \hat{v}_i = Y_i - \tilde{a} - 5X_{1i} - X_{2i} - \tilde{\beta}_3 X_{3i} \tag{8.21}$$

と置きましょう．添え字Rは，「一部パラメータに線形制約を置いている(restricted)」という意味です．

通常のOLSと制約付きのOLSの間には，次に述べる決定的な差がありま

す．まず通常のOLSは4つの調節弁$\{a, b_1, b_2, b_3\}$をフルに操作し，残差2乗和の最小化を計っています．しかし制約下のOLSにおいては，二つの調節弁がすでに$\{b_1, b_2\} = \{5, 1\}$と固定されています．その縛りの中で，残された$\{a, b_3\}$を動かして何とかモデルをデータに当てはめようとしている状況です．したがって，制約なしの通常の残差2乗和$Q = \sum \hat{u}_i^2$は，制約下の残差2乗和$Q_R = \sum \hat{v}_i^2$よりも小さくなります[2]．これを公式にまとめましょう．

> **公式**（線形制約による当てはまりの悪化）
> 制約なしの残差2乗和Qと線形制約下のQ_Rを比較すると，常に
> $$\underbrace{Q_R = \sum \hat{v}_i^2}_{\text{制約付き}} \geq \underbrace{Q = \sum \hat{u}_i^2}_{\text{制約なし}} \tag{8.22}$$

[証明] 前段で証明済み． ∎

公式(8.22)およびその導出仮定を踏まえれば，二つの残差2乗和の差

$$Q_R - Q \geq 0 \tag{8.23}$$

は，「分析者が課した（統計的根拠のない）線形制約H_0によって，モデルのデータへの適合度がどれだけ悪化したか」を計測していると言えます．もし線形制約の指定するパラメータ値がデータと整合的ならば，それほど残差2乗和を悪化させないはずです．一方，データの傾向に合わない制約は，残差2乗和を著しく上昇させるでしょう．

> **Remark**
> 線形制約がデータと整合的ならば，Q_RとQに大きな差は出ない．
> ⇒ $Q_R - Q$を見れば，線形制約の正しさが判定できる．

---

2) 50メートルのプールを普通に泳いだ場合と，両足に重りをつけて泳いだ場合，どちらが速いでしょうか？

8.2 線形制約の残差2乗和への影響

例 (8.17)式のコブ・ダグラス型生産関数の OLS 推定に関し，制約なし，制約ありの OLS 残差2乗和はそれぞれ

$$\underbrace{Q = 0.66}_{\text{制約なし}} < \underbrace{Q_R = 0.82}_{\text{制約あり}} \tag{8.24}$$

やはり線形制約 $H_0 : \beta_1 + \beta_2 = 1$ により，残差2乗和が悪化している．

そこで，「差 $Q_R - Q$ が十分大きければ線形制約 H_0 を棄却する」という方針で，H_0 の仮説検定を進めましょう．t 検定や Z 検定と同様，差 $Q_R - Q$ は「大きい・小さい」の判断がつく検定統計量（カイ2乗統計量）に変換可能です．

8.2.2　仮説検定の3大原理：ワルド・尤度比・スコア

検定統計量を提示する前に，線形制約の OLS への影響を，グラフで理解しましょう．図8.1は係数 b と残差2乗和の関係を模したものです．図の b^* は制約のない OLS で，第4章で見た通り，残差2乗和を最小にするよう決められています．また最小化された（b^* で評価した）残差2乗和の水準が，Q です．一方，線形制約で事前に係数の値を決めてしまうと，残差2乗和は必ずしも最小値に達しません．例えば制約によって $b = b_R$ と置かれた場合，b_R に対応する残差2乗和は Q_R となり，$Q_R > Q$ であることが確認できます．しかしながら，もし両者の差が無視できるレベルならば，線形制約はそれほど悪い仮説ではないと言えます．制約あり・制約なし，それぞれの目的関数の差 $Q_R - Q$ に基づく仮説検定を**尤度比原理**（ゆうどひげんり）と呼びます．

ところで t 検定・Z 検定では，目的関数の差ではなく，OLS と仮説値の直接の差 $b^* - b_R$ を棄却の条件としました．t 検定のように，パラメータと仮説値の距離に基づく検定原理が**ワルド原理**です．さらに，このグラフを眺めると，もう一つの検定のアイディアが浮かんできます．最小値 b^* では $Q(b)$ の傾きが $Q'(b^*) = 0$ でゼロですが，b_R では $Q'(b_R) \neq 0$ ですね（この例では正の傾き）．したがって，「目的関数の傾き $Q'(b_R)$ が十分ゼロから離れているか否か」を検定の判断に使えそうです．これを**スコア原理**（または**ラグランジュ乗数原**

図8.1 ワルド・尤度比・ラグランジュ乗数原理

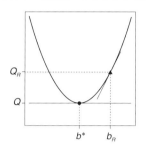

理）と呼びます．なお「尤度比」および「スコア」という言葉は，第14章で扱う最尤法の理論から来ています．一方，ワルド（Wald）は，発案した統計学者の名前です．

目的関数の差（尤度比），パラメータの差（ワルド），仮説下での傾き（スコア），いずれも適切な検定統計量に変換しないと仮説検定に使えません．これら検定統計量の一般的な導出法や統計的性質を議論することは，入門レベルをはるかに超えます．したがって本書では，仮説検定に関し三つの視点があることを指摘するに留めておきます．興味のある方は，野田・宮岡（1992）などをご参照下さい．

8.3 カイ2乗検定とF検定

8.3.1 カイ2乗統計量による検定

さて，(8.23)式にある制約付き・制約なしの残差変動の差を，次のように変換するとカイ2乗統計量を得ます．

$$\chi^2 = \left(\frac{Q_R - Q}{Q}\right) m, \quad m = n - (k+1) \tag{8.25}$$

(χ はギリシア文字で，「カイ」と読みます．）上式はちょうど，線形制約による残差2乗和の増加率 $(Q_R - Q)/Q$ に，t検定で使う自由度 m を乗じることで構成されています．カイ2乗統計量は，サンプル数 n が十分大きいとき，自由度が G のカイ2乗分布に従います．

8.3 カイ2乗検定とF検定

図8.2 自由度 $G=5$ のカイ2乗分布と5％臨界値

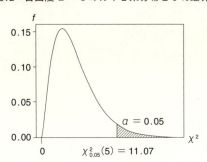

$$\chi^2 \sim \text{Chi}(G) \tag{8.26}$$

ここで G は，線形制約中の制約の数です．t 検定の自由度 $m = n-(k+1)$ と異なるので，ご注意下さい．G は制約の数なので，回帰係数の数 $(k+1)$ を超えることはなく，通常あまり大きな数になりません．

t 統計量の標準正規近似を扱った第5章でも述べた通り，近年はサンプル数 n が十分多いデータを使うのが通常であり，カイ2乗統計量の使用に問題が生じることは少ないでしょう．もしサンプルが少ない場合は，後で紹介する F 統計量を使います．

図8.2には，自由度が $G=5$ のカイ2乗分布が描かれており，左右非対称の歪んだ分布であることが確認できます．また $\chi^2 > 0$ の領域だけに確率が与えられている点も重要です．これは，$Q_R - Q \geq 0$，$Q > 0$ なので，χ^2 が負の値をとることがあり得ないからです．自由度 $G=5$ においては，右端5％臨界値は $\chi^2_{0.05}(5) = 11.07$ となります．

線形制約に関するカイ2乗検定の手順は，t 検定とさほど変わりません．

Remark 線形制約 H_0 のカイ2乗検定の手順

1. 制約なしのモデル，制約付きのモデルをそれぞれ OLS 推定し Q と Q_R を求め，差 $Q_R - Q$ をカイ2乗値に変換．

$$\chi_*^2 = \left(\frac{Q_R - Q}{Q}\right) m \tag{8.27}$$

2. カイ2乗分布表から自由度 G（＝制約の数）の5％臨界値，$\chi_{0.05}^2(G)$ を求め，$\chi_*^2 > \chi_{0.05}^2(G)$ ならば H_0 を棄却．

ただし，分布表から求めるべき臨界値が5％である点に十分注意して下さい．t 検定では t 値がマイナスに出ることもあるので，両側合わせて5％になるよう臨界値を設定しました．一方，線形制約のカイ2乗検定では，標本から計算したカイ2乗値 χ_*^2 が（すなわち $Q_R - Q$ が）十分大きいか否かが問題となるため，右片側だけで5％になるように臨界値を置くのです．

例 (8.24)式の二つの残差2乗和からカイ2乗値を求めると

$$\chi_*^2 = \frac{0.82 - 0.66}{0.66} \times (89 - 3) = 20.85 \tag{8.28}$$

自由度 $G = 1$ の5％臨界値は，分布表より $\chi_{0.05}^2(1) = 3.841$．∴ $\chi_*^2 = 20.85 > 3.841$ より，H_0 は棄却される．したがって収穫一定の仮定は，データで支持されない．

8.3.2 サンプル数が少ないケース：F 検定

カイ2乗検定は，サンプル数 n が十分多いことを前提にしています．もし n が少ないならば，カイ2乗統計量ではなく次の **F 統計量**を使うのが妥当です．

$$F = \frac{(Q_R - Q)}{Q} \frac{m}{G} \tag{8.29}$$

F 統計量は，n の大小に関わらず，自由度が G, m の **F 分布**に従います．

8.4 応用：回帰係数の均一性検定

$$F \sim \mathrm{F}(G, m) \tag{8.30}$$

F 統計量の算出は容易なのですが，自由度を二つ持つため，カイ2乗統計量と比べ使い勝手がよくありません．したがって F 統計量の使用は，n が少ない場合に留めましょう．各自由度の組み合わせに対する臨界値の表は，非常に膨大なものになります．例えば松原他（1991）をご覧下さい．

カイ2乗統計量と F 統計量の定義(8.25)式，(8.29)式より

$$F = \frac{1}{G}\chi^2 \Leftrightarrow \chi^2 = GF \tag{8.31}$$

は明らかでしょう．また両定義式から

$$\chi^2 = Q \text{の増加率} \times \text{自由度} \tag{8.32}$$
$$F = \text{制約当たりの} Q \text{の増加率} \times \text{自由度} \tag{8.33}$$

と解釈・対比することもできます．ただし，いずれの検定統計量も，線形制約による残差2乗和の悪化に着目している点（尤度比原理）は共通しています．

8.4 応用：回帰係数の均一性検定

8.4.1 サブ・サンプル：標本の分割と統合

一つの標本を，何らかの基準で複数グループに区分できるとき，それらを**サブ・サンプル**（sub-sample）と呼びます．それに対し，サブ・サンプルを一つの標本にまとめ用いることを，「標本を**プールする**」と言います．例えば企業向けのアンケートの回答に製造業・非製造業が混在している場合，二つのサブ・サンプルができます．

例　前章(7.41)式のマンション価格の分析で使った標本を，ワンルームとそれ以外のサブ・サンプルに分け，OLS 推定を行った．推定結果は表8.1の通り．両サブ・サンプルの係数推定値を比較すると，面積を除き顕著な差が見られ

表8.1 サブ・サンプルに分けたマンション価格の分析結果

	ワンルーム以外		ワンルーム		全サンプル	
	係数	t 値	係数	t 値	係数	t 値
定数項	1933.77	12.17	798.12	1.67	1496.51	9.88
最寄駅所要時間	-38.05	-4.08	5.36	0.24	32.68	-3.20
築年数	-63.02	-15.16	-43.92	-4.53	-58.45	-12.61
面積	60.16	22.48	63.39	3.57	64.18	33.58
修正済み決定係数	0.85		0.82		0.88	
サンプル数 n	157		37		194	
残差2乗和/10万	918		38		1020	

る.また標本をプールした推定値は,前述二つの推定結果の中間的な値である.

　上の例が示すように,係数推定値は属性による差異があることが多く,サンプル数が十分多いならば,サブ・サンプルによる分析が推奨されます.例えば多くの先行研究において,労働者の賃金 Y_i を子ども数 X_i に回帰すると,男性サンプルでは係数が正に,女性サンプルでは負に推定されます.したがって男女をプールして回帰分析を行うと,両者の係数が平準化・相殺され,係数が統計的に有意に推定されません.このため労働経済学では,標本を男女に分割して分析を進めるのが常識となっています.

8.4.2　サブ・サンプル OLS の利点と欠点

　ここで,サブ・サンプルに分けた OLS とプールした OLS の対応関係を,理論的に考えてみましょう.簡単化のためダミー変数 $D_i = 0, 1$（第7章）を用い,一つ目のグループを $D_i = 0$（サンプル数 n_0）,二つ目のグループを $D_i = 1$（サンプル数 n_1）で表します.サブ・サンプルに分けた回帰分析をモデルで書けば,次の通りです.$D_i = 0, 1$ で,モデルがスイッチするイメージです.

8.4 応用：回帰係数の均一性検定

$$D_i = 0 : Y_i = \alpha + \beta_1 X_{1i} + \beta_2 X_{2i} + \cdots + \beta_k X_{ki} + u_{0i}, \quad i = 1, 2, ..., n_0 \quad (8.34)$$

$$D_i = 1 : Y_i = \alpha' + \beta_1' X_{1i} + \beta_2' X_{2i} + \cdots + \beta_k' X_{ki} + u_{1i}, \quad i = 1, 2, ..., n_1 \quad (8.35)$$

上式で，$\beta_j \neq \beta_j'$ である点が重要です．すなわち，$D_i = 0$ グループの Y_i と $D_i = 1$ グループの Y_i はそれぞれ異なる回帰モデルに従って変動している，と考えるのです．

一般的に，回帰係数の値はサブ・サンプルごとに異なります．しかしながら，もし係数が両者で均一ならば，分析を2回に分ける必要はないでしょう．この主張は，8.1節で学んだ線形制約の文脈で言うならば，**係数均一性の仮定**

$$H_0 : \alpha = \alpha' \quad \beta_1 = \beta_1' \quad \cdots \quad \beta_k = \beta_k' \quad (8.36)$$

をなします．上式が真ならば標本のプールが許され，推定すべきモデルは

$$Y_i = \alpha + \beta_1 X_{1i} + \beta_2 X_{2i} + \cdots + \beta_k X_{ki} + v_i, \quad i = 1, 2, ..., n \quad (8.37)$$

の一本のみとなります．したがって(8.37)式は，(8.34)式および(8.35)式の係数に線形制約(8.36)を課すことによって得られる，制約下のモデルということになります．線形制約の流儀に従い，(8.37)式の誤差項は v_i と表記されています．

> **Remark**
> 標本をプール（統合）した回帰モデルは，サブ・サンプルによる回帰モデルの特殊ケース．
>
> $$\underset{\text{係数の制約なし}}{\text{モデル}(8.34),\ (8.35)} \xrightarrow{\text{係数の均一性}} \underset{\text{制約付き}}{\text{モデル}(8.37)} \quad (8.38)$$

図8.3Aは，サブ・サンプルごとに異なる傾きを持った散布図に，それぞれ異なる直線を当てはめたOLS回帰です．＋印のグループに比べ○印のグループは急な傾きを持っていますが，二つの直線はそれをよく反映しています．しかしまとめて一本の直線を当てはめると（図8.3B），一つの係数を無理やり使いまわすことになり，どちらにもフィットしない中途半端な直線を得ます．

標本をプールしたOLSは係数推定値のバイアス，そしてモデルのデータへ

図8.3 サブ・サンプルごとの回帰 (A) vs. プールした回帰 (B)

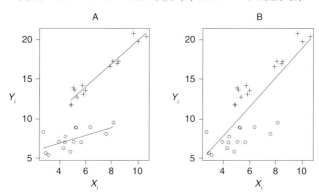

のフィットの意味で問題があることは，図8.3から明白です．いま(8.34)式，(8.35)式を別個に OLS 推定した結果得られた残差2乗和を Q_0, Q_1 と置き，その和を

$$Q_0 = \sum_{i=1}^{n_0} \hat{u}_{0i}^2, \quad Q_1 = \sum_{i=1}^{n_1} \hat{u}_{1i}^2 \;\; \Rightarrow \;\; Q = Q_0 + Q_1 \tag{8.39}$$

と置きます．また標本をプールした(8.37)式の OLS で得られた残差2乗和を，

$$Q_R = \sum_{i=1}^{n} \hat{v}_i^2 \tag{8.40}$$

とします．すると，次の性質が成り立ちます．

公式 (標本プールによる当てはまりの悪化)

標本をプールして OLS 推定を行うと，サブ・サンプルに分けた場合と比べ，残差2乗和が大きくなる．

$$Q_R = \sum_{i=1}^{n} \hat{v}_i^2 > Q = \sum_{i=1}^{n_0} \hat{u}_{0i}^2 + \sum_{i=1}^{n_1} \hat{u}_{1i}^2 \tag{8.41}$$

[証明] 上のグラフによる議論から明らか． ■

標本をサブ・サンプルに分けた分析は，欠点もあります．推定すべき係数の数が，標本をプールすれば $(k+1)$ なのに対し，サブ・サンプルごとだとその

2 倍の $2(k+1)$ です.パラメータの増加は自由度の減少をもたらし,推定の効率性が損なわれます.ゆえに係数の異質性がなければ(線形制約が正しければ),標本をプールして OLS をかけることにメリットがあります.そこで,両グループの係数の違いが無視できる範囲内か否かを,仮説検定にかけてみましょう.

8.4.3 回帰係数の均一性の検定

前節で修得したカイ 2 乗検定(あるいは F 検定)を応用すれば,回帰係数の均一性(8.36)の検定は容易です.通常の線形制約の問題と同様,(8.41)にある制約付き・制約なしの OLS 残差 2 乗和をカイ 2 乗統計量

$$\chi^2 = \left(\frac{Q_R - Q}{Q}\right)m, \quad m = n - 2(k+1) \tag{8.42}$$

に変換しましょう.するとこの統計量は,自由度が $G = (k+1)$ のカイ 2 乗分布

$$\chi^2 \sim \mathrm{Chi}(k+1) \tag{8.43}$$

に従います.ただし(8.36)式の線形制約は,計 $G = (k+1)$ 個の制約を係数に課している点に注意が必要です.

推定から検定までの手順をまとめると,次の通りです.

> **Remark** 係数の均一性:OLS 推定およびカイ 2 乗検定の手順
>
> ① カイ 2 乗値 χ^2_* の計算.
>   (a) サブ・サンプルに分けて OLS 推定を行い,制約なしの残差 2 乗和 $Q = Q_0 + Q_1$ を得る.
>   (b) 標本をプールして OLS 推定を行い,制約付きの Q_R を得る.
>   (c) $Q_R - Q$ を,カイ 2 乗値に変換.
>
> ② カイ 2 乗分布表から 5% 臨界値 $\chi^2_{0.05}(k+1)$ を求め,$\chi^2_* > \chi^2_{0.05}(k+1)$ ならば H_0 を棄却.

例 表8.1より，制約なしの残差2乗和は $Q = 918+38 = 956$，制約付きの残差2乗和は $Q_R = 1020$．よってカイ2乗値は

$$\chi^2_* = \frac{1020-956}{956} \times (194-2\times 4) = 12.45 \tag{8.44}$$

一方，自由度 $G = (k+1) = 4$ の5％臨界値は $\chi^2_{0.05}(4) = 9.488$．$\chi^2_* = 12.45 > 9.488$ なので，「ワンルーム以外・ワンルームの回帰係数が等しい」とする帰無仮説は棄却される．

なお，時系列データによる回帰分析では，**構造変化**，すなわち「ある時点 n^* の前後で回帰係数が変化したか否か」がしばしば議論となります．観測の前半 $i = 1, 2, ..., n^*$ を $D_i = 0$ グループ，後半 $i = n^*+1, n^*+2, ..., n$ を $D_i = 1$ グループと置けば，本節で学んだ手順をそのまま構造変化の検定に使うことができます．詳しくは山本（1995）を参照して下さい．

復習問題

問題 8.1 次の線形制約について，制約の数 G はいくつか？

$$H_0 : \beta_1 = 0.5, \quad \beta_3 = -0.2 \tag{8.45}$$
$$H_0 : \beta_1 + 2\beta_2 = 4 \tag{8.46}$$

問題 8.2 回帰モデル $Y_i = \alpha + \beta_1 X_{1i} + \beta_2 X_{2i} + \beta_3 X_{3i} + u_i$ に対し，$H_0 : \beta_1 + \beta_2 + \beta_3 = 1$ の線形制約を置く．制約付きの回帰モデルを導出せよ．ただし誤差項は v_i と表記すること．

問題 8.3 一般的に，制約下のOLS残差2乗和 Q_R が，制約なしの（通常の）OLS残差2乗和 Q を上回る理由を，簡潔に説明せよ．

問題 8.4 制約の数が $G = 5$ の線形制約 H_0 の下で $Q_R = 15$，また制約なしで $Q = 10$ を得た．説明変数は $k = 7$ 個，サンプル数は $n = 58$ である．この線形制約 H_0 をカイ2乗検定せよ．

復習問題

(1) カイ2乗値 χ_*^2 を求めよ.
(2) カイ2乗分布表から,自由度 $G=5$ の右端5％臨界値 $\chi_{0.05}^2(5)$ を求め,H_0 が棄却されれば○,されなければ×と答えよ.

問題 8.5 結合有意性検定のカイ2乗値は,決定係数(第4章)から計算することができる.制約なしの OLS で得られた決定係数を R^2,制約付きの OLS の決定係数を R_R^2 と置けば,

$$\chi^2 = \left(\frac{R^2 - R_R^2}{1 - R^2}\right)m \tag{8.47}$$

となることを示せ.

第III部
新しい回帰分析

第9章 漸近理論の基礎

本章は,より高度な計量経済学で用いられる,**漸近理論**(大標本理論)の基礎を学びます.簡単に言えば,漸近理論とは,サンプル数 n が十分多い標本に生じる統計量の「近似」です.

9.1 漸近理論

9.1.1 漸近理論とは?

サンプル数 n が多いとき(厳密には $n \to \infty$ において),統計量に便利な近似が働くことが知られています.この近似表現を利用する試みが,漸近理論です.私たちは t 検定のショートカット(第5章)やカイ2乗統計量(第8章)に関する議論で,「n が多いとき近似的に成立する」という表現を使いました.これらは,漸近理論に基づく近似です.それに対し,n の大きさに関わらず成立する統計量の性質を,**小標本理論**と呼びます.推定量の不偏性・有効性(第3章)や,誤差項の正規性の仮定に基づく t 統計量の導出(第3章)など,本書第II部までに扱った諸概念のほとんどは,小標本理論に基づきます.

近年の計量経済学は,サンプル数 n の大きいデータセットを分析する機会が増え,漸近理論重視の傾向にあります.漸近理論を利用するメリットは,何でしょうか? まず,近似の利用により,緩い前提条件の下でよりシンプルな推定・検定が可能になります.またモデルによっては,不偏性を満たす推定量を作ることができない場合もあります.その場合,漸近理論は,不偏性に代わ

9.1 漸近理論

る新たな「採用基準」を提供してくれます.

> **Remark** 漸近理論の必要性：なぜ $n \to \infty$ の統計量を考えるのか？
> ◆ 漸近的な近似を利用すると，緩い前提条件で，楽に推定・検定ができる．
> ◆ 漸近理論に基づく，（不偏性に代わる）望ましい推定量の基準作り．

第Ⅱ部までの統計的推測では，期待値演算 $E(\cdot)$ が重要な役割を担ってきました．例えば，推定量 $\hat{\theta}$ の不偏性は $E(\hat{\theta}) = \theta$ で定義されます．一方，漸近理論では，期待値に代わり**確率収束**と呼ばれる演算を多用します．サンプル数 n に依存する任意の確率変数を A_n と置きます．$n \to \infty$ のとき，A_n が定数 a から外れる確率 $\Pr(A_n \neq a)$ がゼロに近づくならば，「A_n は a に確率収束する」と言い，

$$\text{plim}\, A_n = a \quad \text{or} \quad A_n \xrightarrow{p} a \tag{9.1}$$

と表記します．plim は probability limit の略で，プリムと読みます．

期待値と同様，確率収束 plim の演算にも便利なルールがあります．

公式（plim の演算ルール）

二つの確率変数 A_n, B_n およびその関数 $g(A_n, B_n)$ に関し，

$$\text{plim}\, g(A_n, B_n) = g(\text{plim}\, A_n, \text{plim}\, B_n) \tag{9.2}$$

これを**連続写像定理**と呼ぶ．特に，

◆ $\text{plim}\, c = c$ \hfill (9.3)

◆ $\text{plim}(cA^d) = c\, \text{plim}(A)^d$ \hfill (9.4)

◆ $\text{plim}(A + B) = \text{plim}(A) + \text{plim}(B)$ \hfill (9.5)

◆ $\text{plim}(AB) = \text{plim}(A)\, \text{plim}(B)$ \hfill (9.6)

◆ $\text{plim}\left(\dfrac{A}{B}\right) = \dfrac{\text{plim}(A)}{\text{plim}(B)}$ \hfill (9.7)

ただし c, d は定数．

[証明] 上級のトピック．野田・宮岡（1992）参照. ∎

上式からわかる通り，plim に関しては，直感的に正しそうな演算がすべて成立します．換言すれば，上の公式をいちいち暗記する必要はない，ということです（復習問題も参照のこと）．しかし期待値は一般に $E(X^d) \neq E(X)^d$，$E(X/Y) \neq E(X)/E(Y)$ であり，また独立でない限り $E(XY) \neq E(X)E(Y)$ でした．期待値と比較すると，確率収束は扱いやすい演算子であると言えますね．

確率収束に並び重要な収束概念が，**分布収束**です．確率変数 A_n の確率分布を f_n と置きます（分布も n に依存している点に要注意）．$n \to \infty$ のとき，f_n がある分布 f に近づくならば，「f_n は f に分布収束する」と言い，次のように表記します．

$$A_n \xrightarrow{d} f \quad \text{or} \quad f_n \xrightarrow{d} f \tag{9.8}$$

「$\xrightarrow{d}$」は in distribution（分布の意味で）の略です．n が十分大きいならば，A_n の確率は f によって与えられることになります．この近似は，もとの分布 f_n が複雑で，かつ極限分布 f がシンプルであるとき，大変有益です．

9.1.2 大数の法則と中心極限定理

本項は一次元の独立標本 $X_1, X_2, ..., X_n$（第3章）を例に，漸近理論を考えます．母平均が μ，母分散が σ^2 の独立な標本の標本平均を，$\bar{X} = \frac{1}{n}\sum X_i$ と置きましょう．第3章では，標本平均 $\bar{X}$ の期待値と分散はそれぞれ

$$E(\bar{X}) = \mu, \quad Var(\bar{X}) = \frac{1}{n}\sigma^2 \tag{9.9}$$

であり，さらに正規母集団からの標本 $X_i \sim N(\mu, \sigma^2)$ ならば，$\bar{X}$ の分布が

$$\bar{X} \sim N\left(\mu, \frac{1}{n}\sigma^2\right) \tag{9.10}$$

となることを示しました．しかしながら，実際の実証分析では，正規性の仮定を満たさない標本を扱うこともしばしばです．例えば各家計の子どもの数は，正の整数 $x = 0, 1, 2, ...$ をとるため，正規分布に従いません．こういった**非正規母集団**では，(9.10)式を仮説検定などに使うことができなくなります．

9.1 漸近理論

図9.1 大数の法則のイメージ

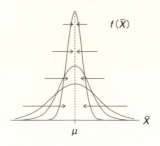

非正規母集団を分析する際は，漸近理論の二大定理，すなわち大数(たいすう)の法則と中心極限定理による近似，特に後者が大変重要になります．まずは，**大数の法則**から見ていきましょう．

> **公式（大数の法則）**
>
> 独立な標本の標本平均 $\bar{X}$ は，母平均 μ に確率収束する．
>
> $$\operatorname{plim} \bar{X} = \mu \tag{9.11}$$

[証明] (9.9)式より $\mathrm{E}(\bar{X}) = \mu$ なので，$\bar{X}$ はいかなる n でも μ を中心に分布する．一方，分散 $\mathrm{Var}(\bar{X}) = \frac{\sigma^2}{n}$ は n に反比例する．したがって $\bar{X}$ の分布は $n \to \infty$ のとき μ の周りに集中し，$\bar{X}$ が μ 以外の値をとる確率は，限りなくゼロになる（図9.1参照）．以上は証明のスケッチである．詳しくは松原他 (1991) を参照． ■

上の議論はやや抽象的ですが，要は「n が十分多ければ，標本平均 $\bar{X}$ を母平均 μ（全体の平均値）と同一視しても問題ない」という，当たり前のことを述べているに過ぎません．

次いで**中心極限定理**とは，次のような性質です．

> **公式**（中心極限定理）
> 独立な標本ならば，
> $$\sqrt{n}(\bar{X}-\mu) \xrightarrow{d} N(0, \sigma^2) \tag{9.12}$$

[証明] 松原他（1991）を参照. ∎

中心極限定理により，n が十分多いデータならば，母集団分布の形状を問わず正規分布

$$\sqrt{n}(\bar{X}-\mu) \xrightarrow{d} N(0, \sigma^2) \ \Rightarrow \ \bar{X} \stackrel{a}{\sim} N\left(\mu, \frac{1}{n}\sigma^2\right) \tag{9.13}$$

で $\bar{X}$ を評価することが許されます．なお，上式の $\stackrel{a}{\sim}$ は「漸近的な近似をしている」ことを表す記号であり，**漸近分布**（asymptotic distribution）と呼びます[1]．

「法則」や「定理」，「収束」という言葉を聞くと身構えてしまいがちですが，あくまで「サンプルが多いときに使える便利な近似」と認識して下さい．

> **Remark** 「収束」は「近似」に過ぎない
> ◆ 大数の法則（確率収束）：n が大きい標本では，μ を $\bar{X}$ で近似してよい．
> ◆ 中心極限定理（分布収束）：n が大きい標本では，$\bar{X}$ の分布を正規分布 $N\left(\mu, \frac{\sigma^2}{n}\right)$ で近似してよい．

---

1) 中心極限定理は，$\bar{X} = \frac{1}{n}\sum X_i$ ではなく，$\sqrt{n}\bar{X} = \frac{1}{\sqrt{n}}\sum X_i$ に関する分布収束である点が肝要です．$n \to \infty$ のとき $\bar{X}$ は μ に確率収束し，$\bar{X}$ の分布は μ の近傍で潰れてしまいます（大数の法則・図9.1）．しかしこの $\sqrt{n}\bar{X}$ は $n \to \infty$ に関する収束のスピードが落ちるので，定数に収束せず，分布を形成できるのです．言わば $\sqrt{n}$ は，収束にブレーキをかける役目を担っているのです．

9.2 推定量の漸近的性質

9.2.1 一致性,漸近正規性と漸近有効性

本節では,大数の法則と中心極限定理に基づき,推定量の新たな採用基準を定義します.第3章にならい,母数を一般的に θ,その推定量を $\hat{\theta}$ と置きましょう.小標本で推定量に最低限求められる性能は,不偏性 $\mathrm{E}(\hat{\theta}) = \theta$ でした.また不偏推定量が複数あるならば,有効性(分散・ブレの小ささ)が採用の決め手となりました.第5章では,回帰係数の OLS 推定量の不偏性・有効性(ガウス・マルコフの定理)を示しました.

漸近的なデータ環境で,推定量がまず満たすべき性質は,一致性です.母数 θ とその推定量 $\hat{\theta}$ に関し

$$\mathrm{plim}\,\hat{\theta} = \theta \tag{9.14}$$

が成立するならば,$\hat{\theta}$ を θ の**一致推定量**と呼びます.確率収束の定義(9.1)から明らかな通り,一致性は,サンプルが十分多ければ推定値 $\hat{\theta}$ を未知の θ とみなして構わないことを約束してくれます.

さらに一致推定量 $\hat{\theta}$ の分布が漸近的に

$$\sqrt{n}(\hat{\theta} - \theta) \xrightarrow{d} \mathrm{N}(0, c^2) \quad \Rightarrow \quad \hat{\theta} \stackrel{a}{\sim} \mathrm{N}\left(\theta, \frac{c^2}{n}\right) \tag{9.15}$$

で近似できるならば,$\hat{\theta}$ を**漸近正規推定量**と呼びます.ただし c は定数で,推定量によって異なります.漸近正規推定量の分布を基準化すれば

$$Z = \frac{\hat{\theta} - \theta}{c/\sqrt{n}} \stackrel{a}{\sim} \mathrm{N}(0, 1) \tag{9.16}$$

となり,私たちは上式を θ に関する仮説検定に使うことができます.なお(9.15)式の漸近分布の分散

$$\mathrm{Avar}(\hat{\theta}) = \frac{c^2}{n} \tag{9.17}$$

を，**漸近分散**（asymptotic variance）と呼びます．

例 大数の法則(9.11)式より，標本平均 $\bar{X}$ は母平均 μ の一致推定量である．また中心極限定理(9.12)式より，$\bar{X}$ は μ の漸近正規推定量である．ここで $\bar{X}$ の漸近分散は

$$\mathrm{Avar}(\bar{X}) = \frac{\sigma^2}{n} \tag{9.18}$$

で与えられ，母分散 σ^2 に依存する．通常 σ^2 は未知なので，標本分散

$$s_X^2 = \frac{1}{n-1}\sum(X_i - \bar{X})^2 \tag{9.19}$$

で推定される．

さて，漸近正規推定量が複数あった場合は，どれを採用するのが望ましいでしょうか？ 一般的には，漸近分散 $\mathrm{Avar}(\hat{\theta})$ が最小となる（つまり定数 c が最小となる）ものを採用します．これを**漸近有効性**の基準と呼びます．ただし，漸近有効性を保証するには母集団モデルに強い仮定が必要なので，実際の分析では，この基準を満たす保証がないこともしばしばです．

9.2.2 標本モーメント（平均・分散）の確率収束

確率変数 X_i の母平均 $\mu = \mathrm{E}(X_i)$ や母分散 $\sigma^2 = \mathrm{Var}(X_i) = \mathrm{E}[(X_i-\mu)^2]$ のように，期待値演算子で定義され，かつ X_i の母集団上の確率的性質を測るパラメータを，一般に**母集団モーメント**と言います．特に期待値と分散は，それぞれ**一次のモーメント**，（平均まわりの）**二次のモーメント**と呼ばれます．一方，サンプル数 n の標本 $X_1, X_2, ..., X_n$ について，標本の平均 $\bar{X} = \frac{1}{n}\sum X_i$，標本の

9.2 推定量の漸近的性質

分散 $s_X^2 = \frac{1}{n-1}\sum(X_i - \bar{X})^2$ が定義できます．μ が母集団の代表値，σ^2 が母集団のバラつきを測るのに対し，$\bar{X}$ は標本の代表値，s_X^2 は標本のバラつきを測ります．したがって $\bar{X}, s_X^2$ は**標本モーメント**と呼ばれます．

さて，公式 (9.11) の大数の法則 $\mathrm{plim}\,\bar{X} = \mu$ より，母集団モーメント $\mu = \mathrm{E}(X_i)$ は，対応する標本モーメント $\bar{X} = \frac{1}{n}\sum X_i$ で一致推定が可能でした．一般に標本モーメントは，$n \to \infty$ のとき母集団モーメントに収束することが知られています．ここでは今後の準備として，標本分散・標本共分散の一致性を確認します．

> **公式**（標本分散・標本共分散の一致性）
>
> 独立な標本ならば，標本分散は母分散に，標本共分散は母共分散に確率収束する．
>
> $$\mathrm{plim}\,s_X^2 = \mathrm{Var}(X_i), \quad \mathrm{plim}\,s_{XY} = \mathrm{Cov}(X_i, Y_i) \tag{9.20}$$

[証明] 公式 (2.12) と公式 (4.15) を使い，母分散・標本分散を次のように表す．ただし $W_i = X_i^2$ と置いている．

$$\mathrm{Var}(X_i) = \mathrm{E}(W_i) - \mathrm{E}(X_i)^2 \tag{9.21}$$

$$s_X^2 = \frac{1}{n-1}\left[\sum W_i - n\bar{X}^2\right]$$

$$= \frac{n}{n-1}\frac{1}{n}\sum W_i - \frac{n}{n-1}\bar{X}^2 = \frac{n}{n-1}\bar{W} - \frac{n}{n-1}\bar{X}^2 \tag{9.22}$$

W_i を一つの確率変数とみなせば，大数の法則により $\mathrm{plim}\,\bar{W} = \mathrm{E}(W_i)$．したがって s_X^2 の確率極限は，

$$\mathrm{plim}\,s_X^2 = \underbrace{\mathrm{plim}\,\frac{n}{n-1}}_{=1} \cdot \mathrm{plim}\,\bar{W} - \underbrace{\mathrm{plim}\,\frac{n}{n-1}}_{=1} \cdot (\mathrm{plim}\,\bar{X})^2 = \mathrm{E}(W_i) - \mathrm{E}(X_i)^2 \\ = \mathrm{Var}(X_i) \tag{9.23}$$

標本共分散の収束に関しては，復習問題とする． ∎

復習問題

問題 9.1 二つの確率変数 A, B の確率極限が $\mathrm{plim}\, A = -1$, $\mathrm{plim}\, B = 4$ であるとする．次の演算を実行せよ．
(1) $\mathrm{plim}\left(\dfrac{cA}{B}\right)$ （ただし c は定数）
(2) $\mathrm{plim}(\sqrt{B})$

問題 9.2 (9.20)式の，標本共分散 s_{XY} に関するパートを証明せよ．

第10章 回帰分析の再構築

本章から,いよいよ新しい回帰分析がスタートします.前述の通り,私たちが分析に使う非実験データは,第II部の前提条件・古典的仮定と矛盾する面があり,OLS推定がうまく機能しない可能性があります.そこで第10章と第11章では,より現実的な,新しい前提条件の下で,OLS推定および仮説検定の性質を検証します.

10.1 条件付き期待値関数

10.1.1 条件付きの確率分布と期待値

本章は新しい回帰分析への準備として,やや遠回りですが,「二つの確率変数 X と Y の関係性をモデル化する」ことから考えます.私たちは第2章で,二次元確率変数 (X, Y) に確率を与えるべく結合確率分布 $\Pr(X = x, Y = y) = h(x, y)$ を導入しました.これに対し X, Y 単体の確率は周辺分布 $\Pr(X = x) = f(x)$,$\Pr(Y = y) = g(y)$ で与えられるのでした(小文字は任意の実現値を表します).

いま新たな確率概念として,「$X = x$」が確定した(私たちがそれを見た・知らされた)という前提の下で,「$Y = y$」が起こる確率を定義しましょう.

$$\Pr(Y = y | X = x) = g(y|x) \tag{10.1}$$

これを**条件付き確率分布**と呼びます.縦棒 " | " の後には,「○○が起こったと

10.1 条件付き期待値関数

き」という条件を書き込みます．割り算ではないので，注意しましょう．条件付き確率は，X の結果に応じて Y の確率がアップデートされる状況をとらえており，$X = x$ 次第で何通りもの条件付き確率が存在し得ます．対して周辺分布 $\Pr(Y = y) = g(y)$ は，X の結果を見ずに・知らずに考えた $Y = y$ の確率を返します．したがって，X が Y の予測に有益である限り，条件付き分布と周辺分布は異なります．

> **Remark** 周辺分布（普通の確率分布）と条件付き分布の違い
> ◆ 周辺分布 $\Pr(Y = y) = g(y)$：$X = x$ を考慮せずに与えた $Y = y$ の確率．
> ◆ 条件付き分布 $\Pr(Y = y | X = x) = g(y|x)$：$X = x$ を考慮して与えた $Y = y$ の確率（$\therefore X = x$ に依存して，何通りも存在し得る）．

例 箱に100枚のくじが入っており，うち当たりが40枚である．外れを $Y = 0$，当たりを $Y = 1$ と置く．あなたの前に，すでに10人がくじを引いている．彼らのうち $X = 3, 5$ 人が当たりを引いたとき，$Y = 1$ の条件付き確率は

$$\Pr(Y = 1 | X = 3) = \frac{40 - 3}{100 - 10} = \frac{37}{90}, \quad \Pr(Y = 1 | X = 5) = \frac{7}{18} \tag{10.2}$$

同様に，もし $X = 10$ ならば $\Pr(Y = 1 | X = 10) = \frac{1}{3}$．

X 次第で Y の確率が変化する様子を，上の例でじっくり確認して下さい．

数学的には，Y の条件付き分布は周辺分布と結合分布の比

$$g(y|x) = \frac{h(x, y)}{f(x)} \tag{10.3}$$

すなわち

$$\Pr(Y = y | X = x) = \frac{\Pr(X = x, Y = y)}{\Pr(X = x)} \tag{10.4}$$

で定義されます．ここで，第2章で学んだ確率変数の独立性の定義

$$h(x,y) = f(x)g(y) \tag{10.5}$$

を思い出しましょう．この定義から，X と Y が独立ならば

$$g(y|x) = \frac{f(x)g(y)}{f(x)} = g(y) \tag{10.6}$$

となり，「$X=x$ を見て決めた Y の確率」と「$X=x$ を見ずに決めた Y の確率」は一致します．独立とは「Y の予測に関し X を見ても意味がない」状況，と言えますね．

さて，通常の周辺分布 $g(y)$ ではなく $g(y|x) = \Pr(Y=y|X=x)$ でウェイト付けした Y の期待値

$$m(x) = \mathrm{E}(Y|X=x) = \sum y g(y|x) \tag{10.7}$$

を，**条件付き期待値**と呼びます（Y が連続型なら，足し算 $\sum$ を積分 $\int$ に置き換えて下さい）．通常の $\mathrm{E}(Y) = \sum y g(y)$ が X を無視した Y の期待値（**無条件期待値**）であるのに対し，条件付きの $m(x) = \mathrm{E}(Y|X=x)$ は，$X=x$ に応じて変化する期待値です．同様に Y の分散も，条件付きのバージョン，**条件付き分散**

$$\begin{aligned} v(x) = \mathrm{Var}(Y|X=x) &= \mathrm{E}[(Y-\mathrm{E}(Y|X=x))^2|X=x] \\ &= \sum (y-m(x))^2 g(y|x) \end{aligned} \tag{10.8}$$

があります．X の実現値を見て，Y のバラつき具合をアップデートするわけです．$m(x) = \mathrm{E}(Y|X=x)$，$v(x) = \mathrm{Var}(Y|X=x)$ ともに，X の結果 x に依存する点に注目しましょう．

10.1.2 条件付き期待値関数

条件付き期待値 $m(x) = \mathrm{E}(Y|X=x)$ は，$X=x$ が固定された下での Y の期待値であり，定数です．しかし X が確定する前の段階では，条件付き期待値は X に依存して確率的に変動します．これを

10.1 条件付き期待値関数

$$m(X) = \mathrm{E}(Y|X) \tag{10.9}$$

と表記し，**条件付き期待値関数**（conditional expectation function；CEF）と呼びます．実現値 $X = x$ が確定した $m(x)$ は定数ですが，実現値が未決定の $m(X)$ は確率変数です．したがって $m(x)$ を，$m(X)$ の実現値の一つと解釈することができます．両者の区別は，中級レベルの計量経済学を理解するうえで重要です．次の例で，両者の違いを明確にしましょう．

例 サイコロを振って出た目の 2 乗 × 100 円だけお金がもらえるゲームを考える．X をサイコロの目（実現値 $x = \{1, 2, 3, 4, 5, 6\}$），もらえるお金を Y と置けば，Y の CEF は

$$m(X) = \mathrm{E}(Y|X) = 100X^2 \tag{10.10}$$

$X = 3$ が出たなら，$\mathrm{E}(Y|X=3) = m(3) = 100 \cdot 3^2 = 900$ は明らかに定数．しかし X は事前に不確定であり，$m(X) = 100X^2$ は X 次第で確率的に変動する．

Remark 期待値のいろいろ
- 通常の期待値 $\mathrm{E}(Y)$：確率変数 Y の代表値．X を見ていない．
- 条件付き期待値 $m(x) = \mathrm{E}(Y|X=x)$：特定の $X = x$ を見たうえでの，Y の期待値．x に応じて多数存在するが，その一つひとつは定数．
- 条件付き期待値関数 $m(X) = \mathrm{E}(Y|X)$：X を不定の確率変数ととらえた場合の，条件付き期待値．X が確率変数なので，$m(X)$ も確率変数．

計量経済学でよく使われる CEF の性質は，次の二つです．

第10章　回帰分析の再構築

> **公式**（CEFの演算公式）
>
> 定数 a, b について，
>
> $$\mathrm{E}(a+bY|X) = a + b\mathrm{E}(Y|X) \qquad (10.11)$$
> $$\mathrm{E}(s(X)Y|X) = s(X)\mathrm{E}(Y|X) \qquad (10.12)$$
>
> ただし $s(X)$ は X の関数．

[証明] 章末付録を参照． ■

一つ目の公式(10.11)は，通常の期待値に関する公式(2.9)と同様です．二つ目の公式(10.12)に関しては，$Y=1$, $s(X)=X$ ならば，$\mathrm{E}(1|X)=1$ なので，

$$\mathrm{E}(X|X) = X \qquad (10.13)$$

を得ます．常に X を確認できるならば，X の期待値として X そのものを置くのは合理的ですね．

さて，$m(X) = \mathrm{E}(Y|X)$ は確率変数なので，期待値を持っているはずです．$m(X)$ の不確実性の源泉は X であり，X の分布 $f(x)$ で期待値をとれば

$$\mathrm{E}_X[\mathrm{E}(Y|X)] = \mathrm{E}_X[m(X)] = \sum_x m(x) f(x) \qquad (10.14)$$

となります．$f(x)$ をウェイトにしている点を強調するため，上式では期待値記号を $\mathrm{E}_X(\cdot)$ と表記しています．$m(x) = \mathrm{E}(Y|X=x)$ の定義に注意して上式を展開すると

$$\mathrm{E}_X[\mathrm{E}(Y|X)] = \sum_x \sum_y \underbrace{y\, \overbrace{g(y|x)}^{=m(x)}}_{=h(x,y)/f(x)} f(x) = \sum_x \sum_y y\, h(x,y) = \sum_y y \sum_x h(x,y) \qquad (10.15)$$

を得ます．第2章の脚注3より $\sum_x h(x,y) = g(y)$ なので，結局上式は

$$\mathrm{E}_X[\mathrm{E}(Y|X)] = \sum_y y\, g(y) = \mathrm{E}(Y) \qquad (10.16)$$

になります．この性質を，**繰り返し期待値の法則**と呼びます．

> **公式**（繰り返し期待値の法則）
>
> 条件付き期待値関数 $m(X) = \mathrm{E}(Y|X)$ に関し，$f(x)$ をウェイトに期待値をとると，
>
> $$\mathrm{E}(Y) = \mathrm{E}_X[\mathrm{E}(Y|X)] \tag{10.17}$$

[証明] 前段で証明済み． ∎

上式右辺は，$X = x$ のすべての場合について $m(X) = \mathrm{E}(Y|X)$ の加重平均をとっています．何だか冗談のようですが，「（条件付き）期待値の期待値をとると，期待値になる」というわけです．繰り返し期待値の法則は，無条件の期待値 $\mathrm{E}(Y)$ と条件付きの期待値 $\mathrm{E}(Y|X)$ を関係付ける，重要な性質です．

例 サイコロのゲームを再考する．もらえるお金 Y の条件付き期待値関数は (10.10) 式の通り．一方，Y の分布 $g(y)$ が不明なので，期待値 $\mathrm{E}(Y) = \sum y g(y)$ を直接計算できない．しかし繰り返し期待値の法則より

$$\mathrm{E}(Y) = \mathrm{E}_X[\mathrm{E}(Y|X)] = \mathrm{E}_X(100X^2) = \frac{100}{6}1^2 + \frac{100}{6}2^2 + \cdots + \frac{100}{6}6^2 \approx 1516.7 \tag{10.18}$$

ただし X にゆがみがなく，等確率 $f(x) = \frac{1}{6}$ で各目がでることを前提とする．

10.2 母回帰

10.2.1 条件付き期待値から回帰分析へ

条件付き期待値関数は，二つの確率変数の関数関係を描写する自然な方法の一つです．いま，二次元の母集団分布 $h(x, y)$ から抽出されたサンプル数 n の標本 (X_i, Y_i) があり，これに基づき Y_i の条件付き期待値関数

$$\mathrm{E}(Y_i | X_i) \tag{10.19}$$

を推定することを考えます．このとき上式を**母回帰関数**（population regression function），または単に**母回帰**と呼びます．上式は抽象的に過ぎるので，**線形回帰モデル**

$$\mathrm{E}(Y_i|X_i) = \alpha + \beta X_i \tag{10.20}$$

を仮定しましょう．多次元の母回帰関数として，線形の重回帰モデル（第6章）

$$\mathrm{E}(Y_i|X_{1i}, X_{2i}, ..., X_{ki}) = \alpha + \beta_1 X_{1i} + \beta_2 X_{2i} + \cdots + \beta_k X_{ki} \tag{10.21}$$

を想定してもよいでしょう．第7章で学んだ変数変換によるモデルの拡張も，今後も利用可能です．いずれにせよ，線形性の仮定により，私たちの目的は有限個の**母回帰係数**の推定に集約されます．

(10.20)式はあくまで $\mathrm{E}(Y_i|X_i)$ と X_i の関係であり，Y_i と X_i の依存関係を直接表すものではない点に注意しましょう．後者の関係は，誤差項 u_i を用い，

$$Y_i = \alpha + \beta X_i + u_i \tag{10.22}$$

と表すことにします．おなじみの回帰モデルが，ようやく登場しました．ただし，古典的仮定下のモデルと異なり，今や説明変数 X_i は確率変数です．したがって上式右辺には，二つの確率変数 X_i と u_i が存在しています．

さて，(10.22)式の表現が(10.20)式と矛盾しないためには，誤差項 u_i が

$$\mathrm{E}(u_i|X_i) = 0 \tag{10.23}$$

を満たす必要があります．これを**外生性**の仮定と呼びます．この条件下で(10.22)式の条件付き期待値をとれば

$$\mathrm{E}(Y_i|X_i) = \mathrm{E}(\alpha + \beta X_i + u_i|X_i) = \alpha + \beta \underbrace{\mathrm{E}(X_i|X_i)}_{=X_i} + \underbrace{\mathrm{E}(u_i|X_i)}_{=0} = \alpha + \beta X_i \tag{10.24}$$

となり，(10.20)式と同値であることが確認できます．もし外生性が成立せず，例えば $\mathrm{E}(u_i|X_i) = \sqrt{X_i} \neq 0$ であったら，(10.22)式の条件付き期待値をとると

$$\mathrm{E}(Y_i|X_i) = \alpha + \beta X_i + \sqrt{X_i} \qquad (10.25)$$

となってしまい，(10.20)式と矛盾してしまいます．外生性は私たちが使う標本に関する重要な仮定となるので，次節以降で詳しく議論します．

10.2.2　ノンパラメトリック推定

今後私たちは，古典的仮定よりも格段に緩い仮定の下で，OLS 推定により (10.20) ないしは (10.22) の係数を一致推定できることを示します．この項は少しだけ寄り道して，線形回帰以外の方法による条件付き期待値関数の推定を考えます．より具体的には，関数型の仮定を置かずに，データだけを頼りに $\mathrm{E}(Y_i|X_i)$ の推定を試みます．このアプローチを，**ノンパラメトリック推定**と呼びます．

まず，X_i が有限の実現値 $x = \{x_1, x_2, ..., x_p\}$ しかとらず，各実現値について十分サンプル数が多いケースを考えましょう．このケースでは，Y_i の個々の条件付き期待値 $m(x_s) = \mathrm{E}(Y_i|X_i = x_s)$ $(s = 1, 2, ..., p)$ を，グループの標本平均

$$\hat{m}(x_s) = \bar{Y}_s = \frac{1}{n_s} \sum_{X_i = x_s} Y_i, \quad s = 1, 2, ..., p \qquad (10.26)$$

で推定できます．ここで $\sum_{X_i = x_s}$ は，$X_i = x_s$ に該当する観測の和をとる，という意味です．また n_s はそれに該当する観測の数です．例えば $X_i = 1, 2, 3, ...$ が子どもの数，Y_i が母親の労働時間だとすれば，子どもの数ごとに Y_i の平均を求めればよいのです．

X_i が区間 $x = [x_{\min}, x_{\max}]$ の任意の点を連続的にとるならば，グループに分けて平均をとるのは難しくなります．グループが無数にできるので，グループあたりのサンプル数 n_s が少なくなるからです．この場合，次の方法で $m(X)$ が推定されます．まず X_i の最大値・最小値の間に，適当な点 $x_{\min} < x_1 < x_2 < \cdots < x_p < x_{\max}$ を定めます．そして，x_s の近傍の平均値

$$\hat{m}_h(x_s) = \frac{1}{n_s} \sum_{X_i = x_s \pm h} Y_i, \quad s = 1, 2, ..., p \tag{10.27}$$

を求めるのです．定数 h だけ幅を持たせてグループを作ることにより，厳密に $X_i = x_s$ に該当する個体でグループ分けするよりも多くの観測を使えます．あるポイント x_s における Y_i の平均の推定精度を上げるため，わざと観測を重複させるアイディアです．ここで h を**バンド幅**（bandwidth）と呼びます．

ノンパラメトリック推定は，母回帰関数の形状が議論の中心となる実証分析では重要なテクニックです．しかし難点も多く，線形回帰モデルほどの人気はありません．まず，最適なバンド幅 h の決定は，高度な技術を要します．また重回帰分析に拡張すると，説明変数の実現値の組み合わせ（すなわちグループ）が大幅に増えるため，グループあたりのサンプル数が激減します．さらに，実証分析では重要な点ですが，得られた回帰関数をどう解釈するかという問題もあります．それに対し線形回帰モデルは，重回帰であっても高々 $(k+1)$ 個のパラメータを推定するだけであり，また推定結果の解釈も明確です（第7章の2次関数モデルで，曲線の描写もできます）．したがって本書ではこれまで通り，線形回帰モデルに集中することにします．

10.3 根源的仮定とOLS推定

10.3.1 回帰分析の根源的仮定

推定すべきモデルを，ここで改めて宣言しましょう．

仮定（線形回帰モデル）

$$Y_i = \alpha + \beta X_i + u_i, \quad i = 1, 2, ..., n \tag{FA0}$$

5章の古典的仮定の下での回帰モデル（CA0）と同様，上式は被説明変数 Y_i の変動を観測できる説明変数 X_i と観測できない確率誤差 u_i で表した母集団モデルです．ただし5章の回帰モデルと異なり，X_i は Y_i と並んで確率変数です．

10.3 根源的仮定と OLS 推定

本章は，二次元標本 (X_i, Y_i) に基づく母回帰係数 α, β の OLS 推定（第 4 章）を目標とします．はたしていかなる標本ならば，OLS 推定量

$$\hat{\alpha} = \bar{Y} - \hat{\beta}\bar{X}, \quad \hat{\beta} = \frac{S_{XY}}{S_{XX}} \tag{10.28}$$

が α, β の不偏推定量・一致推定量となるでしょうか？

結論から述べれば，OLS が母回帰係数の不偏推定量・一致推定量となるために標本が満たすべき必要条件は，次の通りです．

仮定（回帰分析の根源的仮定）

◆ 外生性 ：$\mathrm{E}(u_i | X_i) = 0$ (FA1)
◆ 独立な標本：異なる観測 (X_i, Y_i) と (X_j, Y_j) は互いに独立 (FA2)

これらの諸仮定を，回帰分析の**根源的仮定**（fundamental assumptions；FA）と呼ぶことにしましょう．

前節でも確認した通り，外生性条件(FA1)は，(FA0)式が線形回帰となるための条件です．

$$\mathrm{E}(Y_i|X_i) = \alpha + \beta X_i + \underbrace{\mathrm{E}(u_i|X_i)}_{=0} = \alpha + \beta X_i \tag{10.29}$$

(FA1)式を満たす説明変数 X_i を，**外生変数**（「X_i は外生的である」）と呼びます．また誤差項は (X_i, Y_i) の一次式 $u_i = Y_i - \alpha - \beta X_i$ で表現できるため，独立標本の仮定(FA2)は，異なる観測の誤差項 u_i と u_j の独立性をも意味します．

10.3.2 外生性と直交条件

ここで，説明変数の外生性(FA1)式の含意を掘り下げてみましょう．(FA1)式は，u_i の期待値が，いかなる X_i の値を受けても常にゼロで一定であることを要求しています．つまり，u_i は X_i と重複する情報を含んでおらず，X_i から u_i の値は予測できないということです．誤差である u_i は，あくまで無情報のノイズであってほしいわけです．このことを数学的に示せば，次の公式を得ます．

公式 (X_i と u_i の直交)

説明変数 X_i が外生変数ならば，

$$\mathrm{E}(u_i) = 0, \quad \mathrm{E}(X_i u_i) = 0 \tag{10.30}$$

[証明] $\mathrm{E}(X_i u_i) = 0$ を示す．(FA1)式が成立すれば，繰り返し期待値の法則 (10.17)式より

$$\mathrm{E}(X_i u_i) = \mathrm{E}_{X_i}[\mathrm{E}(X_i u_i | X_i)] = \mathrm{E}_{X_i}[X_i \underbrace{\mathrm{E}(u_i | X_i)}_{=0}] = \mathrm{E}_{X_i}(X_i \cdot 0) = 0 \tag{10.31}$$

$\mathrm{E}(u_i) = 0$ は，復習問題とする． ∎

上式を X_i と u_i の**直交条件**と呼びます（確率変数の積の期待値がゼロとなることを一般に，「直交する」と言います）．また，共分散の別表現(2.26)と直交条件からただちに

$$\mathrm{Cov}(X_i, u_i) = \underbrace{\mathrm{E}(X_i u_i)}_{=0} - \mathrm{E}(X_i)\underbrace{\mathrm{E}(u_i)}_{=0} = 0 - \mathrm{E}(X_i) \cdot 0 = 0 \tag{10.32}$$

が成立し，X_i と u_i は無相関となります．

公式 (X_i と u_i の無相関)

説明変数 X_i が外生変数ならば，

$$\mathrm{Cov}(X_i, u_i) = 0 \tag{10.33}$$

[証明] 前段で証明済み． ∎

外生性の条件は結局，(FA0)式右辺の二つの確率変数，X_i と u_i が無相関であることを要求していることになります．ここまで得られた結果をまとめておきましょう．

10.3 根源的仮定と OLS 推定

Remark 外生性の仮定 (FA1) の含意

◆ 線形回帰モデルの整合性．

$$\begin{cases} Y_i = \alpha + \beta X_i + u_i \\ \mathrm{E}(u_i \mid X_i) = 0 \end{cases} \Rightarrow \mathrm{E}(Y_i \mid X_i) = \alpha + \beta X_i \tag{10.34}$$

◆ 説明変数と誤差項の直交および無相関．

$$\mathrm{E}(u_i \mid X_i) = 0 \Rightarrow \begin{cases} \mathrm{E}(u_i) = 0 \\ \mathrm{E}(X_i u_i) = 0 \end{cases} \Rightarrow \mathrm{Cov}(X_i, u_i) = 0 \tag{10.35}$$

なお，外生性条件の定義はいくつかのバージョンがあり，文献によって異なることがあります．詳しくは，章末付録をご参照下さい．

10.3.3 互いに独立な標本

次いで根源的仮定の二つ目，独立標本の仮定 (FA2) が持つ意味を考察します．いま，ある観測 (X_i, Y_i) の関数 $s_i = s(X_i, Y_i)$ を定義し，s_i を説明変数の全観測 $X_1, X_2, ..., X_n$ で予測することを考えましょう．標本が互いに独立ならば，X_i 以外の説明変数は s_i に関し何ら情報を持っていないはずです．したがって，X_i だけを見たときの s_i の条件付き期待値と，$X_1, X_2, ..., X_n$ を見渡したときのそれは合致するでしょう．

$$\mathrm{E}[s(X_i, Y_i) \mid X_i] = \mathrm{E}[s(X_i, Y_i) \mid \underbrace{X_1, X_2, ..., X_n}_{\text{全観測}}] \tag{10.36}$$

特に関数を $u_i = s(X_i, Y_i) = Y_i - \alpha - \beta X_i$ と置けば，

$$\mathrm{E}(u_i \mid X_i) = \mathrm{E}(u_i \mid X_1, X_2, ..., X_n) \tag{10.37}$$

を得ます．さらに仮定 (FA1) と上式を合わせると，**強い外生性**（strong exogeneity）と呼ばれる条件式が生まれます．

第10章 回帰分析の再構築

公式（強い外生性）

(FA1)式と(FA2)式が成立するならば，

$$\mathrm{E}(u_i | X_1, X_2, ..., X_n) = 0, \quad i = 1, 2, ..., n \tag{10.38}$$

[証明] (FA2)式より(10.37)式が成立．(FA1)式を(10.37)式に代入すれば，

$$\mathrm{E}(u_i | X_i) = \mathrm{E}(u_i | X_1, X_2, ..., X_n) = 0 \tag{10.39}$$

∎

10.4 根源的仮定の下での OLS

10.4.1 OLS 推定量の不偏性と一致性

本節では，前節での準備を踏まえ，新たな前提条件の下での OLS 推定量の性能を確認します．第5章で見た通り，OLS 推定量は OLS ウェイトにより

$$\hat{\beta} = \beta + \sum w_i u_i, \quad w_i = \frac{(X_i - \bar{X})}{\sum (X_i - \bar{X})^2} \tag{10.40}$$

と表現できます．ただし，古典的仮定が生きていた第5章と異なり，w_i は n 個の確率変数 $X_1, X_2, ..., X_n$ に依存する確率変数である点に注意が必要です．

$X_1, X_2, ..., X_n$ が与えられた下で，上式 $\hat{\beta}$ の条件付き期待値は，公式(10.38)より

$$\begin{aligned} \mathrm{E}(\hat{\beta} | X_1, X_2, ..., X_n) &= \beta + \sum \mathrm{E}(w_i u_i | X_1, X_2, ..., X_n) \\ &= \beta + \sum w_i \underbrace{\mathrm{E}(u_i | X_1, X_2, ..., X_n)}_{=0} = \beta \end{aligned} \tag{10.41}$$

となります．さらに繰り返し期待値の法則を適用することで，

$$\mathrm{E}(\hat{\beta}) = \mathrm{E}[\mathrm{E}(\hat{\beta} | X_1, X_2, ..., X_n)] = \mathrm{E}(\beta) = \beta \tag{10.42}$$

が得られます．したがって根源的仮定(FA1)と(FA2)の成立するデータに OLS を適用すれば，OLS 推定量 $\hat{\beta}$ は母回帰係数 β の不偏推定量になります．

10.4 根源的仮定の下でのOLS

> **公式**（OLS推定量の不偏性）
>
> 根源的仮定(FA1)と(FA2)の下で，
> $$\mathrm{E}(\hat{\alpha}) = \alpha, \quad \mathrm{E}(\hat{\beta}) = \beta \tag{10.43}$$

[証明] $\hat{\beta}$ に関しては前段で証明済み．$\hat{\alpha}$ に関しては復習問題とする．■

さらに一歩踏み込んで，OLSの一致性はどうでしょうか？ この点を調べるために，(10.40)式を次のように書き換えます．

$$\hat{\beta} = \beta + \frac{\sum(X_i - \bar{X})(u_i - \bar{u})}{\sum(X_i - \bar{X})^2} = \beta + \frac{\frac{1}{n-1}\sum(X_i - \bar{X})(u_i - \bar{u})}{\frac{1}{n-1}\sum(X_i - \bar{X})^2} = \beta + \frac{s_{Xu}}{s_X^2}$$

$$\tag{10.44}$$

ここで，サンプル数 n が多い場合のモーメントの収束（第9章）を適用すれば，上式右辺第2項の分子と分母に関しそれぞれ次式が成立します．

$$\mathrm{plim}\, s_{Xu} = \mathrm{Cov}(X_i, u_i), \quad \mathrm{plim}\, s_X^2 = \mathrm{Var}(X_i) \tag{10.45}$$

したがって(10.44)式の確率極限をとれば

$$\mathrm{plim}\, \hat{\beta} = \beta + \frac{\mathrm{plim}\, s_{Xu}}{\mathrm{plim}\, s_X^2} = \beta + \frac{\overbrace{\mathrm{Cov}(X_i, u_i)}^{=0}}{\mathrm{Var}(X_i)} = \beta \tag{10.46}$$

であり，$\hat{\beta}$ が β の一致推定量であることが示されました．

> **公式**（OLS推定量の一致性）
>
> 根源的仮定(FA1)と(FA2)の下で，
> $$\mathrm{plim}\, \hat{\alpha} = \alpha, \quad \mathrm{plim}\, \hat{\beta} = \beta \tag{10.47}$$

[証明] $\hat{\beta}$ に関しては前段で証明済み．$\hat{\alpha}$ に関しては復習問題とする．■

根源的仮定(FA1)式と(FA2)式を満たすデータならば，OLS推定量は小標

本でも，漸近的 ($n \to \infty$) にも最低限の性能を発揮することが確認できました．これまで通り，OLS を軸とした回帰分析ができそうですね．

> **Remark**
>
> 標本の前提条件が古典的仮定から根源的仮定に移行しても，OLS の不偏性・一致性は保たれる．
> ◆ 不偏性（小標本）　：$\mathrm{E}(\hat{\beta}) = \beta$
> ◆ 一致性（漸近理論）：$\mathrm{plim}\, \hat{\beta} = \beta$

残された課題は，根源的仮定の下での，OLS 推定量の分散および OLS 推定量が従う確率分布の導出です．これらは第11章で扱います．

10.4.2 モーメント法からのアプローチ

ここでは，母回帰係数 α, β の一致推定を実現するもう一つのアプローチ，モーメント法を紹介します．公式(10.30)で見た通り，外生的な X_i と誤差項 u_i は直交します．いま $u_i = Y_i - \alpha - \beta X_i$ と置いて公式(10.30)に代入すれば

$$\mathrm{E}(Y_i - \alpha - \beta X_i) = 0, \quad \mathrm{E}[(Y_i - \alpha - \beta X_i)X_i] = 0 \tag{10.48}$$

となります．上の2本の式は，回帰モデルの**母集団モーメント条件**と呼ばれます．注目すべきは，未知の α, β が，連立方程式(10.48)の解で与えられる点です．実際に解いてみると，次の通りです．どこかで見たことのある表現ですね．

> **公式**（母回帰係数）
>
> 外生性の条件を満たすとき，母回帰係数は
>
> $$\alpha = \mathrm{E}(Y_i) - \beta \mathrm{E}(X_i), \quad \beta = \frac{\mathrm{Cov}(X_i, Y_i)}{\mathrm{Var}(X_i)} \tag{10.49}$$

[証明] 復習問題とする． ∎

残念ながら母集団モーメント(10.48)は母集団上・理論上の関係であり，実

10.4 根源的仮定の下での OLS

際に得ることはできません．そこで，期待値を平均値で推定した**標本モーメント条件**

$$\frac{1}{n}\sum(Y_i-\hat{\alpha}-\hat{\beta}X_i) = 0, \quad \frac{1}{n}\sum(Y_i-\hat{\alpha}-\hat{\beta}X_i)X_i = 0 \tag{10.50}$$

を代わりに考えましょう．こちらは標本さえあれば，計算が可能です．ただし近似である点を考慮して，係数を $\hat{\alpha}, \hat{\beta}$ に置き換えています．標本モーメントを満たす $\hat{\alpha}, \hat{\beta}$ を母回帰係数 α, β（すなわち母集団モーメントの解）の推定量とする推定法を，**モーメント法**（method of moments；MM）と呼びます．

MM 推定は，「母集団で成立する関係式は，サンプル数 n が十分大きければ標本においても成立するだろう」というアイディア，**類推原理**（analogy principle）に基づく推定法です．実際，大数の法則あるいはモーメントの収束（第 9 章）により，$n \to \infty$ のとき (10.50) 式は (10.48) 式に確率収束します．したがって (10.50) 式の解 $\hat{\alpha}, \hat{\beta}$ は，(10.48) 式の解 α, β の良い近似となっているはずです．

さて，(10.50) 式両辺に n をかければ，

$$\sum(Y_i-\hat{\alpha}-\hat{\beta}X_i) = 0, \quad \sum(Y_i-\hat{\alpha}-\hat{\beta}X_i)X_i = 0 \tag{10.51}$$

を得ます．この 2 本の式に，見覚えはないでしょうか？　そう，第 4 章で導出した，残差 2 乗和最小化の条件式 (4.8) あるいは (4.33) です．したがってこの式を $\hat{\alpha}, \hat{\beta}$ について解けば，OLS 推定量

$$\hat{\alpha} = \bar{X} - \hat{\beta}\bar{Y}, \quad \hat{\beta} = \frac{\sum(X_i-\bar{X})(Y_i-\bar{Y})}{\sum(X_i-\bar{X})^2} \tag{10.52}$$

が得られます．回帰モデルの MM 推定は，結局 OLS と同じ公式に帰着するのです．モーメント法は今後，操作変数推定量（第 12 章）の導出で利用することになります．

復習問題

問題 10.1 二次元の確率変数 (X, Y) について，Y の CEF が

$$\mathrm{E}(Y|X) = \sqrt{X} \tag{10.53}$$

であり，また X は等確率 $\frac{1}{3}$ で $x = 4, 9, 16$ をとる確率変数であるとする．Y の無条件の期待値 $\mathrm{E}(Y)$ を求めよ．〔ヒント：繰り返し期待値の法則．〕

問題 10.2 (10.2)式に条件付き確率を与えた例題と同じ状況を考える．ただし X に具体的な実現値を与えず，確率変数として扱う．
(1) X を不定とする $Y = 1$ の条件付き確率，$\Pr(Y=1|X)$ を求めよ．
(2) Y の条件付き期待値関数を求め，線形回帰モデルであることを確認せよ．

問題 10.3 公式(10.30)の $\mathrm{E}(u_i) = 0$ を証明せよ．

問題 10.4 公式(10.43)の $\mathrm{E}(\hat{a}) = \alpha$ を証明せよ．

問題 10.5 公式(10.47)の $\mathrm{plim}\,\hat{a} = \alpha$ を証明せよ．

問題 10.6 直交条件から得られる母集団モーメントを解き，公式(10.49)を示せ．

章末付録

証明 (10.11, 10.12) $X = x$ に固定すると

$$\begin{aligned}
\mathrm{E}(a+bY|X=x) &= \sum_y (a+by)g(y|x) = \sum_y a g(y|x) + \sum_y byg(y|x) \\
&= a\underbrace{\sum_y g(y|x)}_{=1} + b\underbrace{\sum_y yg(y|x)}_{=\mathrm{E}(Y|X=x)} \\
&= a + b\mathrm{E}(Y|X=x)
\end{aligned} \tag{10.54}$$

X を固定せず一般化すれば，公式(10.11)を得る．このパートは，基本的には公式(2.9)の証明と同じである．また，$X = x$ に固定すると $s(x)$ は定数なので，

$$\mathrm{E}[s(x)Y|X=x] = \sum_y s(x)yg(y|x) = s(x)\sum_y yg(y|x) = s(x)\mathrm{E}(Y|X=x) \tag{10.55}$$

X を固定せず一般化すれば，公式(10.12)を得る． ∎

章末付録

外生性条件のいろいろ

本書の定義以外の外生性条件を採用する文献もある．ここでは，それら異なる条件を比較する．本書が与える外生性は，(FA1)式および p.176 の解説を参照されたい．

◆ 誤差項と説明変数の独立性

本書の定義に代わる代表的な外生性条件は，誤差項 u_i と説明変数 X_i の**独立性**である．

仮定（u_i と X_i の独立性）

$$f(u_i|X_i) = f(u_i), \quad \mathrm{E}(u_i) = 0 \tag{E1}$$

ここで $f(u_i|X_i)$ と $f(u_i)$ はそれぞれ，u_i の条件付き密度関数と無条件密度関数を表す．

独立性の仮定により，$\mathrm{Cov}(X_i, u_i) = 0$ がただちに成立する．また，独立性と誤差項の期待値がゼロであることを合わせれば，

$$\mathrm{E}(u_i|X_i) = \mathrm{E}(u_i) = 0 \tag{10.56}$$

となり，本書の条件(FA1)式を得る．さらに

$$\mathrm{E}(X_i u_i) = \mathrm{E}(X_i)\underbrace{\mathrm{E}(u_i)}_{=0} = 0 \tag{10.57}$$

より，直交条件(10.31)式が現れる．一つ目の直交条件 $\mathrm{E}(u_i) = 0$ は，直接(E1)式で宣言されている点に注意されたい．

◆ 誤差項と説明変数の無相関

誤差項 u_i と説明変数 X_i の**無相関**をもって外生性とするケースもある．

仮定（u_i と X_i の無相関）

$$\mathrm{Cov}(X_i, u_i) = \mathrm{E}(X_i u_i) - \mathrm{E}(X_i)\mathrm{E}(u_i) = 0, \quad \mathrm{E}(u_i) = 0 \tag{E2}$$

上の2式を合わせれば $\mathrm{E}(X_i u_i) = 0$ なので，直交条件(10.31)式が成立する．しかし一般的に，(E2)式から(FA1)式は導かれない．例外的に，X_i と u_i が2次元正規分布に従う場合は，無相関と独立が同値であるため，(E2)式から(FA1)式を得る．

第11章 標準誤差と検定の頑健化

前章において私たちは，根源的仮定の下で，母回帰係数に関するOLSの不偏性および一致性を示しました．本章では，同一の前提条件の下でOLSの分散，そしてOLSが従う確率分布を導出し，係数の仮説検定（おもに有意性検定，第5章参照）を考えます．結論から述べれば，回帰モデルの仮説検定の進め方は，第II部までのそれと大差ありません．

11.1 OLSの頑健な標準誤差

11.1.1 誤差項の不均一分散と非正規性

第5章で学んだように，OLS推定量の分散や分布は，誤差項 u_i の性質に強く依存します．そこで本節は，u_i に関する考察から始めることにします．古典的仮定では，分散（バラつきの程度）が個体間で均一な誤差項，

$$\text{Var}(u_i) = \text{E}(u_i^2) = \sigma^2, \quad i = 1, 2, ..., n \tag{11.1}$$

を仮定しました．しかし実際のデータがこの前提を満たすかは，はなはだ疑問です．そのため根源的仮定下では，説明変数 X_i に依存する**不均一分散**

$$\text{Var}(u_i|X_i) = \text{E}(u_i^2|X_i) = v(X_i) = \sigma_i^2, \quad i = 1, 2, ..., n \tag{11.2}$$

を前提に議論を進めることにします[1]．観測個体によって分散 σ_i^2 が異なるので，添え字 i で区別される点に注意しましょう．また，独立標本の仮定（FA2）

11.1 OLSの頑健な標準誤差

より

$$\mathrm{E}(u_i^2 | X_i) = \mathrm{E}(u_i^2 | X_1, X_2, ..., X_n) = \sigma_i^2 \tag{11.3}$$

を得ます．

さらに，古典的仮定は誤差項の正規性 $u_i \sim \mathrm{N}(0, \sigma^2)$ を仮定しますが，根源的仮定は u_i に特定の分布型を置きません．ゆえに後者は，正規母集団をなさない被説明変数をカバーできます．ただし両者とも，回帰モデルが一次式であるという点は共通していますね．

> **Remark** 古典的仮定 vs. 根源的仮定：誤差項 u_i の比較
> ◆ 古典的仮定：均一分散 $\mathrm{Var}(u_i) = \sigma^2$，正規性 $u_i \sim \mathrm{N}(0, \sigma^2)$
> ◆ 根源的仮定：不均一分散 $\mathrm{Var}(u_i | X_i) = \sigma_i^2$，分布を特定せず（＝いかなる分布でもよい）

以上の議論より，根源的仮定に基づく回帰分析は，古典的回帰分析と比べ，より広い範囲のデータに適用可能であると言えます．一般に，定式化の誤り（misspecification）が分析結果へ響かない統計手法を，「**頑健**（robust）である」と称します．根源的仮定は，古典的仮定よりも前提条件が緩いため，より頑健なアプローチとなります．

なお，古典的回帰モデルのように，隅々まで仮定で固められたモデルを**パラメトリック**（parametric）モデルと呼びます．一方，根源的仮定においては，母回帰関数が一次式であるという前提を置きつつも，誤差項の分布を特定化しません．これは，**セミパラメトリック**（semi-parametric）と呼ばれる立場です．そして母回帰関数の関数型にすら仮定を置かないのが，第10章で触れたノンパラメトリック回帰であり，最も頑健なアプローチです．

11.1.2 不均一分散下のOLSの分散

誤差項 u_i の不均一分散(11.2)式を前提に，OLS推定量の分散を導出しまし

---

1) この式は不均一分散を X_i の関数として表現していますが，より一般的に，$\sigma_1^2, \sigma_2^2, ..., \sigma_n^2$ を n 個の未知パラメータと考えても問題ありません．

ょう．均一分散の場合（古典的仮定）と，何が異なるのでしょうか？　まず

$$A = \frac{1}{S_{XX}}, \quad B = \sum (X_i - \bar{X}) u_i \qquad (11.4)$$

と置き，OLSの誤差表現(5.11)を

$$\hat{\beta} = \beta + \sum w_i u_i = \beta + AB \quad \Leftrightarrow \quad \hat{\beta} - \beta = AB \qquad (11.5)$$

と変形します．すると，A が $X_1, X_2, ..., X_n$ の関数である点に気付けば

$$\begin{aligned} \mathrm{Var}(\hat{\beta} \mid X_1, X_2, ..., X_n) &= \mathrm{E}[(\hat{\beta} - \beta)^2 \mid X_1, X_2, ..., X_n] \\ &= \mathrm{E}(A^2 B^2 \mid X_1, X_2, ..., X_n) \\ &= A^2 \mathrm{E}(B^2 \mid X_1, X_2, ..., X_n) \end{aligned} \qquad (11.6)$$

となります．また標本の独立性から

$$\begin{aligned} \mathrm{E}(B^2 \mid X_1, X_2, ..., X_n) &= \mathrm{E}[\{\sum (X_i - \bar{X}) u_i\}^2 \mid X_1, X_2, ..., X_n] \\ &= \sum \mathrm{E}[(X_i - \bar{X})^2 u_i^2 \mid X_1, X_2, ..., X_n] \\ &= \sum (X_i - \bar{X})^2 \mathrm{E}(u_i^2 \mid X_1, X_2, ..., X_n) \\ &= \sum (X_i - \bar{X})^2 \mathrm{E}(u_i^2 \mid X_i) \\ &= \sum (X_i - \bar{X})^2 \sigma_i^2 \end{aligned} \qquad (11.7)$$

を得ます．以上の結果をまとめると，次式の通りです．

> **公式（根源的仮定下でのOLS推定量の分散）**
>
> 根源的仮定（誤差項の不均一分散）の下で，OLSの条件付き分散は
>
> $$\mathrm{Var}(\hat{\beta} \mid X_1, X_2, ..., X_n) = \frac{1}{S_{XX}^2} \sum (X_i - \bar{X})^2 \sigma_i^2 \qquad (11.8)$$

[証明]　前段で証明済み．■

公式(11.8)より，不均一分散を許容したOLS推定量の分散は，非常に複雑になることが明らかになりました．ここで，もし誤差項 u_i の分散が均一で $\sigma_i^2 = \sigma^2$ ならば(11.8)式は

$$\mathrm{Var}(\hat{\beta}|X_1, X_2, ..., X_n) = \frac{1}{S_{XX}^2}\sum(X_i-\bar{X})^2\sigma^2 = \frac{\sigma^2}{S_{XX}^2}\underbrace{\sum(X_i-\bar{X})^2}_{S_{XX}}$$
$$= \frac{\sigma^2}{S_{XX}} \tag{11.9}$$

になり，私たちが見慣れた OLS の分散(5.16)式と等しくなります．(11.8)式が複雑になる原因は，誤差項の不均一分散にあるのです．

11.2 漸近正規性に基づく仮説検定

11.2.1 OLS の漸近正規性

回帰係数 β の仮説検定を行うためには，OLS 推定量 $\hat{\beta}$ の分散を突き止めただけでは不十分であり，$\hat{\beta}$ の従う確率分布を導出する必要があります（第 5 章参照）．まず(11.5)式を，さらに

$$\hat{\beta}-\beta = AB \iff \hat{\beta}-\beta = nA\frac{1}{\sqrt{n}\sqrt{n}}B \iff \sqrt{n}(\hat{\beta}-\beta) = nA\frac{1}{\sqrt{n}}B \tag{11.10}$$

と書き換えます．ここで右辺の nA は，A の定義に従えば

$$nA = \frac{n}{S_{XX}} = \frac{n}{\sum(X_i-\bar{X})^2} = \frac{n}{(n-1)}\frac{1}{s_X^2} \approx \frac{1}{s_X^2} \tag{11.11}$$

なので，近似的に X_i の標本分散の逆数であることがわかります．したがって大数の法則（あるいはモーメントの収束，第 9 章を参照）により

$$\mathrm{plim}\, nA = \underbrace{\mathrm{plim}\left(\frac{n}{n-1}\right)}_{=1}\frac{1}{\mathrm{plim}\, s_X^2} = \frac{1}{\sigma_X^2} \tag{11.12}$$

となります．また $J_i = (X_i-\bar{X})u_i$ と置き $\frac{1}{\sqrt{n}}B$ を

$$\frac{1}{\sqrt{n}}B = \sqrt{n}\frac{1}{n}\sum(X_i-\bar{X})u_i = \sqrt{n}\frac{1}{n}\sum J_i = \sqrt{n}\bar{J} \tag{11.13}$$

と表現すれば，こちらは確率変数 J_i の標本平均 $\bar{J}$ に，$\sqrt{n}$ をかけた統計量となります．さらに，$n \to \infty$ のとき，J_i の期待値と分散が

$$\mathrm{E}(J_i) = 0, \quad c^2 = \mathrm{Var}(J_i) = \mathrm{E}[(X_i-\mu_X)^2\sigma_i^2] \tag{11.14}$$

となることは，容易に確認できます（章末付録を参照）．ゆえに中心極限定理(9.12)式が働き，次式を得ます．

$$\frac{1}{\sqrt{n}}B = \sqrt{n}\bar{J} \xrightarrow{\mathrm{d}} \mathrm{N}(0, c^2) \tag{11.15}$$

以上の議論から，OLS推定量 $\hat{\beta}$ と回帰係数 β の間には漸近的に

$$\hat{\beta} = \beta + \underbrace{\frac{1}{\sqrt{n}} \times 定数 \times 正規確率変数}_{正規分布に従う推定誤差} \tag{11.16}$$

という関係が成立します．ポイントは，中心極限定理による $\frac{1}{\sqrt{n}}B$ の正規近似です．

公式（OLS推定量の漸近正規性）

根源的仮定の下では，OLSは漸近正規推定量である．

$$\sqrt{n}(\hat{\beta}-\beta) \xrightarrow{\mathrm{d}} \mathrm{N}\left(0, \frac{1}{\sigma_X^4}c^2\right), \quad c^2 = \mathrm{E}[(X_i-\mu_X)^2\sigma_i^2] \tag{11.17}$$

[証明] 前段で証明済み． ∎

一方，古典的仮定（第5章）では，誤差項 u_i の正規性を仮定し，そこから $\hat{\beta}$ の正規性を示しました．

11.2.2 ホワイトの頑健な標準誤差による検定

公式(11.17)を変形すれば,OLS の漸近分布

$$\hat{\beta} \overset{a}{\sim} N(\beta, \mathrm{Avar}(\hat{\beta})) \tag{11.18}$$

を得ます.ここで漸近分散は

$$\mathrm{Avar}(\hat{\beta}) = \frac{1}{n\sigma_X^4} E[(X_i - \mu_X)^2 \sigma_i^2] \tag{11.19}$$

で与えられます.私たちは(11.18)式を標準化することにより,ようやく回帰係数 β に関する(漸近的な)Z 統計量

$$Z = \frac{\hat{\beta} - \beta}{\sqrt{\mathrm{Avar}(\hat{\beta})}} \overset{a}{\sim} N(0, 1) \tag{11.20}$$

を手にすることができます.さっそく上式を使って β の仮説検定,といきたいところですが,$\mathrm{Avar}(\hat{\beta})$ を推定しないことには,それができません.厄介なことに,$\mathrm{Avar}(\hat{\beta})$ は未知の σ_i^2 を含んでいます.

近年の実証分析では,$\mathrm{Avar}(\hat{\beta})$ を次の公式で推定するのが一般的です.

$$V = \frac{1}{ns_X^4} \cdot \frac{1}{n} \sum (X_i - \bar{X})^2 \hat{u}_i^2 = \frac{1}{n^2 s_X^4} \sum (X_i - \bar{X})^2 \hat{u}_i^2 \tag{11.21}$$

ここで $\hat{u}_i = Y_i - \hat{\alpha} - \hat{\beta} X_i$ は OLS 残差です.つまり上式は,未知である不均一分散 $E(u_i^2 | X_i) = \sigma_i^2$ を,推定可能な OLS 残差の 2 乗値 $\hat{u}_i^2$ で置き換えているわけです.White (1980) は,V が $\mathrm{Avar}(\hat{\beta})$ の一致推定量であることを証明しました.彼の名にちなみ,(11.21)式を**ホワイトの頑健な分散推定量**と呼びます.またその平方根

$$\mathrm{s.e.}(\hat{\beta}) = \sqrt{V} = \frac{1}{ns_X^2} \sqrt{\sum (X_i - \bar{X})^2 \hat{u}_i^2} \tag{11.22}$$

は**ホワイトの標準誤差**として知られています.

ホワイトの標準誤差は,均一分散の場合と比べてかなり複雑ですが,統計ソ

表11.1 標準誤差，t値の比較（被説明変数はマンション価格）

	係数	通常の分散		ホワイトの分散	
		標準誤差	t値	標準誤差	t値
定数項	1896.26	189.09	10.03	159.32	11.90
最寄駅所要時間	-36.79	10.01	-3.68	8.92	-4.13
築年数	-61.30	4.59	-13.35	3.62	-16.92
面積	60.14	2.21	27.19	2.69	22.36
ワンルーム	-544.81	161.23	-3.38	111.23	-4.90
修正済み決定係数	0.89				
サンプル数 n	194				

フトの標準誤差オプションを使えば簡単に得られます．例えばgretlのOLS変数設定ウィンドウで，左下端の「頑健標準誤差を使用する」という箇所をチェックすれば，OLSの標準誤差，t値がホワイトの方式に置き換わります．

例 表11.1は，中古マンション価格を表記の説明変数にOLS回帰した結果である．ただし比較のため，通常の方式とホワイトの方式による標準誤差，有意性のt値（漸近的なZ値）を併記している．

通常は，よほどの理由がない限り，二種類の標準誤差，t値を併記することはありません．誤差項分散の均一性という強い仮定に依らない，ホワイトのバージョンが好まれます．

11.2.3 結局，何が変わったのか？

第10章と第11章では，古典的仮定よりも緩い前提条件，根源的仮定の下でのOLS推定を考えてきました．ここまでで明らかになったのは，「古典的仮定の下で行ってきた分析の進め方を，ほぼそのまま踏襲してよい」という点です．OLS推定は，古典的仮定という窮屈な前提条件からスタートしましたが，実はかなり広範囲のデータに適用可能なテクニックなのです．肩すかしを食らった感がありますが，これは喜ばしい結論です．

> **Remark** 根源的仮定の下でも，これまで通り OLS 推定を使って大丈夫
> ◆ 回帰係数の推定：OLS で推定．OLS は不偏推定量・一致推定量．
> ◆ 仮説検定：t 検定（漸近的な Z 検定）．ただし標準誤差をホワイトの方式で求める．

いまだ不明な点は，OLS 推定量の漸近有効性，すなわち(11.18)式の分散が，競合するあらゆる漸近正規推定量の中で最小か否かです．古典的仮定の下では，ガウス・マルコフの定理により，OLS の有効性が示されました．残念ながら，根源的仮定だけでは，推定量の漸近分散のランキングができません．セミパラメトリック推定における漸近分散の検討は，入門レベルをはるかに超えるので，深入りは避けることとします．

また，第 8 章で学んだカイ 2 乗検定統計量も，誤差項分布の仮定に関し頑健化することが可能です．こちらも統計学の高度な理論を要するため，本書では扱いません．例えば，Wooldridge（2013）などをご参照下さい．

11.3 比例的不均一分散

11.3.1 不均一因子による分散の不均一性

(11.2)式の不均一分散は単に「観測によって誤差項の分散が異なる」ことを示しているだけで，具体的な分散構造を指定していません．しかしながら場合によっては，事前に分散の構造を特定化できることがあります．私たちは分散に関する情報を，係数の推定や検定に活かすことができるでしょうか？

本節では，u_i の条件付き分散が

$$\mathrm{E}(u_i^2 | X_i) = \sigma_i^2 = h_i \sigma^2 \tag{11.23}$$

であり，また h_i はデータとして観測できる状況を考えます（ただし $h_i > 0$ であるとする）．これを**比例的不均一分散**，また h_i を**不均一因子**と呼びます．(11.23)式で，分散のベースラインが σ^2 で固定され，h_i の違いで分散の不均一性が発生している点に注目しましょう．言うなれば h_i は，分散の違いを説明する「説明変数」ですね．なお，簡単化のため，h_i は非確率的な n 個の定数

表11.2 グループデータの例(「平成21年全国消費実態調査」より抜粋)

g	n_g	消費	可処分所得	子ども数	世帯主年齢	持家	共働き
1	166	26.70	39.03	0.00	26.90	19.20	1.00
2	514	28.33	41.79	0.00	34.10	36.60	1.00
3	366	32.09	47.14	0.00	44.70	70.10	1.00
⋮							
32	68	45.03	42.96	3.12	52.30	82.50	0.00

値であると仮定します.

11.3.2 例:グループ平均による回帰分析

はたしていかなる状況で,比例的な不均一分散が起こるのでしょうか? 典型的な例は,変数のグループ平均による回帰分析です.政府が行った調査データは,『○○年鑑』や『××白書』といった刊行物・サイトに掲載される際,グループ平均に集計・加工された状態で公開されます.ここでグループの数を G,グループ内の観測の数を

$$n_g, \quad g = 1, 2, ..., G \tag{11.24}$$

と置きます.例えば政府が全国10万人の消費支出を調査し,47都道府県・年齢7階級に分け,各グループの平均値を公開したとしましょう.すると,もともと $n = $ 10万あった観測は,$G = 47 \times 7 = 329$ 個のグループ平均に圧縮されます.

例 表11.2は,総務省統計局「平成21年全国消費実態調査」を一部抜粋・整理したものである.$n = 16480$ の家計が,世帯主の年齢や配偶者の就業状況により,$G = 32$ のグループに分けられ,その平均がレポートされている.

対して,集計・平均化される前のデータを**個票データ**(**マイクロデータ**)と呼びます.政府実施の調査の個票データは通常,政府関係者・研究者以外アク

11.3 比例的不均一分散

セスできません.そこで,一般公開された集計(平均)値を用いて回帰分析を行うことを考えましょう.

まず,集計前の個票に基づく回帰式を

$$\text{個票}: Y_{jg} = \alpha + \beta X_{jg} + u_{jg}, \quad j = 1, 2, ..., n_g, \quad g = 1, 2, ..., G \tag{11.25}$$

と置きます(観測 j は必ず,グループ $g = 1, 2, ..., G$ のいずれかに属しています).各グループごとに上式両辺の平均をとれば,

$$\frac{1}{n_g}\sum_j Y_{jg} = \alpha + \beta \frac{1}{n_g}\sum_j X_{jg} + \frac{1}{n_g}\sum_j u_{jg}$$
$$\Rightarrow \quad \text{グループ平均}: \bar{Y}_g = \alpha + \beta \bar{X}_g + \bar{u}_g, \quad g = 1, 2, ..., G \tag{11.26}$$

を得ます.したがって $(\bar{X}_g, \bar{Y}_g)$ を「サンプル数 G」の標本とみなし,$\bar{Y}_g$ を $\bar{X}_g$ に OLS 回帰すれば回帰係数 α, β を推定することができます.

問題は,グループ平均化された回帰モデルの誤差項の分散です.簡単化のため,個票による(11.25)式の段階では,$\bar{X}_g$ が与えられたときの分散は均一であるとしましょう.

$$\mathrm{E}(u_{jg}^2 \mid \bar{X}_g) = \sigma^2 \tag{11.27}$$

しかし(11.26)の分散は,次の通りグループ内の観測数 n_g に反比例します.

> **公式**(グループ平均化された回帰モデルの誤差項の分散)
>
> $\bar{Y}_g$ を $\bar{X}_g$ に回帰すると,その誤差項 $\bar{u}_g$ の分散は
>
> $$\mathrm{E}(\bar{u}_g^2 \mid \bar{X}_g) = \frac{1}{n_g}\sigma^2 \tag{11.28}$$

[証明] 復習問題とする. ∎

(11.28)式はグループ内サンプル数 n_g の逆数を不均一因子とする,比例的不均一分散の一種です.興味深いのは,n_g が多いグループほど分散が縮小する点です.この性質は,$\bar{Y}_g$ は平均値なので,n_g が多いほど精度が上がる(分散

が小さくなる）ことに由来します（第3章を参照）．

11.4 加重最小2乗法（WLS）

11.4.1 ウェイト付き回帰の WLS 推定

さて，比例的な不均一分散の一般論に話を戻しましょう．誤差項の条件付き分散が(11.23)式で与えられる回帰モデル

$$Y_i = \alpha + \beta X_i + u_i, \quad \mathrm{E}(u_i^2 | X_i) = h_i \sigma^2 \tag{11.29}$$

に関し，その両辺を $\sqrt{h_i}$ で割った

$$\underbrace{\frac{1}{\sqrt{h_i}} Y_i}_{=\tilde{Y}_i} = \alpha \underbrace{\frac{1}{\sqrt{h_i}}}_{=I_i} + \beta \underbrace{\frac{1}{\sqrt{h_i}} X_i}_{=\tilde{X}_i} + \underbrace{\frac{1}{\sqrt{h_i}} u_i}_{=\tilde{u}_i} \quad \Rightarrow \quad \tilde{Y}_i = \alpha I_i + \beta \tilde{X}_i + \tilde{u}_i \tag{11.30}$$

を**ウェイト付き回帰**と呼びます．第8章で見た変数の変換と同じ要領で，事前に $\tilde{Y}_i, I_i, \tilde{X}_i$ を作っておけば，上式の OLS 推定は実行可能です．ただし，ウェイト付き回帰では定数項がなくなり，α が変数 I_i（$\sqrt{h_i}$ の逆数）の係数として現れる点に注意しましょう．$\tilde{Y}_i$ を $I_i, \tilde{X}_i$ に回帰して α と β を OLS 推定することを，**加重最小2乗法**（WLS）と呼びます．

(11.30)式の WLS 推定は，もともとの回帰モデル(11.29)式の OLS 推定と何が異なるのでしょうか？　まず誤差項 $\tilde{u}_i$ の条件付き期待値をとれば

$$\mathrm{E}(\tilde{u}_i | X_i) = \mathrm{E}\left(\frac{1}{\sqrt{h_i}} u_i \Big| X_i\right) = \frac{1}{\sqrt{h_i}} \underbrace{\mathrm{E}(u_i | X_i)}_{=0} = 0 \tag{11.31}$$

なので，外生性条件は満たされています．また h_i が説明変数の一種だと考えれば，(X_i, h_i, Y_i) が異なる観測で互いに独立であると仮定するのは自然です．ゆえに，(11.30)式に OLS を適用することで得られる WLS は，OLS と同様に不偏性・一致性・漸近正規性を持ちます．

(11.30)式と(11.29)式の決定的な違いは，誤差項の条件付き分散です．(11.30)式の誤差項 $\tilde{u}_i$ の条件付き分散は

11.4 加重最小2乗法（WLS）

$$\mathrm{Var}(\tilde{u}_i|X_i) = \mathrm{E}(\tilde{u}_i^2|X_i) = \mathrm{E}\left(\frac{1}{h_i}u_i^2\bigg|X_i\right) = \frac{1}{h_i}\underbrace{\mathrm{E}(u_i^2|X_i)}_{=h_i\sigma^2} = \frac{1}{h_i}h_i\sigma^2 = \sigma^2 \quad (11.32)$$

であり，見事に均一分散となっています．

> **Remark** WLS の効能
> 誤差項に比例的な不均一分散があるならば，不均一因子を利用した $I_i = \frac{1}{\sqrt{h_i}}$ で変数 X_i, Y_i をウェイト付けすることで，均一分散へ補正できる．

gretl で実行する場合は，まず上部メニューバーから「モデル（M）」→「その他の線形モデル（I）」→「加重最小二乗法（W）」と選んで WLS ウィンドウを出現させます．このポップアップウィンドウ上で，説明変数・被説明変数とともにウェイトとなる変数を指定しましょう．

11.4.2 OLS vs. WLS：モンテカルロ実験による検証

先に述べた通り，比例的な不均一分散があっても，OLS は回帰係数の一致推定量となります．そこであえて WLS を使うメリットは，どこにあるでしょうか？　まず，(11.30)式は均一分散なので，WLS は通常の，均一分散を前提とした標準誤差，t 値の計算をそのまま使えます．ただしこれはホワイトの頑健な標準誤差で対処できる問題なので，現在はそれほど積極的な理由となり得ません．

WLS の最大の利点は，有効性，すなわち推定精度の改善です．第5章のガウス・マルコフの定理を，改めて思い出しましょう．OLS が最小分散となるための条件の一つが，誤差項分散の均一性(CA3)式でした．逆に言えば，誤差項が不均一分散ならば，それを均一分散に補正することで，推定効率を改善させる余地があることになります．すなわち OLS 推定は，比例的不均一分散という，モデルの構造を利用し尽くしていないのです．

> **Remark** WLS により，不均一分散を均一分散に補正する意義
> 有効性（推定精度）の改善．

ただし WSL の有効性は，小標本理論からの類推に過ぎません．漸近理論

($n \to \infty$) に基づく回帰分析でこの点を議論するのは，より細かい条件の精査を要します．そこで，簡単なシミュレーションで WLS の分散が OLS のそれよりも小さくなるかどうか確認しましょう．コンピュータ上で既知の母集団モデルからデータを発生させ，そのデータに特定の推定法（例えば OLS と WLS）を適用することで性能を検証する実験を，**モンテカルロ実験**と呼びます．

Remark　モンテカルロ実験の手順
1. まずモデルとパラメータの値を設定（パラメータの真の値をあらかじめ知っている点が，この実験のポイント）．
2. 次のステップを r 回繰り返し，r 個の推定値を記録．
   (a) コンピュータで，モデルからサンプル数 n の擬似データを発生．
   (b) その擬似データに特定の推定法を適用し，推定値を記録．
3. r 個の推定値をもとに，その推定法の性能を検証．

OLS vs. WLS のモンテカルロ実験を始めましょう．まずサンプル数を $n = 50$ とします．回帰係数を $\alpha = 1$, $\beta = 1$ と置いた次の回帰モデルを推定します．

$$Y_i = 1 + X_i + \underbrace{\sqrt{h_i}\tilde{u}_i}_{= u_i} \tag{11.33}$$

ここで X_i と $\tilde{u}_i$ および h_i は，次の分布から発生させます．

$$X_i \sim N(0, 1), \quad u_i \sim \text{Uni}(0, 4\sqrt{12}), \quad h_i \sim \text{Uni}(0, 1) \tag{11.34}$$

ただし Uni(a, b) は，区間 (a, b) の実数が等確率で出る一様分布です．このデータ発生プロセスから得た擬似データに OLS と WLS をかけ，推定値を記録します．この実験では $r = 10{,}000$ 回の反復を行いました．

モンテカルロ実験の結果は，図11.1のヒストグラムが示す通りです．明らかに OLS よりも WLS のほうが安定していますね（標準偏差は OLS が0.452, WLS が0.312です）．なお，OLS, WLS の平均値はそれぞれ1.003, 0.999で，真の値 $\beta = 1.000$ とほぼ一致します．これは両者が回帰係数の不偏推定量・一致推定量であることの裏付けです．また誤差項 u_i が正規分布に従わないのに，

11.4 加重最小2乗法 (WLS)

図11.1 モンテカルロ実験：OLS vs. WLS ($n = 50$)

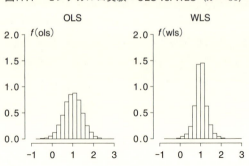

両者の分布はかなりきれいな釣り鐘型を成しています．中心極限定理により，$n = 50$ 程度でも，OLS と WLS がうまく正規近似される様子が見て取れます．

例 表11.2のデータを用い，家計の消費を所得およびその他の属性に回帰した．推定結果は表11.3の通りである．推定値は OLS と WLS でさほど変わらないが，後者の t 値が大きくなっている．

11.4.3 不均一分散へのアプローチ：まとめと比較

本章で扱った不均一分散の論点をまとめると，次の通りです．ポイントは，誤差項の分散に関する仮定は，OLS の不偏性・一致性に何ら関与しないという事実です．不偏性・一致性に関する本質的な仮定は，第10章の外生性の仮定 (FA1) です（外生性の仮定が成立せず，OLS にバイアスが発生するケースは，第12章・第13章で分析します）．不均一分散により影響が出るのは，あくまで OLS の分散です．

> **Remark** 不均一分散へのアプローチ
> 1. ホワイトの頑健な分散推定：不均一分散の状況で，いかに正しく OLS の標準誤差や t 値を評価するか．
> 2. WLS：比例的な不均一分散の構造を利用して，推定の精度を改善．

表11.3 グループデータによる消費関数の推定

	OLS		WLS	
	係数	t 値	係数	t 値
定数項	−9.33	−3.05	−8.39	−4.18
可処分所得（万円）	0.57	4.27	0.50	5.77
子どもの数	2.22	6.48	2.79	7.42
世帯主年齢	0.67	6.17	0.72	7.86
持家ダミー	−0.19	−4.40	−0.22	−6.02
共働きダミー	−1.02	−0.86	0.17	0.19
修正済み決定係数	0.92		0.95	
グループ数 G	32		32	

ホワイトの研究が広まる以前は，WLS は有効性の改善に加え，正しい標準誤差，t 値を得る手段としておもに使われていました．しかし WLS は誤差項の分散構造に強い仮定を置くため，あまり頑健なアプローチとは言えません．一般に分散の構造は分析者にとって未知であり，そのため現在の実証分析では，「OLS＋ホワイトの標準誤差」が圧倒的な人気を誇っています．もちろん本章で見たグループ平均による回帰分析のように，理論上・定義上比例的な不均一分散が発生するケースもあります．そういった状況では，ぜひ WLS を使って推定効率を改善させて下さい．

最後になりますが，WLS とホワイトの手法は，決して二律背反ではありません．比例的な不均一分散を一般化した

$$\mathrm{E}(u_i^2 \mid X_i) = h_i \sigma_i^2 \tag{11.35}$$

を考えましょう．上式ではベースラインの分散 σ_i^2 がすでに不均一なので，WLS により不均一因子 h_i をコントロールしてもなお不均一性が残ります．しかしこれは，ホワイトの頑健な分散推定で対処できます．すなわち，まず係数の推定を WLS で行い，次いでホワイトに従って標準誤差や t 値を求めればよいのです．

> **復習問題**

問題 11.1 なぜ通常の OLS の分散ではなく，ホワイトの分散に基づく標準誤差，t 値を見たほうがよいのか？　簡潔に説明せよ．

問題 11.2 公式 (11.28) を証明せよ．

問題 11.3 真の分散構造が (11.23) 式であるときに，分析者がそれを知らずに h_i ではなく別の変数 s_i を使った WLS をかけたとする．$\frac{1}{\sqrt{s_i}}$ でウェイト付き回帰モデルを仕立てたとき，そのモデルの誤差項の分散を求めよ．

> **章末付録**

証明 (11.14)　$X_1, X_2, ..., X_n$ が与えられた下での $J_i = (X_i - \bar{X})u_i$ の条件付き期待値と分散はそれぞれ

$$
\begin{aligned}
\mathrm{E}(J_i | X_1, X_2, ..., X_n) &= \mathrm{E}[(X_i - \bar{X})u_i | X_1, X_2, ..., X_n] \\
&= (X_i - \bar{X})\underbrace{\mathrm{E}(u_i | X_1, X_2, ..., X_n)}_{\mathrm{E}(u_i | X_i) = 0} = 0 \quad (11.36)
\end{aligned}
$$

$$
\begin{aligned}
\mathrm{Var}(J_i | X_1, X_2, ..., X_n) &= \mathrm{E}(J_i^2 | X_1, X_2, ..., X_n) \\
&= \mathrm{E}[(X_i - \bar{X})^2 u_i^2 | X_1, X_2, ..., X_n] \\
&= (X_i - \bar{X})^2 \underbrace{\mathrm{E}(u_i^2 | X_1, X_2, ..., X_n)}_{\mathrm{E}(u_i^2 | X_i) = \sigma_i^2} = (X_i - \bar{X})^2 \sigma_i^2 \quad (11.37)
\end{aligned}
$$

双方に繰り返し期待値の法則を適用し，$\mathrm{plim}\,\bar{X} = \mu_X = \mathrm{E}(X_i)$ を用いることで，(11.14) 式を得る．　∎

第12章 内生性と操作変数法

第10章の結果より，根源的仮定，すなわち外生性と独立標本の仮定が成立するデータならば，OLS推定量は回帰係数の一致推定量となります．しかし実際に私たちが分析で使う非実験データは，外生性の仮定を満たさない**内生性問題**を伴うことがあります．本章はまず，いかなるメカニズムで内生性が起こり，結果としてOLSにどのようなバイアスが発生するのかを考えます．そしてその対処法として，新たな推定法，操作変数法を学びます．第1章冒頭および第6章後半で述べた通り，計量経済学の目標は「非実験データによる因果関係の実証」です．本章および第13章は，その総まとめとなります．

12.1 内生性問題

12.1.1 外生性と OLS 推定量の一致性：再考

私たちは第10章において，線形回帰モデル

$$Y_i = \alpha + \beta X_i + u_i \tag{12.1}$$

に関し，OLS推定量 $\hat{\beta}$ の一致性（$\text{plim}\,\hat{\beta} = \beta$）を証明しました．サンプル数が $n \to \infty$ のとき，OLS推定量の確率極限は一般に

$$\hat{\beta} = \beta + \frac{s_{Xu}}{s_X^2} \xrightarrow{\text{確率極限}} \text{plim}\,\hat{\beta} = \beta + \frac{\text{Cov}(X_i, u_i)}{\text{Var}(X_i)} \tag{12.2}$$

12.1 内生性問題

で与えられました．このとき根源的仮定の一つ，外生性の仮定(FA1)が成立するならば $\mathrm{Cov}(X_i, u_i) = 0$ で無相関なので，これを上式に代入することで

$$\mathrm{plim}\,\hat{\beta} = \beta + \frac{0}{\mathrm{Var}(X_i)} = \beta \tag{12.3}$$

が得られるのでした．説明変数 X_i が外生変数ならば，サンプル数 n が十分多いとき，OLS で得られた推定値 $\hat{\beta}$ を未知の β とみなしても間違いないわけです．

なぜ X_i と u_i が無相関だと OLS で係数 β を一致推定できるのか，模式図で考察してみましょう．次式は，(12.1)式の回帰モデルに登場する三つの確率変数，(X_i, Y_i, u_i) の関係を表したイメージです．

$$\begin{array}{c} (((X_i))) \\ \vdots \qquad \searrow \\ \text{独立な振動} \qquad (((Y_i)))! \\ \vdots \qquad \nearrow \\ (((u_i))) \end{array} \tag{12.4}$$

Y_i は X_i と u_i からの「波」を受けて変動しますが，私たちが観測できるのは X_i と Y_i のみです．いま，X_i が外生変数であり，u_i と独立に振動しているとしましょう．この場合私たちは，たとえ u_i を観測せずとも，X_i から Y_i に伝わった「波」の大きさを正確に知ることができます．また u_i から来た「波」は，X_i が引き起こした Y_i の変動の残余として，間接的に測られます．

12.1.2 内生性バイアス：OLS の敗北

ここで，外生性の仮定(FA1)が成立しないデータに OLS を適用してみましょう．外生性を満たさず，誤差項 u_i と相関する説明変数 X_i を，**内生変数**と呼びます．この場合 $\mathrm{Cov}(X_i, u_i) \neq 0$ なので，OLS の確率極限は

$$\mathrm{plim}\,\hat{\beta} = \beta + \frac{\overset{\neq 0}{\overline{\mathrm{Cov}(X_i, u_i)}}}{\mathrm{Var}(X_i)} = \beta + \mathrm{bias}(\hat{\beta}) \neq \beta \tag{12.5}$$

であり，OLS は回帰係数 β の一致推定量になりません．上式で発生している，OLS と真の回帰係数の漸近的なズレ，

$$\text{bias}(\hat{\beta}) = \frac{\text{Cov}(X_i, u_i)}{\text{Var}(X_i)} \tag{12.6}$$

を，**内生性バイアス**と呼びます．かくしてこの状況下では，$\hat{\beta}$ は内生性バイアスの分だけ，真の β から外れた，見当違いの値をとりがちになるのです．OLS は，$\text{Cov}(X_i, u_i) > 0$ ならば X_i の Y_i への影響を過大評価し，$\text{Cov}(X_i, u_i) < 0$ ならば過小評価します．

X_i と u_i の相関により OLS が失敗する理由を，再び模式図で考えましょう．

$$\begin{array}{c} (((X_i))) \\ \uparrow \quad \searrow \\ 共振 \quad\quad (((Y_i)))? \\ \uparrow \quad \nearrow \\ (((u_i))) \end{array} \tag{12.7}$$

この場合，データとして確認できる「$X_i \to Y_i$」の変動は，一部「$u_i \to Y_i$」の変動を含んでしまいます．そのため私たちは，純粋に「$X_i \to Y_i$」だけを識別することができなくなるのです．内生性バイアスのメカニズムは，第 6 章で学んだ除外変数バイアスのそれとよく似ていますね．

> **Remark** 内生性バイアスの原因は，説明変数 X_i と誤差項 u_i の相関にあり
>
> 外生性：$\text{Cov}(X_i, u_i) = 0 \Rightarrow \text{plim}\,\hat{\beta} = \beta + \frac{\overbrace{\text{Cov}(X_i, u_i)}^{=0}}{\text{Var}(X_i)} = \beta \tag{12.8}$
>
> 内生性：$\text{Cov}(X_i, u_i) \neq 0 \Rightarrow \text{plim}\,\hat{\beta} = \beta + \frac{\overbrace{\text{Cov}(X_i, u_i)}^{\neq 0}}{\text{Var}(X_i)} \neq \beta \tag{12.9}$

X_i が意図的にランダムに与えられる実験データ（第 6 章）では，X_i が u_i と相関しないようにデザインされているので，内生性バイアスの心配は無用です．ゆえに内生性は，非実験データ特有の問題と言えます．通常の統計学のテ

キストで内生性バイアスに言及しないのは，実験データを前提にしているためです．

X_i が内生変数ならば，OLS で回帰係数の一致推定ができないため，私たちは OLS に代わる新たな推定法を模索する必要があります．内生性に対する一般的な解決法を論じる前に，次節では X_i が内生変数となる次の二つのケース，観測不可能な個体属性と同時方程式モデルを詳しく見ていきます[1]．

12.2 内生性の発生するケース

12.2.1 観測不可能な個体属性

内生性問題が生じる例として，次の回帰モデルの OLS 推定を考えましょう．

$$Y_i = \alpha + \beta X_i + a_i + v_i \tag{12.10}$$

ただし a_i は，個体 i が持つ**観測不可能な個体属性**で，簡単化のため平均的に $E(a_i) = 0$ と仮定します．一方 v_i は，通常の意味での確率的な誤差です．説明変数 X_i は誤差項 v_i に関しては外生的だが，a_i とは相関すると仮定します．

$$\text{Cov}(X_i, v_i) = E(X_i v_i) = 0, \quad \text{Cov}(X_i, a_i) = E(X_i a_i) \neq 0 \tag{12.11}$$

私たちが a_i の存在を無視して OLS 回帰をかけると，a_i は誤差項に取り込まれ，直面するモデルは次の通りとなります．

$$Y_i = \alpha + \beta X_i + u_i, \quad u_i = a_i + v_i \tag{12.12}$$

上式の誤差項 u_i と X_i の共分散を求めると，

$$\text{Cov}(X_i, u_i) = E(X_i u_i) = \underbrace{E(X_i a_i)}_{=\text{Cov}(X_i, a_i)} + \underbrace{E(X_i v_i)}_{=0} = \text{Cov}(X_i, a_i) \neq 0 \tag{12.13}$$

となります．したがって上式を (12.5) 式に代入すれば

---

[1] 内生性のもう一つの代表例が，X_i が観測誤差を伴うケースです．紙面の都合により，本書はこの問題を省略します．詳しくは山本（1995）などをご覧下さい．

$$\mathrm{plim}\,\hat{\beta} = \beta + \frac{\mathrm{Cov}(X_i, a_i)}{\mathrm{Var}(X_i)} \neq \beta \tag{12.14}$$

で，OLS に**除外変数バイアス**が生じます．上式の $\hat{\beta}$ は a_i が Y_i に与える影響をも拾ってしまうため，X_i から Y_i への影響 β を過大評価・過小評価してしまいます．例えば $\mathrm{Cov}(X_i, a_i) > 0$ ならば，$\hat{\beta}$ は β を過大評価します．第 6 章で見た除外変数バイアスと同じ構造ですね．

もし a_i が観測できる変数ならば，a_i をコントロール変数に入れ「a_i を一定にした」重回帰をすることで，バイアスを回避できます．したがって除外変数バイアスの問題の本質は，「a_i が観測不可能であること」にあります．このことは，第 6 章の最後で，コントロール変数アプローチの限界として指摘しました．

具体例として，教育の人的資本形成に関する実証分析を考えましょう．労働経済学や教育経済学では，給与所得者の年収（wage_i）を就学年数（educ_i）およびコントロール変数群（others_i：年齢や性別，業種ダミーなど）に回帰し，追加的な教育により i が享受する私的リターンを測ろうと試みます．

$$\mathrm{wage}_i = \alpha + \beta_1 \mathrm{educ}_i + \beta_2 \mathrm{others}_i + a_i + v_i \tag{12.15}$$

上式の a_i は，個人 i の生まれつきの能力を集約した変数で，認知能力やコミュニケーション能力，家庭の財力，あるいは人間性といった漠然とした個体差を含みます．これらの能力は wage_i に影響する一方で，educ_i の選択も左右し得ます．また観測可能な変数群 others_i で，a_i の効果を完全にコントロールするのは難しいでしょう．以上のことから，educ_i の係数 β_1 の OLS 推定値 $\hat{\beta}_1$ は，除外変数バイアスを伴う可能性があります．

OLS による教育のリターン推定をめぐる問題は，次のようなイメージでとらえることができます．

12.2 内生性の発生するケース

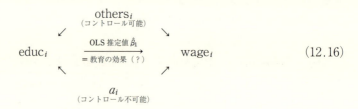
(12.16)

要するに,「教育が賃金を上げるのか,もともとの能力が賃金を上げるのか区別できない」状況です.私たちはしばしば,上記のフォーマットに乗る問題に直面します.第1章の補習効果や,第6章の喫煙が健康に与える影響の分析は,その一例です.これらの共通点は,分析者が効果を評価したい説明変数 X_i の量が,個人 i の自己選択で決まっている点です.そのため,X_i が i の個人属性 a_i と相関するのです.一方,X_i を本人の意思と独立に,ランダムに与える無作為化実験では,X_i と a_i との相関は起こりません.

12.2.2 同時方程式モデル

個人・社会の運行をありのままに観測した非実験データでは,変数間の相互依存関係が**同時方程式モデル**をなす場合もあります.

$$X_i \to Y_i : Y_i = \alpha + \beta X_i + u_i \tag{12.17}$$

$$Y_i \to X_i : X_i = \gamma_0 + \gamma_1 Y_i + v_i \tag{12.18}$$

上式は「$X_i \to Y_i \to X_i \to Y_i \to \cdots$」という,$X_i$ と Y_i の**フィードバック構造**を表しており,私たちが観測する標本 (X_i, Y_i) は,二つの式で同時決定される均衡点(解)と理解されます.簡単化のため,上式の誤差項について $\mathrm{E}(u_i) = \mathrm{E}(v_i) = 0$ と仮定します.また u_i の分散および (u_i, v_i) の共分散は

$$\mathrm{E}(u_i) = \sigma_u^2, \quad \mathrm{E}(u_i v_i) = 0 \tag{12.19}$$

であるとします.

いま,二本の同時方程式を X_i について解き,整理すると次式を得ます.

$$X_i = \underbrace{\frac{\gamma_0+\alpha\gamma_1}{1-\beta\gamma_1}}_{=\pi_0}+\underbrace{\frac{1}{1-\beta\gamma_1}}_{=\pi_1}(\gamma_1 u_i + v_i) = \pi_0+\pi_1(\gamma_1 u_i + v_i) \qquad (12.20)$$

上式より X_i は，(12.17)式における誤差項 u_i を含むため，u_i と相関するはずです．実際に X_i と u_i の共分散を求めてみると，

$$\mathrm{Cov}(X_i, u_i) = \mathrm{E}(X_i u_i) = \mathrm{E}[\pi_0 u_i + \pi_1(\gamma_1 u_i^2 + u_i v_i)]$$

$$= \pi_0\underbrace{\mathrm{E}(u_i)}_{=0}+\pi_1\gamma_1\underbrace{\mathrm{E}(u_i^2)}_{=\sigma_u^2}+\pi_1\underbrace{\mathrm{E}(u_i v_i)}_{=0} \qquad (12.21)$$

$$= \frac{\gamma_1\sigma_u^2}{1-\beta\gamma_1} \neq 0$$

となります．かくして，上式を(12.5)式に代入・整理すれば

$$\mathrm{plim}\,\hat{\beta} = \beta + \frac{\gamma_1}{1-\beta\gamma_1}\frac{\sigma_u^2}{\sigma_X^2} \neq \beta, \quad \sigma_X^2 = \mathrm{Var}(X_i) \qquad (12.22)$$

で，やはり OLS 推定量にバイアスが発生します．

説明変数と被説明変数の相互依存関係（フィードバック）によって生じる OLS のバイアスを特に，**同時性バイアス**と呼びます．もしここで $\gamma_1=0$，つまり(12.18)による「$Y_i \to X_i$」のフィードバックが存在しなければ，(12.21)式は

$$\mathrm{Cov}(X_i, u_i) = \frac{\gamma_1\sigma_u^2}{1-\beta\gamma_1} = \frac{0\cdot\sigma_u^2}{1-\beta\cdot 0} = 0 \qquad (12.23)$$

なので，X_i の内生性は起こりません．また興味深いことに，同時性バイアスは，X_i の変動 σ_X^2 が u_i の変動 σ_u^2 に比して大きいほど縮小する傾向があります．

例えば「警官数（$police_i$）の増加は，犯罪（$crime_i$）に対し抑止効果があるか」を実証したい分析者が，次の回帰モデルを OLS 推定したとします．

$$crime_i = \alpha + \beta_1\,police_i + \beta_2\,others_i + u_i \qquad (12.24)$$

一方，各地域の警官数は決してランダムに決まるものではないでしょう．おそらく犯罪の多い地域ほど警官が多く配備されているはずです．すなわち

$$\text{police}_i = \gamma_0 + \gamma_1 \text{crime}_i + \gamma_2 \text{others}_i + v_i \qquad (12.25)$$

というフィードバック（警官への需要）の存在です．分析者がこの構造に気付かず(12.24)式を OLS 推定すると，推定値 $\hat{\beta}_1$ に同時性バイアスが発生します．この分析例で起こっている同時性を視覚的に示せば，次の通りです．

$$
\begin{array}{c}
\text{police}_i \xrightarrow[\text{= 抑止効果 (?)}]{\text{OLS推定値} \hat{\beta}_1} \text{crime}_i \\
\text{police}_i \xleftarrow[\text{警官への需要}]{\text{フィードバック}} \text{crime}_i \\
\nwarrow \qquad \nearrow \\
\text{others}_i
\end{array}
\qquad (12.26)
$$

「警官数をランダムに増減する」実験を行えば，フィードバックはなくなり OLS で β_1 の一致推定が可能です．しかしそれは理想論です．この例以外にも，同時方程式で描写され得る自然・社会現象は多数あります（復習問題を参照）[2]．経済学で重要なのは，第13章で扱う「市場均衡モデル」です．

12.3 操作変数法（Ⅳ）

12.3.1 操作変数がもたらす外生ショック

(12.5)式が示すように，OLS の内生性バイアスの原因は，説明変数 X_i と誤差項 u_i の相関・共変動，$\text{Cov}(X_i, u_i) \neq 0$ です．X_i と u_i の連鎖を断ち切る一つの方法は，X_i をランダムに与える無作為化実験を行うことです．しかしこれまで繰り返してきたように，倫理面やコストの観点から，社会科学の実証分析のための実験は困難です．

---

[2] 生態系の同時方程式として有名なのが，捕食者・被捕食者（predator-prey）モデルです．例えば草原 i に住むキツネの数を X_i，ウサギの数を Y_i と置けば，両者の関係は (12.17)式と(12.18)式で表現されます．したがって「キツネが増えることによるウサギの減少効果」を OLS 推定しようとすると，「ウサギが減るとキツネが減る」フィードバックにより，同時性バイアスが生じます．一部地域でキツネを野に放す実験ができればよいのですが，これは生態系を崩すので難しそうですね．

ここで，次のような状況を考えましょう．いま私たちは，回帰モデル(12.1)式の説明変数 X_i でも被説明変数 Y_i でもない，第三の変数 Z_i を観測できるものと仮定します．この Z_i は X_i だけに作用し，u_i とは独立です（下図参照）．

$$
\begin{array}{ccc}
Z_i & \rightarrow & X_i \\
\updownarrow & & \searrow \\
\text{共振} & & Y_i \\
\updownarrow & & \nearrow \\
u_i & &
\end{array}
\qquad (12.27)
$$

Z_i はシステム（回帰モデル）の外から X_i に対し**外生ショック**（exogenous shocks）を与え，u_i とは独立な X_i の変動・個体差を生じさせます．Z_i の変動が X_i へ，X_i の変動が Y_i へと伝わることにより，Z_i は Y_i を動かします．したがって「$Z_i \to X_i \to Y_i$」という玉突き的な変動の全体から，「$Z_i \to X_i$」に起因する度合いを割り引くことで，「$X_i \to Y_i$」が識別できそうです．この Z_i を，**操作変数**（instrumental variables；IV）と呼びます．

操作変数を数学的に定義すれば，以下の通りです．

仮定（操作変数の定義）

次の二つの性質を満たす Z_i を，操作変数と呼ぶ．
- ◆ Z_i の外生性 ：$\mathrm{E}(u_i | Z_i) = 0$ (IV1)
- ◆ Z_i と X_i の相関：$\mathrm{E}(X_i | Z_i) \neq 0$ (IV2)

(IV1)式に対し，公式(10.30)，公式(10.33)の導出法をそのまま適用すれば，

$$
\underbrace{\mathrm{E}(u_i | Z_i) = 0}_{\text{外生性}} \Rightarrow \underbrace{\begin{cases} \mathrm{E}(u_i) = 0 \\ \mathrm{E}(Z_i u_i) = 0 \end{cases}}_{\text{直交}} \Rightarrow \underbrace{\mathrm{Cov}(Z_i, u_i) = 0}_{\text{無相関}} \qquad (12.28)
$$

また同様に(IV2)式より $\mathrm{Cov}(Z_i, X_i) \neq 0$ がただちに従います．

12.3 操作変数法（IV）

> **公式**（操作変数が満たす条件）
>
> 操作変数の定義(IV1)式，(IV2)式は，それぞれ次式を意味する．
> ◆ Z_i の外生性　　：$\mathrm{Cov}(Z_i, u_i) = 0$ 　　　　　　　　　　　(IV1′)
> ◆ Z_i と X_i の相関：$\mathrm{Cov}(Z_i, X_i) \neq 0$ 　　　　　　　　　　　(IV2′)

[証明] 前段で証明済み． ∎

> **Remark** 操作変数 Z_i のアイディア
>
> 誤差項 u_i とは独立に，X_i だけに作用する変数 Z_i を使えば，X_i から Y_i への影響を突き止めることが可能．

12.3.2 操作変数推定量

さて，操作変数 Z_i の外生性から得られる二つの直交条件，$\mathrm{E}(u_i) = 0$，$\mathrm{E}(Z_i u_i) = 0$ に誤差項 $u_i = Y_i - \alpha - \beta X_i$ を代入すると，

$$\mathrm{E}(Y_i - \alpha - \beta X_i) = 0, \quad \mathrm{E}[(Y_i - \alpha - \beta X_i)Z_i] = 0 \tag{12.29}$$

を得ます．私たちは第10章で，説明変数 X_i の外生性に基づくモーメント法から OLS を導出しました．しかしそのとき用いた直交条件は，今や適用できません．そこで，(12.29)式を新たな母集団モーメントに置き，回帰係数のモーメント推定を考えましょう．Z_i が外生変数であるならば，理論上，未知の係数 α, β はこの新しいモーメント条件(12.29)の解となっているはずです．実際に解いてみれば，次の公式を得ます．

> **公式**（母回帰係数）
>
> 母集団モーメントの解として母回帰係数を表すと，
>
> $$\alpha = \mathrm{E}(Y_i) - \beta \mathrm{E}(X_i), \quad \beta = \frac{\mathrm{Cov}(Z_i, Y_i)}{\mathrm{Cov}(Z_i, X_i)} \tag{12.30}$$

[証明] 公式(10.49)式と同様の手順で示される． ∎

理論上のモーメント条件(12.29)に対する標本モーメントは，期待値を平均値で置き換えた

$$\frac{1}{n}\sum(Y_i-\hat{\alpha}-\hat{\beta}X_i) = 0, \quad \frac{1}{n}\sum(Y_i-\hat{\alpha}-\hat{\beta}X_i)Z_i = 0 \tag{12.31}$$

です．上式を解けば，**操作変数（IV）推定量**が得られます．

> **公式 (IV 推定量)**
>
> (12.29)式に対応する標本モーメントより，
>
> $$\hat{\alpha}_{IV} = \bar{Y}-\hat{\beta}_{IV}\bar{X}, \quad \hat{\beta}_{IV} = \frac{\sum(Z_i-\bar{Z})(Y_i-\bar{Y})}{\sum(Z_i-\bar{Z})(X_i-\bar{X})} = \frac{S_{ZY}}{S_{ZX}} \tag{12.32}$$

[証明] 第4章のOLSと同様．公式(4.23)の導出法を参照． ∎

(12.32)式の $\hat{\beta}_{IV}$ の分子と分母を $n-1$ で割ると

$$\hat{\beta}_{IV} = \frac{\frac{1}{n-1}S_{ZY}}{\frac{1}{n-1}S_{ZX}} = \frac{s_{ZY}}{s_{ZX}} \tag{12.33}$$

となり，回帰係数 β の IV 推定量は，(Z_i, Y_i) の標本共分散 s_{ZY} と，(Z_i, X_i) の標本共分散 s_{ZX} の比で計算できることがわかります．

IV 推定の一致性を確認するため，$\hat{\beta}_{IV}$ をさらに

$$\hat{\beta}_{IV} = \beta + \frac{\sum(Z_i-\bar{Z})(u_i-\bar{u})}{\sum(Z_i-\bar{Z})(X_i-\bar{X})} = \beta + \frac{\frac{1}{n-1}\sum(Z_i-\bar{Z})(u_i-\bar{u})}{\frac{1}{n-1}\sum(Z_i-\bar{Z})(X_i-\bar{X})} = \beta + \frac{s_{Zu}}{s_{ZX}} \tag{12.34}$$

と変形しましょう．サンプル数 n が多い場合のモーメントの収束により

$$\text{plim } s_{Zu} = \text{Cov}(Z_i, u_i), \quad \text{plim } s_{ZX} = \text{Cov}(Z_i, X_i) \tag{12.35}$$

が成立するので，Z_i の外生性により成立する(IV1′)式，(IV2′)式を踏まえれば，$\hat{\beta}_{IV}$ の確率極限は次式の通りです．

12.3 操作変数法（IV）

$$\mathrm{plim}\,\hat{\beta}_{\mathrm{IV}} = \beta + \frac{\mathrm{plim}\,s_{Zu}}{\mathrm{plim}\,s_{ZX}} = \beta + \frac{\overbrace{\mathrm{Cov}(Z_i, u_i)}^{=0}}{\underbrace{\mathrm{Cov}(Z_i, X_i)}_{\neq 0}} = \beta \quad (12.36)$$

また，上式の結果により

$$\mathrm{plim}\,\hat{\alpha}_{\mathrm{IV}} = \mathrm{plim}\,\bar{Y} - \mathrm{plim}\,\hat{\beta}_{\mathrm{IV}} \cdot \mathrm{plim}\,\bar{X} = \mathrm{E}(Y_i) - \beta\mathrm{E}(X_i) \quad (12.37)$$

を得ますが，これは(12.30)式の α と同値です．

> **公式 (IV の一致性)**
>
> IV 推定量は，回帰係数の一致推定量である．
>
> $$\mathrm{plim}\,\hat{\alpha}_{\mathrm{IV}} = \alpha, \quad \mathrm{plim}\,\hat{\beta}_{\mathrm{IV}} = \beta \quad (12.38)$$

[証明] 前段で証明済み． ∎

X_i の外生性の下での OLS と同様に，IV 推定量も漸近的に正規分布で近似できることが知られています．またその標準誤差，t 値も，ホワイトのアプローチ（第11章）が適用できます．したがって仮説検定の手順は，OLS と同等です．詳しくは Wooldridge（2013）などをご覧下さい．

例 Luechinger（2010）は EU 加盟国およびノルウェー国民を対象にした大規模な社会調査「Eurobarometer」の個票を用い，二酸化硫黄による大気汚染が生活満足度（5段階評価）に与える影響を推定した．彼は居住地の汚染レベルの内生性を考慮するため，「隣国の汚染度」を二酸化硫黄の操作変数に用いた．隣国汚染度は自国民の個人属性とは独立である一方，流入により自国の汚染度を悪化させるため，操作変数として最適と思われる．推定結果は表12.1の通り．コントロール変数の推定値は省略している．表の係数推定値より，OLS は，大気汚染による満足度の低下を過小評価している可能性がある．

表12.1 二酸化硫黄濃度が生活満足度に与える影響

	OLS		IV	
	係数	t 値	係数	t 値
二酸化硫黄	−0.001	−4.05	−0.002	−2.31
対数所得	0.208	30.55	0.208	30.55
⋮				
国ダミー	YES		YES	
年ダミー	YES		YES	
決定係数	0.20		0.20	
サンプル数 n	223,982		223,982	

$\hat{\beta}_{IV}$ の一致性の証明プロセスで登場した(12.36)は，注目に値します．まず $\hat{\beta}_{IV}$ の確率極限の第2項分子は Z_i と u_i の共分散 $\text{Cov}(Z_i, u_i)$ です．したがって，外生性を満たさない（u_i と相関する）Z_i で無理に IV 推定を試みると，OLS と同様の内生性バイアスが発生します．また第2項分母，Z_i と X_i の共分散 $\text{Cov}(Z_i, X_i)$ も重要です．X_i との結びつきの弱い Z_i を用いると $\text{Cov}(Z_i, u_i) \to 0$ で，バイアス項は発散し，結果として IV 推定が定義できなくなります．

12.4 二段階最小2乗法(2SLS)

12.4.1 2SLS：操作変数のもう一つの側面

本節は，操作変数 Z_i が持つもう一つの「顔」を探ります．まず，(12.27)式で見た模式図を連立方程式で表せば，次の通りです[3]．

$$X_i = \gamma_0 + \gamma_1 Z_i + v_i \tag{12.39}$$

$$Y_i = \alpha + \beta X_i + u_i \tag{12.40}$$

(12.39)式は Z_i が X_i に作用することを表すモデルで，条件(IV2′)より $\text{Cov}(Z_i, X_i) \neq 0 \Leftrightarrow \gamma_1 \neq 0$ となるはずです．一方，(12.40)式は回帰モデル本体で，条件(IV1′)より $\text{Cov}(Z_i, u_i) = 0$ です．

---

3) これも一種の同時方程式モデルですが，Y_i から X_i へのフィードバックはありません．

12.4 二段階最小2乗法 (2SLS)

前節の IV 推定で登場した変数 (X_i, Y_i, Z_i, u_i) が置かれた状況を，このように書き下してみると，(12.39)式の誤差項 v_i に関する興味深いロジックに気付きます．すなわち，X_i と u_i が相関し，かつ Z_i と u_i が無相関ならば，v_i と u_i は相関しなければなりません．v_i と u_i も無相関ならば，(12.39)式から X_i と u_i も無相関になるはずだからです．

$$\begin{cases} \text{Cov}(Z_i, u_i) = 0, & \text{Cov}(Z_i, X_i) \neq 0 \\ \text{Cov}(X_i, u_i) \neq 0, & \text{Cov}(X_i, v_i) \neq 0 \end{cases} \Rightarrow \text{Cov}(v_i, u_i) \neq 0 \quad (12.41)$$

つまり(12.39)式の v_i こそが，X_i と u_i の相関・内生性の原因なのです．このことに気付けば，X_i を次式のように分解することができます．

$$X_i = \underbrace{\gamma_0 + \gamma_1 Z_i}_{\text{外生的}} + \underbrace{v_i}_{\text{内生的}} = X_i^{\text{e}} + v_i \quad (12.42)$$

X_i は「何もかも」が内生的な訳ではなく，Z_i によって動かされる外生的な X_i^{e} と，内生性の原因 v_i に分割可能なのです．

> **Remark**
> 内生変数 X_i の変動は，操作変数 Z_i に依存する外生的なパート X_i^{e} と，u_i と相関する内生的なパート v_i に分かれる．

(12.39)式は回帰式であり，また (X_i, Z_i) はデータとして観測可能なので，OLS 推定が可能です．そこで，次のような手順で(12.40)式の推定を試みましょう．これを**二段階最小2乗法**（two stage least squares；2SLS）と呼びます．

> **Remark　二段階最小2乗法 (2SLS) の手順**
> ① X_i の浄化：X_i を Z_i に OLS 回帰し，Z_i による X_i の OLS 予測値，すなわち外生的なパート X_i^{e} の推定値を作る．
>
> $$\hat{X}_i = \hat{\gamma}_0 + \hat{\gamma}_1 Z_i, \quad i = 1, 2, ..., n \quad (12.43)$$
>
> ただし
>
> $$\hat{\gamma}_0 = \bar{X} - \hat{\gamma}_1 \bar{Z}, \quad \hat{\gamma}_1 = \frac{\sum (Z_i - \bar{Z})(X_i - \bar{X})}{\sum (Z_i - \bar{Z})^2} = \frac{S_{zx}}{S_{zz}} \quad (12.44)$$

②　$\hat{X}_i$ による推定：Y_i を（X_i ではなく）$\hat{X}_i$ に OLS 回帰し，β を推定．

$$\hat{\beta}_{2SLS} = \frac{\sum(\hat{X}_i - \bar{\hat{X}})(Y_i - \bar{Y})}{\sum(\hat{X}_i - \bar{\hat{X}})^2} = \frac{S_{\hat{X}Y}}{S_{\hat{X}\hat{X}}} \tag{12.45}$$

2SLS で得られた β の推定量を，$\hat{\beta}_{2SLS}$ と置くことにします．

12.4.2　2SLS と IV の同値性

　本章で私たちは，操作変数 Z_i を利用した二つの推定法を手に入れました．一つは Z_i の直交条件から標本モーメントを構成する操作変数法（IV），もう一つは Z を X_i の外生的な変動の抽出に使う二段階最小2乗法（2SLS）です．さてそれでは，実証分析ではどちらを使うべきでしょうか？「どちらでもよい」というのがその答えです．実は，ここまでの議論で想定している条件下では，IV と2SLS は計算上同値なのです．

　準備として，まず次の性質を確認しておきましょう．

> **公式**（偏差2乗和 $S_{\hat{X}\hat{X}}$ と偏差積和 $S_{\hat{X}Y}$）
>
> 　$\hat{X}_i$ の偏差2乗和 $S_{\hat{X}\hat{X}}$，$\hat{X}_i$ と Y_i の偏差積和 $S_{\hat{X}Y}$ は，次式で得られる．
>
> $$S_{\hat{X}\hat{X}} = \hat{\gamma}_1^2 S_{ZZ}, \quad S_{\hat{X}Y} = \hat{\gamma}_1 S_{ZY} \tag{12.46}$$

[証明] $S_{\hat{X}\hat{X}}$ に関しては，まず(12.44)式の $\hat{\gamma}_0$ を(12.43)式に代入し，$\hat{X}_i$ を $\hat{\gamma}_1$ だけの式

$$\hat{X}_i = \bar{X} - \hat{\gamma}_1 \bar{Z} + \hat{\gamma}_1 Z_i \quad \Leftrightarrow \quad \hat{X}_i - \bar{X} = \hat{\gamma}_1(Z_i - \bar{Z}) \tag{12.47}$$

で表す．上式両辺を2乗して和をとると

$$(\hat{X}_i - \bar{X})^2 = \hat{\gamma}_1^2(Z_i - \bar{Z})^2 \Rightarrow \underbrace{\sum(\hat{X}_i - \bar{X})^2}_{= S_{\hat{X}\hat{X}}} = \hat{\gamma}_1^2 \underbrace{\sum(Z_i - \bar{Z})^2}_{= S_{ZZ}} \tag{12.48}$$

$S_{\hat{X}Y}$ に関しては，復習問題とする．　■

　上の公式を2SLS の定義式(12.45)に代入すれば

12.4 二段階最小2乗法 (2SLS)

$$\hat{\beta}_{2SLS} = \frac{\hat{\gamma}_1 S_{ZY}}{\hat{\gamma}_1^2 S_{ZZ}} = \frac{S_{ZY}}{\hat{\gamma}_1 S_{ZZ}} = \frac{S_{ZZ}}{S_{ZX}} \frac{S_{ZY}}{S_{ZZ}} = \frac{S_{ZY}}{S_{ZX}} = \hat{\beta}_{IV} \qquad (12.49)$$

となり，2SLS 推定量は常に IV 推定量と等しくなります．

> **公式**（IV推定量と2SLS推定量の同値性）
>
> 単一の操作変数 Z_i に関し，IV 推定量と2SLS 推定量は同値である．
>
> $$\hat{\beta}_{IV} = \hat{\beta}_{2SLS} \qquad (12.50)$$

[証明] 前段で証明済み． ∎

多くの統計ソフトにおいて「2SLS」と「IV」が重複するコマンドで実行されるのは，この性質によります．ここで，「単一の操作変数 Z_i に関し」というただし書きが重要です．次項で見るように，操作変数が複数ある場合，単一操作変数による IV と，複数の操作変数を用いた2SLS は数値的に異なります．

12.4.3 2SLS による操作変数の統合

最後に，内生的な説明変数 X_i を持つ回帰モデル(12.1)式に対し，操作変数の条件を満たす L 個の外生変数が利用可能なケースを考えます．

$$Z_{1i}, Z_{2i}, ..., Z_{Li}, \quad \underbrace{\text{Cov}(Z_{pi}, u_i) = 0}_{\text{外生性}}, \quad \underbrace{\text{Cov}(Z_{pi}, X_i) \neq 0}_{X_i \text{との相関}} \qquad (12.51)$$

興味深いことに，操作変数が L 個あるとき，私たちは一つの係数 β に対し L 通りの IV 推定量を得ます．上式に並んだ操作変数のうち，Z_{pi} による IV 推定量を

$$\hat{\beta}_{IV}^{(p)}, \quad p = 1, 2, ..., L \qquad (12.52)$$

と置きましょう（α も同様）．私たちは，どの IV を使うべきでしょうか？ いずれの IV も一致性・漸近正規性を満たすので，選抜の基準は漸近的な有効性（分散，ブレの小ささ）になります．

実はこのケースでは，2SLS ですべての $Z_{1i}, Z_{2i}, ..., Z_{Li}$ を統合して使うことが

できます．まず内生的な X_i を，操作変数（外生変数）$Z_{1i}, Z_{2i}, ..., Z_{Li}$ に OLS 回帰し，予測値 $\hat{X}_i$ を得ます．次いで Y_i を $\hat{X}_i$ に回帰すれば，β が推定されます．この方法で得られた2SLS を $\hat{\beta}^*_{2SLS}$ と置きます．すると一般的に

$$\text{Avar}(\hat{\beta}^*_{2SLS}) < \text{Avar}(\hat{\beta}_{IV}) \tag{12.53}$$

が成立することが知られています（証明は大学院レベルの難易度となるため，本書では割愛します）．L 個の操作変数による2SLS は，どの単体操作変数による IV よりも漸近分散が小さくなるのです．したがって，操作変数が複数ある場合は，2SLS で一気にまとめて推定に使うのが最適です．

Remark
単一の操作変数があれば回帰係数の一致推定が可能だが，操作変数が多いほど，推定の精度（有効性）は改善される．

IV または2SLS 推定を gretl で行う手順は，次の通りです．まず上部メニューバーから「モデル（M）」→「操作変数法（I）」→「二段階最小2乗法（T）」を選んで2SLS ウィンドウを出現させます．そして，説明変数・被説明変数と操作変数を指定します．

例 $n = 47$ 都道府県について，2010年春に短期雇用に就いた高校新卒者の割合を，失業率と県民所得に回帰した．ただし失業率を内生変数とみなし，2005年の失業率を操作変数に当てた IV 推定，2005年，2000年の失業率を用いた2SLS 推定を行った．推定結果は表12.2の通り（t 値はホワイトの手順による）．IV，2SLS の推定値と比べると，OLS は内生性バイアスにより，景気の悪化（失業率）が新卒者の雇用に与える影響を過小評価している．

残念ながら上の例では，追加的な操作変数（2000年の失業率）は，推定効率の改善につながらなかったようですね．単一の操作変数による IV と二つの操作変数による2SLS が，ほぼ同様の結果を導いています．なお，操作変数として当該内生変数のラグ変数を使うことは，あまり望ましくありません．当期の

復習問題

表12.2 景気が短期雇用就業割合へ与える影響

	OLS		IV＝2SLS		2SLS	
	係数	t 値	係数	t 値	係数	t 値
定数項	-8.06	-2.99	-9.48	-2.93	-9.29	-2.91
失業率（内生）	1.58	3.38	2.07	3.98	2.01	3.84
県民所得	1.98	2.67	2.29	2.63	2.25	2.61
修正済み決定係数	0.16		0.16		0.16	
操作変数の数	なし		1		2	
サンプル数 n	47		47		47	

誤差項は，過去の内生変数とも相関している可能性があるからです．このとき (12.36)式から明らかな通り，IV，2SLSにもバイアスが発生します．

復習問題

問題 12.1 本章で扱った例以外で，変数同士の相互依存関係（フィードバック）により同時方程式が生じる例を，可能な限り挙げよ．

問題 12.2 二段階最小2乗法（2SLS）に関する次の問いに答えよ．
(1) 2SLSにおける操作変数 Z_i の使い方の要点をまとめよ．
(2) 2SLSの手順を，簡潔に説明せよ．
(3) 操作変数が複数ある場合，単体のIV推定よりすべての操作変数を使った2SLSのほうが望ましい．それはなぜか？

問題 12.3 公式(12.46)の，$S_{\hat{X}Y} = \hat{\gamma}_1 S_{ZY}$ を証明せよ．

第13章 IV 推定：応用編

本章はまず，重回帰分析で内生的な説明変数が複数ある場合の，IV, 2SLSによる対処法を学びます．そしてその応用として，市場均衡モデルにおける需要曲線・供給曲線の IV, 2SLS 推定を行います．最後に，因果関係の統計的推測に関する先端的な議論をレビューします．

13.1 識別条件：複数の内生変数と操作変数

13.1.1 過少識別

重回帰分析では，複数の説明変数が内生変数となる場合もあります．本節は，前章で習得した IV 推定の方法論を，重回帰分析に拡張します．簡単化のため，説明変数が $k=3$ 個のモデルを考えましょう．このモデルの誤差項は，

$$u_i = Y_i - \mathrm{E}(Y_i | X_{1i}, X_{2i}, X_{3i}) = Y_i - \alpha - \beta_1 X_{1i} - \beta_2 X_{2i} - \beta_3 X_{3i} \tag{13.1}$$

と表記できます．未知の回帰係数は $\alpha, \beta_1, \beta_2, \beta_3$ の四つです．また準備として，適当な推定量を当てはめたときの残差を，一般的に

$$\hat{u}_i = Y_i - \hat{Y}_i = Y_i - \hat{\alpha} - \hat{\beta}_1 X_{1i} - \hat{\beta}_2 X_{2i} - \hat{\beta}_3 X_{3i} \tag{13.2}$$

とします（ここでハット付きの係数は，必ずしも OLS 推定量ではありません）．

(13.1)式の説明変数および誤差項に関し，次式を仮定します．

13.1 識別条件：複数の内生変数と操作変数

$$E(u_i) = 0, \quad E(X_{1i}u_i) = 0, \quad \underline{E(X_{2i}u_i) \neq 0, \quad E(X_{3i}u_i) \neq 0} \tag{13.3}$$
内生 ⇒ 直交しない

つまり三つの説明変数 (X_{1i}, X_{2i}, X_{3i}) のうち X_{2i} と X_{3i} が内生変数であり，直交条件が部分的に成立していない状況です．したがってこの段階で使える母集団モーメントと，それに対応する標本モーメントは

$$E(u_i) = 0 \quad \Rightarrow \quad \frac{1}{n}\sum \hat{u}_i = 0 \tag{13.4}$$

$$E(X_{1i}u_i) = 0 \quad \Rightarrow \quad \frac{1}{n}\sum X_{1i}\hat{u}_i = 0 \tag{13.5}$$

の二つのみです．未知数（係数）の数が四であるのに対し，方程式の数は二本だけである点に注目しましょう．この状況下では，$\hat{\alpha}, \hat{\beta}_1, \hat{\beta}_2, \hat{\beta}_3$ すべての推定値を確定することはできません．これを**過少識別**と呼びます．

過少識別とは推定以前の問題，言わば「問題外」の状況です．過少識別下では，モデルに登場する内生変数を間引かない限り，そもそも推定を実行できません．すべてのパラメータを特定するために必要な条件が，不十分だからです．私たちは第6章で，類似の問題に遭遇しましたね．そう，重回帰分析における多重共線性です．多重共線性もまた，未知数に対し方程式が足りない状況なので，過少識別の一種と言えます．また第12章で見た OLS 推定量の内生性バイアスは，「本来成立しないはずの，間違った条件式を使ったことによるバイアス」と解釈できます．

13.1.2 丁度識別

もしここで(13.1)式に関し二つの操作変数

$$E(Z_{1i}u_i) = 0, \quad E(Z_{2i}u_i) = 0 \tag{13.6}$$

が存在するならば，利用可能なモーメント条件は

$$E(u_i) = 0 \quad \Rightarrow \quad \frac{1}{n}\sum \hat{u}_i = 0 \tag{13.7}$$

$$E(X_{1i}u_i) = 0 \quad \Rightarrow \quad \frac{1}{n}\sum X_{1i}\hat{u}_i = 0 \tag{13.8}$$

$$E(Z_{1i}u_i) = 0 \quad \Rightarrow \quad \frac{1}{n}\sum Z_{1i}\hat{u}_i = 0 \tag{13.9}$$

$$E(Z_{2i}u_i) = 0 \quad \Rightarrow \quad \frac{1}{n}\sum Z_{2i}\hat{u}_i = 0 \tag{13.10}$$

であり，係数の数＝4と方程式の数＝4が一致します．このときすべての係数推定値が一意に定まり，(13.1)式のモデルは**丁度識別**されます．(13.7)から(13.10)までの連立方程式を$\hat{\alpha}, \hat{\beta}_1, \hat{\beta}_2, \hat{\beta}_3$について解けば，私たちはIV推定量を得ることができます（実際に連立方程式を解いて解を求める作業は大変なので，統計ソフトに任せましょう）．

モーメント推定では常に，利用できる母集団・標本モーメントの次元と，推定すべきパラメータの次元を意識することが肝要です．ことの発端は，返す返すもX_{2i}とX_{3i}の内生性による直交条件の欠損です．Z_{1i}とZ_{2i}は，失われた直交条件を代替する働きをしているのです．もしZ_{1i}とZ_{2i}のいずれかが欠ければ，四つの係数に対し条件式を三つしか構成できません．その場合私たちは，過少識別に陥ることになります．

13.1.3 過剰識別：2SLSの利用

上の例で，もし三つの操作変数(Z_{1i}, Z_{2i}, Z_{3i})が使えるのならば，(13.7)式から(13.10)式で構成されるモーメント条件に

$$E(Z_{3i}u_i) = 0 \quad \Rightarrow \quad \frac{1}{n}\sum Z_{3i}\hat{u}_i = 0 \tag{13.11}$$

が加わり，拡張されます．このとき条件式の総数は五本となり，未知係数の数四を上回る**過剰識別**の状態となります．

過剰識別の場合は，操作変数の一部を無視し，丁度識別のモーメント条件を構成することもできます．しかしそれよりも，2SLSにより全操作変数を使ったほうが推定の精度が上がることが知られています．すなわち，以下の通りで

す．

1. X_{2i} と X_{3i} をそれぞれ $(X_{1i}, Z_{1i}, Z_{2i}, Z_{3i})$ に重回帰し，OLS 予測値 $\hat{X}_{2i}, \hat{X}_{3i}$ を求める．
2. Y_i を $(X_{1i}, \hat{X}_{2i}, \hat{X}_{3i})$ に重回帰し，回帰係数 $\alpha, \beta_1, \beta_2, \beta_3$ を OLS 推定する．

第12章の最後で学んだ，単一の内生変数 X_i に対し複数の操作変数が存在するケースも，過剰識別の一例と言えますね．ここで注意しなければならない点は，第一ステージの OLS で，X_{1i} を説明変数に含めることです．X_{1i} は u_i と無相関の外生変数なので，操作変数の一部として (Z_{1i}, Z_{2i}, Z_{3i}) と並列的に扱われます．「第一ステージは，すべての内生変数をすべての外生変数に回帰する」と覚えれば，間違いありません．

最後に，重回帰モデルの識別条件をまとめておきます．

> **Remark**　内生的な説明変数を含む重回帰モデルの，識別条件と推定法
> 1. 過少識別：係数の数 > モーメント条件の数 ⇒ 推定不可能（間違ったモーメント条件を使って無理に推定すると，内生性バイアス発生）
> 2. 丁度識別：係数の数 = モーメント条件の数 ⇒ IV（2SLS）で推定
> 3. 過剰識別：係数の数 < モーメント条件の数 ⇒ 2SLS で推定

13.2 需要曲線・供給曲線の IV 推定

13.2.1 市場均衡モデルの構造型と誘導型

本節は，市場取引の価格・数量データから，**市場均衡モデル**における需要曲線・供給曲線を IV 推定する方法を考えます．市場均衡モデルは，第12章で学んだ同時方程式モデルの一例です．思い起こせば，計量経済学の例として第1章で初めて挙げたのが，需要曲線の推定問題でした．

ある財の市場 i における需要・供給曲線が，以下の通りであるとします．

$$需要曲線：Y_i = \alpha_0 + \alpha_1 X_i + u_i \tag{D}$$

$$供給曲線：Y_i = \beta_0 + \beta_1 X_i + v_i \tag{S}$$

図13.1 市場均衡の観測と散布図

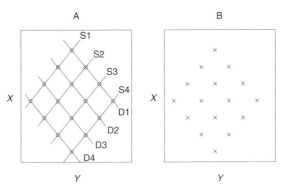

ここで X_i は価格，Y_i は数量を表します．両者とも上式の均衡点でその水準が決定されるので，**内生変数**と呼ぶことにします．(D)式は需要の価格に対する反応を表しており，理論上 $\alpha_1 < 0$ と想定されます．一方(S)式は生産者側の価格に対する供給スケジュールなので，$\beta_1 > 0$ であると考えられます．また両式の (u_i, v_i) は確率的な誤差で，市場 i ごとの消費者の選好の違いや，企業の技術水準の違いを表しています．(D)式と(S)式は市場均衡の仕組みを描写した，経済学上の意味のある表現です．このような同時方程式体系を一般に，**構造型**（こうぞうけい）あるいは**構造方程式**と呼びます．

市場均衡モデルの構造型を前提にすれば，私たちが観測する市場取引データは，**均衡価格**と**均衡数量**の組み合わせ (X_i, Y_i) です．図13.1Aは，右下がりの需要曲線(D)式と右上がりの供給曲線(S)式を示すグラフです．ただし経済学の伝統に習い，横軸に数量 Y_i，縦軸に価格 X_i が測られています．市場ごとに (u_i, v_i) が異なるので，グラフ上の需要・供給曲線のロケーションも千差万別です．その結果，両曲線の交点で与えられる均衡点 (X_i, Y_i) のバリエーションが生まれるわけです．私たちが $i = 1, 2, ..., n$ の市場に関し (X_i, Y_i) を観測すれば，図13.1Bのような散布図を得ます．

構造型を内生変数 X_i, Y_i について解いてみれば，均衡価格と均衡数量のペア，**誘導型**を得ます．

$$均衡価格：X_i = -\underbrace{\frac{(\alpha_0-\beta_0)}{(\alpha_1-\beta_1)}}_{=\gamma_1}-\underbrace{\frac{(u_i-v_i)}{(\alpha_1-\beta_1)}}_{=\epsilon_i} = \gamma_1+\epsilon_i \qquad (13.12)$$

$$均衡数量：Y_i = \underbrace{\beta_0+\beta_1\gamma_1}_{=\gamma_2}+\underbrace{v_i+\beta_1\epsilon_i}_{=\xi_i} = \gamma_2+\xi_i \qquad (13.13)$$

誘導型は，ある市場 i の均衡点 (X_i, Y_i) がグラフ上のどこに現れるかを示す，直接的なデータ発生プロセスの表現です．結局このモデルでは，二つの誤差項 (u_i, v_i) の実現値の違いにより，市場ごとの均衡価格・均衡数量の水準が説明されます．

13.2.2 OLS の同時性バイアス

分析者が需要曲線あるいは供給曲線を推定する「つもり」で散布図 (X_i, Y_i) に回帰直線をフィットさせれば，おなじみの OLS が得られます．

$$b = \frac{S_{XY}}{S_{XX}} = \frac{s_{XY}}{s_X^2} \qquad (13.14)$$

はたしてこの b で，需要曲線の傾き α_1 と供給曲線の傾き β_1，どちらが推定されるのでしょうか？　先に結論を述べれば，どちらも推定されません．

準備として，需要曲線(D)式と供給曲線(S)式の誤差項に関し，

$$\mathrm{E}(u_i) = \mathrm{E}(v_i) = 0, \quad \mathrm{E}(u_i^2) = \sigma_u^2, \quad \mathrm{E}(v_i^2) = \sigma_v^2, \quad \mathrm{E}(u_i v_i) = 0 \qquad (13.15)$$

を仮定します．すると，均衡価格と数量の共分散 $\mathrm{Cov}(X_i, Y_i)$ および価格の分散 $\mathrm{Var}(X_i)$ について，次式の関係を示すことができます．

$$\frac{\mathrm{Cov}(X_i, Y_i)}{\mathrm{Var}(X_i)} = c\alpha_1 + (1-c)\beta_1 \qquad (13.16)$$

（証明は章末付録を参照）．ここで

$$c = \frac{\sigma_v^2}{\sigma_u^2+\sigma_v^2} = \frac{供給側の分散}{分散の総和}, \quad 0 \le c \le 1 \qquad (13.17)$$

は，需要と供給の確率的なブレを測るパラメータです．供給曲線の確率誤差 v_i の変動が大きいほど，$c=1$ に近づく点に注意しましょう．また OLS 推定量の確率極限をとれば，大数の法則から一般的に

$$\text{plim } b = \frac{\text{plim } s_{XY}}{\text{plim } s_X^2} = \frac{\text{Cov}(X_i, Y_i)}{\text{Var}(X_i)} \tag{13.18}$$

が成立します．したがって，上の公式と合わせれば，次の結論を得ます．

> **公式**（市場均衡モデルにおけるOLS推定量の確率極限）
>
> 市場均衡モデルから発生した均衡の取引データ (X_i, Y_i) に関し，Y_i を X_i に回帰した OLS 係数の確率極限は
>
> $$\text{plim } b = c\alpha_1 + (1-c)\beta_1 \tag{13.19}$$

[証明] (13.16)式を(13.18)式に代入すればよい．(13.16)式の証明は，章末付録を参照． ∎

(13.19)式は非常に興味深い性質を示しています．X_i を Y_i に回帰した b は，需要曲線の傾き α_1 と供給曲線の傾き β_1 の加重平均を一致推定してしまうのです．したがって，理論通り $\alpha_1 < 0$, $\beta_1 > 0$ ならば，b は常にゼロ方向のバイアスを持ち，有意性検定で棄却されにくくなります．またウェイト c の定義(13.17)より，供給の分散 σ_v^2 が大きいと α_1 寄り，需要の分散 σ_u^2 が大きいと β_1 寄りの値が推定される傾向があります．

13.2.3　需要・供給曲線のシフトによるIV推定

残念ながら(D)式と(S)式で構成される市場均衡モデルは，取引データ (X_i, Y_i) から推定できません．諦めて別のモデルを考えましょう．もし生産者側の技術要因 Z_i で供給曲線がシフトするならば，市場均衡モデルは

$$需要曲線：Y_i = \alpha_0 + \alpha_1 X_i + u_i \tag{D'}$$

$$供給曲線：Y_i = \beta_0 + \beta_1 X_i + \beta_2 Z_i + v_i \tag{S'}$$

13.2 需要曲線・供給曲線のIV推定

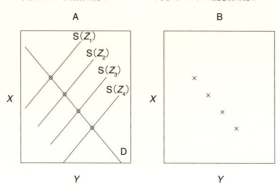

図13.2 供給曲線Sのシフトで見えてくる需要曲線D

となります．Z_i は供給サイドに影響するが，需要側に一切影響しない変数で，需要曲線の誤差とも無相関であると仮定します．

$$\mathrm{Cov}(Z_i, u_i) = \mathrm{E}(Z_i u_i) = 0 \tag{13.20}$$

したがって Z_i は，需要曲線(D′)式から見れば**外生変数**に相当します．具体的には，生産要素価格（労賃，資本コスト，燃料費）や気候，法的規制，技術水準の違いなどです．一方，需要曲線(D′)式は，先の(D)式と同じです．

図13.2A は，需要曲線(D′)式と新しい供給曲線(S′)式を図示したグラフです．Z_i が変動することにより，供給曲線Sはシフトしますが，需要曲線Dは不動です．したがってDとSの均衡点をつないでゆくと，右下がりの需要曲線があぶりだされるのです（図13.2B）．ここで重要な前提条件は，Z_i が需要側に一切影響しない点です．もし Z_i によりDもシフトしてしまうならば，Dを識別することができなくなります．Dが動かないことが肝要なのです．

逆に，供給には作用せず需要スケジュールだけをシフトさせる要因（例えば家計所得）があれば，同じ原理で供給曲線の形状を浮かび上がらせることが可能です．残念ながら(D)式はそのような変数を含んでいないので，供給曲線の識別は不可能です．「動かないほうが識別される」．この原則は，OLSの同時性バイアスの公式(13.19)が持つ含意と整合的です．

さて，(D′)式と(S′)式を均衡価格 X_i について解けば，新たな誘導型

$$均衡価格：X_i = \gamma_1 + \eta Z_i + \epsilon_i, \quad \eta = \frac{\beta_2}{\alpha_1 - \beta_1} \tag{13.21}$$

を得ます．上式と(D′)式は，第12章で2SLSの説明に使った(12.39)式および(12.40)式と同じ形式であることに注目しましょう．供給曲線のシフト要因 Z_i を(D′)式右辺の X_i の操作変数にあてがえば，α_0, α_1 のIV推定ができます．もし供給曲線をシフトさせる要因が複数ある場合は，2SLSによりそのすべてを操作変数に取り入れることができます．

ここで，需要曲線・供給曲線のIV（または2SLS）推定のために必要な条件をまとめておきましょう．

> **Remark** 需要曲線・供給曲線の識別条件
> ◆ 需要曲線のIV推定：供給曲線だけをシフトさせる操作変数が必要．
> ◆ 供給曲線のIV推定：需要曲線だけをシフトさせる操作変数が必要．
> ◆ 需給の双方をシフトさせる変数は，操作変数として使えない．

例 東京都中央卸売市場の取引データ（9市場×12カ月）から，みかんの需要曲線を推定する．季節・気象条件は農産物の限界費用に影響するが，消費者の選好には影響しないと仮定し，「月（1月 → $Z_i = 1, ..., 12$月 → $Z_i = 12$)」と「月の2乗」を操作変数とする2SLS推定を行った．推定結果は表13.1の通り（価格 X_i，数量 Y_i は対数変換済み，築地をリファレンスとする8つの市場ダミーをコントロール）．IVと比べOLSは，需要曲線の弾力性をやや過小評価している．これは，OLSのバイアス(13.19)式と整合的な結果である．

上の例で，もし「冬になるとみかんを食べたくなる」消費者がみかん市場の多数派ならば，「月」を操作変数とするのは誤りです．需要曲線も「月」でシフトしてしまうからです．

外生的な操作変数 Z_i による構造方程式のIV推定は，言わば計量経済学の「奥義」です．経済学発祥のこのアイディアは現在，経済学を超えさまざまな

表13.1 みかんの需要曲線のIV推定

	OLS		2SLS	
	係数	t値	係数	t値
定数項	8.14	35.92	9.43	21.14
対数価格（内生変数）	-2.15	-27.15	-2.64	-15.95
大田ダミー	0.71	4.49	0.71	4.14
⋮				
多摩NTダミー	-1.75	-8.41	-1.77	-8.33
修正済み決定係数	0.82		0.81	
サンプル数 n	108		108	

非実験データの実証分析で利用されています．操作変数法が生まれた背景には，実験がほぼ不可能な中で経済学を自然科学と同等の科学に高めようとした，多くの先達の努力があります．もし無作為化実験により需要曲線を推定するならば，「同一財に関し，消費者ごとに異なる価格X_iをランダムに与え，購入量Y_iを観測する」といった途方もない作業が必要となります．しかし人間の行動原理や戦略，社会構造に関する深い洞察があれば，非実験データでも実験データに匹敵するモデル推定が可能となるのです．

13.3 因果関係を実証できるか?

13.3.1 因果関係にこだわった実証分析

この節では，前章および本章の内生性と操作変数法の考え方を踏まえ，計量経済学の永遠のテーマとも言える「非実験データによる因果関係の統計的推測（causal inference）」を概観します．本項および次項は，難解な表現を極力避け，先端領域の要点を平易に伝えることを目的としています．第III部はハードな内容が続いたので，この辺りで少し休憩をとりましょう．

1990年代に労働経済学や経済成長理論の分野で注目を集めた「コンピュータの使用が労働者賃金に与える影響」の実証分析は，因果関係の統計的推測の格好のテキストとなります．パーソナルコンピュータが急速に普及し始めた当時，業務のコンピュータ化がどれだけ労働生産性（賃金）を高めるかを評価す

表13.2 コンピュータが賃金に与える影響

被説明変数：対数賃金	1984年		1989年	
	係数	t 値	係数	t 値
定数項	0.928	35.7	1.094	42.1
コンピュータ使用ダミー	0.140	17.5	0.162	20.3
就学年数	0.048	24.0	0.055	27.5
⋮				
労働組合員ダミー	0.194	21.6	0.189	18.9
職種ダミー（8つ）	YES		YES	
決定係数	0.491		0.486	
サンプル数 n	13335		13379	

ることは，経済学者たちの急務の課題でした．この時期に行われた一連の研究から，IT 技術にアクセスできる者・できない者の間に生じる社会的格差，"digital-divide" が指摘され，今に至ります．

アメリカの経済学者 Krueger (1993) は，「Current Population Survey (CPS)」の個票データから次の回帰モデルを OLS 推定し，コンピュータ化の賃金プレミアムを測ろうとしました．

$$\log(\text{wage}_i) = \alpha + \beta_1 \text{computer}_i + \beta_2 \text{others}_i + u_i \quad (13.22)$$

ここで $\log(\text{wage}_i)$ は労働者 i の賃金対数値，computer_i は「仕事でコンピュータを使っている」ダミー，そして others_i はコンピュータ以外の，賃金とコンピュータ使用の双方に相関し得るコントロール変数です．推定に際し Krueger (1993) は，学歴や就業年数，人種，性別など，10を超える変数の影響をコントロールしました．推定結果は，表13.2の通りです．確かに，コンピュータの使用は賃金に対し統計的に有意に正の影響があるようです．上式は半対数線形モデル（第7章）なので，例えば1989年については，「コンピュータを使用する労働者は，使用しない労働者と比べ16％ほど賃金が高い」と解釈できます．

Krueger (1993) の分析に対し DiNardo and Pischke (1997) は，コンピュータの係数推定値は，頭脳労働に就いている（あるいは就く能力がある）こと

13.3 因果関係を実証できるか？

表13.3　DiNardo and Pischke (1997) による反証

	1979年		1985-86年		1991-92年	
	係数	t 値	係数	t 値	係数	t 値
(1) コンピュータ	0.112	11.2	0.157	22.4	0.171	28.5
(2) 電卓	0.087	12.4	0.128	21.3	0.129	21.5
(3) 電話	0.131	21.8	0.114	19.0	0.136	22.7
(4) ペン・鉛筆	0.123	20.5	0.112	18.7	0.127	21.2
(5) 着席して仕事	0.106	17.7	0.101	14.4	なし	なし
(6) 工具	-0.117	-16.7	-0.086	-14.3	-0.091	-15.2

へのプレミアムを測っているに過ぎないと主張しました．換言すれば，「高賃金の者がコンピュータを使っているのであって，コンピュータを使うと賃金が上がるわけではない」ということです．この主張を実証するため，彼らは実に用意周到な（そして経済学者らしい，少し意地悪な）回帰分析を行いました．

$$\log(\text{wage}_i) = \alpha + \beta_1 \text{tool}_i + \beta_2 \text{others}_i + u_i \tag{13.23}$$

上式の tool_i には「コンピュータ使用」，「電卓使用」，「電話使用」，「鉛筆・ペン使用」，「座って仕事」，「工具（ハンマーなど）使用」のダミーがあてがわれ，6通りのOLS推定がなされました．コントロール変数は Krueger (1993) とほぼ同様です．ただしアメリカの CPS データには仕事中に使う道具に関する質問項目がなかったため，DiNardo and Pischke (1997) はドイツの調査「West German Qualification and Career Survey」を推定に使いました．

表13.3は，DiNardo and Pischke (1997) の推定結果を一部抜粋したものです（コントロール変数の推定結果はすべて省略）．ドイツのデータでも，やはりコンピュータの使用は統計的に有意に，そしてアメリカのケースとほぼ同等のインパクトを賃金に与えるようです．しかしここで注目すべきは，コンピュータ以外の頭脳労働に関係する道具もまた，同様の正の効果を見せている点です．これらが「因果関係」の推定値ならば，「鉛筆を使うと賃金が上がる」ことになってしまいますね．一方で，工具を使う肉体労働系の仕事は，賃金が低くなる傾向にあります．これらの結果に基づけば，彼らの主張，「コンピュー

タのプレミアム＝ホワイトカラーのプレミアム」説のほうがより説得的に聞こえます．

　DiNardo and Pischke（1997）は，コンピュータから生産性（賃金）への因果を実証する方法論として，次の二点を指摘しています．一つは労働者たちの賃金とコンピュータ使用を数年間追跡調査した，パネルデータの使用です．パネルデータによる回帰分析については，第16章をご参照下さい．もう一つは操作変数（労働者の観測できない能力と独立に，コンピュータの使用機会を与える変数）を用いた，IV 推定です．パネルデータも使えず，適切な操作変数も見つからない以上，Krueger（1993）の推定結果を「因果関係」と解釈するのは早計であると，彼らは結論付けています．

　二つの研究グループの応酬から，私たちは非実験データで因果関係を実証することの難しさを再確認させられます．重回帰分析による諸変数のコントロールは，OLS の除外変数バイアスを縮小する簡単かつ効果的な手段です．しかしコントロールできるのはあくまで観測可能な属性の影響であり，個人の先天的な能力など，観測不能な要因を完全に除去できるわけではありません．また最後の切り札・IV 推定も，肝心の操作変数が見つからないことには実行できません．適切な操作変数の発見は，ときに多大な労力と，ある種のひらめきが必要になります．この点は本章後半で議論します．

13.3.2　より身近な因果関係の識別問題

　相関と因果の区別は，研究においてのみならず，私たちの日常でも大切です．世の中には，注意深く考えると，本当に因果関係と言えるか怪しい「統計的事実」が氾濫しています．第12章で学んだ「観測不可能な属性（除外変数バイアス）」と「同時方程式（同時方程式バイアス）」の視点から問題を整理すると，なぜ怪しいのか説明がつきます．本項は二つの例を用いて，因果関係を見極める練習をしましょう．

13.3 因果関係を実証できるか？

例 アメリカの web サイト「PayScale」の「Majors That Pay You Back」によると，経済学，経営学，社会学，心理学の学位を持つ学部卒者の勤続15年目の平均年収は，それぞれ96,700ドル，71,000ドル，58,800ドル，60,700ドルである[1]．したがって経済学を専攻すれば，その他競合分野より年収が高くなる．

上の例が含む分析上の問題点を，いくつ指摘できるでしょうか？　まず標準誤差がないので，学位ごとの将来年収の差が統計的に有意なのか不明ですね．これはネット公開された一般向け情報なので，仕方のないところです．

仮に有意な平均差であったとしても，この例の結論には疑義を禁じ得ません．この結果は単純なグループ平均の比較であり，回答者のその他の属性がコントロールされていません．例えば，もし有名大学ほど経済学部を持つ割合が多いとすれば，この結果は「学位の効果」なのか，「大学ブランドの効果」なのか区別できなくなります．大学名や男女比，人種比などを一定にコントロールすれば，結果は大きく変わることでしょう．

また欧米型の経済学は，社会科学の素養に加え高度な数学能力を学生に要求するため，難関学位の一つとなっています．すると，「経済学がその学生の価値を高めた」のではなく，「もともと賢い学生が経済学を修得できた」だけに過ぎないのかも知れません．これは観測不可能な個人属性の問題であり，コントロール変数による回避は困難です．いずれにせよ，平均値の単純比較によるこの手の広告には注意が必要ですね．

例 表13.4は，2012年の厚生労働省「人口動態調査」の場所別死亡数および「医療施設（動態）調査」の病床数データから求めた，日本の三大都市における病床数当たりの死亡率である．いずれの都市でも，診療所より病院のほうが死亡率が高い．したがって高度医療の普及は，患者の死亡リスクを高める．

---

1) http://www.payscale.com/

表13.4　施設当たり死亡率の比較：病院 vs. 診療所

	病院	診療所
東京都区部	69.84	27.68
名古屋市	59.60	15.32
大阪市	63.64	19.18

　この例の問題は，「高度医療を受ける（診療所ではなく病院を選ぶ）と死にやすくなる」のではなく，「生存の可能性が低い，難病・重篤患者が高度医療を提供する病院に集まる」可能性を無視していることです（重病人が，ご近所の診療所を入院先に選ぶでしょうか？　重病人を，診療所が受け入れるでしょうか？）．計量経済学の言葉で表せば，これは同時方程式の状況です．非実験データで医療技術を正当に評価しようと思えば，避けて通れない難問です．

　本項の要点は，上に挙げた二つの例がともに「データに基づいた議論」を展開していることです．その姿勢は立派ですが，因果関係に関する洞察が甘いがゆえに，誤った解釈・結論を導いてしまっています．これらの情報を鵜呑みにして，大きな損失を被る危険性もあります．計量経済学を会得したのであれば，日常生活でこういった類の議論に惑わされることがなくなるはずです[2]．

13.3.3　社会実験

　重回帰分析による変数のコントロールも完全ではないし，操作変数も見つけるのが難しい．因果関係を追及しようとすれば，やはり無作為化実験しか手はない．因果関係の統計的推測をめぐる議論が深まるにつれ，この結論に至った経済学者・政府関係者は多数存在します．日本に暮らす私たちからすれば想像しがたいことですが，国によっては，個人の意思決定に介入する実験，**社会実験**（social experiment）が行われています．住民（被験者）個々人に対し，特定の行動を起こすインセンティブや機会を，分析者側からランダムに与えるのです．

　2）著者のメッセージにも注意が必要ですね．「計量経済学を勉強すると洞察が研ぎ澄まされる」のではなく，「もともと疑い深い者が計量経済学を好んで勉強する」のかもしれません．さらに悪いことに，ここにはデータの根拠もありません．

13.3 因果関係を実証できるか？

1980年代半ばのアメリカ・テネシー州で，児童教育に関する大規模な社会実験 "The Tennessee Student/Teacher Achievement Ratio"（通称 Project STAR〈STAR 計画〉）が実行されました．STAR 計画は学習環境が児童の学力に与える影響の分析を目的としており，おもに少人数学級および教員の学習補助の効果に力点が置かれました．

非実験データで学習環境の学力向上・低下効果を推定することは，困難を極めます．一般に，裕福な家庭や教育に熱心な家庭，優秀な子どもほど良い環境にアクセスできるので，仮に学習環境による学力差が観測されたとしても，それは環境による差なのか，教育効果の差なのか，識別できないのです[3]（場合によっては，学力の低い子どもに優先的に良い環境が提供されることもあるでしょう）．STAR 計画のモチベーションは，この点にあります．

STAR 計画の被験者は，1985年に入学した幼稚園児です．まず，テネシー州内の学校の児童に対し，3タイプの学級がランダムに割り当てられました．

1. 通常学級（22-25名）
2. 少人数学級（13-17名）
3. 通常学級（22-25名）だが，教員による学習補助付き

担任教員もまた，上記クラスのいずれかにランダムに配置されました．この「児童・教員・学習環境」のランダムマッチングが，小学校3年生まで毎年行われ，4年間・4学年でのべ11600人の児童（総数80校の学校）が実験に参加しました．アウトカムとして，毎学期，学期中に学力テストが実施されました．

Krueger (1999) は，STAR のデータを用い，児童の学力テスト分位得点（例えば素点が上位7パーセントなら93点）を少人数ダミー，学習補助ダミー，そして児童・担任の個人属性に回帰しました．したがってここでは，通常学級に割り当てられた児童がリファレンスとなります（第7章参照）．

表13.5は，Krueger (1999) の幼稚園児に関する推定結果を一部抜粋したも

---

[3] 親の学歴や年収は重回帰でコントロールできますが，親・子の生まれつきの知的好奇心や認知能力を等しくコントロールするのは難しいでしょう．

表13.5 少人数学級の学力効果

	モデル(1)		モデル(2)	
	係数	t 値	係数	t 値
少人数学級ダミー	5.37	4.26	5.37	4.51
学習補助ダミー	0.29	0.26	0.31	0.29
児童：白人・アジア人ダミー			8.44	6.21
児童：女子ダミー			4.39	6.97
児童：昼食補助受給ダミー			-13.07	-16.97
担任：白人ダミー			-0.57	-0.27
担任：経験年数			0.26	2.60
担任：修士号ダミー			-0.51	-0.48
学校ダミー	Yes		Yes	
決定係数	0.25		0.31	

のです．たまたま少人数学級に割り当てられた児童は，通常学級の児童と比べ5.4ほど高い分位得点を収めており，t 値によればこの効果は統計的に有意です．少人数学級の効果は，人種や性別による得点差と同程度のインパクトがありそうですね．一方，学習補助に関しては，有意な効果が検出されません．したがって，もしテネシー州が教員の増員を行うならば，通常学級に補助教員を付け足すよりも，多くの学級を作って学級当たりの児童数を減らすほうが得策と言えます．

　注目すべきは，コントロール変数の追加が推定結果にほとんど影響しない点です．これは，少人数学級・学習補助ダミーが他の個人属性と独立に決定されている強力な根拠となります．しかしながら Krueger（1999）は，STAR データの問題点を指摘しています．すなわち，この実験自体に賛同しない親，あるいは通常学級に割り当てられて不満を抱いた親が，実験に参加していない学校に転校した可能性です．もちろん，親の仕事などの都合で移動するケースもあるでしょう．もしこういったサンプルの脱落が親や子の個人属性に依存して発生したならば，残されたサンプルは代表性を欠いてしまいます．

　被験者の実験からの系統的な脱落は，社会実験の限界の一つです．脱落（STAR の例ならば転校）を禁じる法律など，作れないからです．この問題の

検証こそが，Krueger (1999) の貢献です．詳しくは，同論文をご参照下さい．サンプル脱落は，第16章のパネルデータ分析で再び登場します．

13.4 自然実験

13.4.1 自然実験とは？

　社会科学系，そして一部の自然科学系分野における実験実行の難しさは，本書のいたるところで指摘した通りです（大規模な社会実験を行っても，被験者の脱落が生じるかも知れません）．しかしながら，私たち分析者が実験を執り行わなくとも，実験が「転がっている」可能性があるのです．歴史上の偶然・事故や，大きな社会制度改革，あるいは人間の生物としての制約が，ときに無作為化実験に限りなく近い条件のデータをもたらします．自然が与えた，分析者の意図せざる実験という意味で，これを**自然実験**（natural experiment）あるいは擬似実験と呼びます．簡単に言えば，「偶然が引き金となって人間の行動が変わる瀬戸際」を観測したデータです．

　自然実験は定義上，個々人の意思決定問題の外からやって来る**外生変数**です．したがって，自然実験を説明変数または操作変数に使えば，比較的簡単なOLS, IV 推定で因果性の実証分析が可能になります．ただし自然実験に出会うには，社会制度や人間に対する深い洞察力，そしてインセンティブを読む力を要します．ここでは，自然実験の達人たちが行った実証分析を紹介します．

13.4.2 例：ルームメイトのピア効果

　ピア効果（peer effect）とは，私たちがピア（級友や同僚など，自分と同格の存在）から被るさまざまな影響のことです．具体的には，「友達ががんばるので自分も負けじと勉強した」，「同僚の影響でゴルフを始めた」といった効果です．ピア効果はもともと社会学の概念で，最適な組織編制のデザインや，社会階層の形成プロセスの分析で重要です．

　本人とそのピアたちのパフォーマンスの「相関関係」は，統計的な裏付けが多数存在します．しかし「因果関係」としてピア効果を実証するのは，至難の業です．通常ピアたちは，共通の環境（同じクラス・教師，同じ職場）を共有

表13.6 ルームメイトの成績が本人成績へ与える影響

	モデル(1)		モデル(2)	
	係数	t値	係数	t値
ルームメイトGPA	0.120	3.08	0.068	2.34
本人高校成績	0.014	17.50	0.015	21.43
RM高校成績	−0.001	−1.00	−0.0003	−0.33
その他コントロール	Yes		Yes	
寮ダミー	No		Yes	
決定係数	0.24		0.38	
サンプル数 n	1589		1589	

しています．すると彼らのパフォーマンスには，環境を通じた見せかけの依存関係が生じます．優れた担任教員は，そのクラスの生徒全員に正の影響を与えるでしょう．ただし「担任教員ダミー」などを説明変数に加えることで，環境要因はコントロール可能です．真に厄介なのは，**自己選択**メカニズムです．これは，例えばもともと勉強のできる子同士（あるいはできない子同士）が集まってピアを形成する傾向です．「賢い子と付き合うと賢くなる」のではなく，「賢いから賢いグループに入れる」こともあり得るわけです．

　Sacerdote（2001）はアメリカの名門大学，ダートマス大学の新入生制度に注目し，ピアから本人への因果関係を実証しました．この大学は，ほぼすべての新入生が，ランダムに割り当てられた二人一部屋の学生寮に住むルールとなっているのです．これはルームメイトがランダムに与えられた状況であり，先に指摘した自己選択の問題を回避できます．彼は学生本人のGPA（成績得点）を，ルームメイトのGPAやその他のコントロール変数に回帰しました．推定方法は，OLSです．

　表13.6は，Sacerdote（2001）の主要結果の抜粋です．寮ダミーをコントロールしても，ルームメイトのGPAが本人の1年次GPAに統計的に有意な影響を与えています．つまり，「たまたま勉強のできる（できない）同級生とルームメイトになると，本人の成績が上がる（下がる）」というピア効果が実証されたわけです．

13.4.3 例：出生による女性の労働供給の減少

小さい子どもを持つ母親ほど労働時間が短くなる傾向，すなわち出生と女性の労働供給の負の相関関係は，多くの国で観測される統計的事実です．はたして，子どもを持つと働きづらくなるのでしょうか？　それとも働くと子どもを持ちづらくなるのでしょうか？　多くの経済学者の関心を引き付けてきた，古典的な実証問題です．

家庭内の子どもが外生的に増えることで，女性の働き方はどう変化するでしょうか？　この問いに答えないことには，日本における少子化問題や，ライフワークバランスを論じることができません．しかし「各家庭にランダムに赤ちゃんを与える」といった無作為実験は，あってはならない人権侵害です．いくら予算をかけても，実現できない社会実験もあるわけです．

Angrist and Evans（1998）は子を持つ親の親心（経済学用語でいえば選好）に着目し，この難問に挑みました．彼らはすでに子どもが二人以上いる夫婦に関し，「第三子以上の子ども」が女性の労働供給に与える影響を推定しました．

なぜ彼らは，この少々特殊な母集団に着目したのでしょうか？　まず，親は子どもの性別を選択できず，ランダムに決まります．一方で心理学や社会学の先行研究をひも解けば，親というものは，性別の異なる子どもの混合を好む傾向にあります．ゆえに第二子までが同一性別（男男，女女）だと，異なる性別の子を求めて第三子を持つ確率が大きく上がるのです．実際，Angrist and Evans（1998）が用いた後述のデータでも，この傾向が有意に検出されています．以上の理由から，「第二子までが男男，女女」ダミーは，「第三子以上の子どもの数」の操作変数に使えるのです．ここで興味深いのは，子ども自体ではなく，子どもを持つインセンティブがランダム（外生的）に与えられている点です．

Angrist and Evans（1998）は既婚家計の子どもの性別や出生順序を特定するため，「The US. 1990 Census」（米国の国勢調査）の公開5％サンプルを推定に用いました（サンプル数は30万を超えます）．表13.7はその推定結果をまとめたものです．なお，年齢や初産年齢，人種などをコントロールしていますが，推定値は省略します．単一操作変数「第二子までが同性」ダミーによるIV，そして「第二子までが男子」ダミーと「第二子までが女子」ダミーの二

表13.7 出生が女性の労働供給へ与える影響

	OLS	IV	2SLS
操作変数	なし	同性	男男, 女女
Y_i = 労働参加			
係数	-0.16	-0.09	-0.09
t 値	-77.50	-3.83	-3.83
Y_i = 労働時間			
係数	-6.80	-4.08	-4.10
t 値	-97.14	-4.16	-4.18
サンプル数 n	380,007		

つの操作変数による2SLSが,彼らの主要結果です.IVと2SLSの推定値は,ほとんど同値です.IV,2SLSの結果に従えば,現時点で子どもを二人持つ家庭で,外生的に子どもが一人増えると,母親が外で働く確率が約10%ポイント,週労働時間が約4時間短くなると言えます.一方OLSは,子どもが増えることによる負の労働供給効果を過大に評価しています[4].

復習問題

問題 13.1 次の市場均衡モデルを考える.

$$\text{需要曲線}: Y_i = \alpha_0 + \alpha_1 X_i + \alpha_2 W_i + \alpha_3 Z_i + u_i \tag{13.24}$$

$$\text{供給曲線}: Y_i = \beta_0 + \beta_1 X_i + \beta_2 W_i + v_i \tag{13.25}$$

ここで内生変数は価格 X_i と数量 Y_i,外生変数は W_i と Z_i である.

(1) 供給曲線(13.25)式はIV推定できるが,需要曲線(13.24)式はIV推定できない.その理由を,グラフを用いて説明せよ.

(2) このモデルは,合計7つの係数パラメータを持つ.(13.24)式をIV推定するには,パラメータに対しどのような制約を置けばよいか?

---

[4] Angrist and Evans (1998) は同様の分析を夫サンプルでも行い,妻サンプルとは逆に外生的な第三子は夫の労働供給を増加させることを示しました.

問題 13.2 以下の分析を，因果関係の観点から批評せよ．

(1) 有名進学校の生徒は，それ以外の高校生よりも難関大学合格率が高い．したがって進学校は，その他高校と比べより効果的な教育を提供している．

(2) 高校生の身長を調査したところ，バスケ部・バレー部の生徒はそれ以外の生徒より平均身長が有意に高い．ゆえにバスケやバレーには，身長を伸ばす効果がある．

(3) ダイエットに勤しむ人ほど肥満が多い．したがってダイエットは肥満の一因である．

章末付録

証明 (13.16) $E(X_i) = \gamma_1$, $E(Y_i) = \gamma_2$ なので，$\text{Var}(X_i) = E[(X_i - \gamma_1)^2] = E(\epsilon_i^2)$, $\text{Cov}(X_i, Y_i) = E[(X_i - \gamma_1)(Y_i - \gamma_2)] = E[\epsilon_i(v_i + \beta_1 \epsilon_i)]$ となる．まず分散は

$$\text{Var}(X_i) = E(\epsilon_i^2) = \frac{1}{(\alpha_1 - \beta_1)^2} E[u_i^2 - 2u_i v_i + v_i^2]$$

$$= \frac{1}{(\alpha_1 - \beta_1)^2} [\underbrace{E(u_i^2)}_{= \sigma_u^2} - 2\underbrace{E(u_i v_i)}_{= 0} + \underbrace{E(v_i^2)}_{= \sigma_v^2}] \tag{13.26}$$

$$= \frac{(\sigma_u^2 + \sigma_v^2)}{(\alpha_1 - \beta_1)^2}$$

また共分散は

$$\text{Cov}(X_i, Y_i) = E[\epsilon_i(v_i + \beta_1 \epsilon_i)] = E(\epsilon_i v_i) + \beta_1 E(\epsilon_i^2)$$

$$= \frac{1}{(\alpha_1 - \beta_1)} [-\underbrace{E(u_i v_i)}_{= 0} + \underbrace{E(v_i^2)}_{= \sigma_v^2}] + \beta_1 E(\epsilon_i^2)$$

$$= \frac{\sigma_v^2}{(\alpha_1 - \beta_1)} + \beta_1 \frac{(\sigma_u^2 + \sigma_v^2)}{(\alpha_1 - \beta_1)^2} \tag{13.27}$$

$$= \sigma_v^2 \frac{(\alpha_1 - \beta_1)}{(\alpha_1 - \beta_1)^2} + \beta_1 \frac{(\sigma_u^2 + \sigma_v^2)}{(\alpha_1 - \beta_1)^2}$$

よって，(13.17)式の c の定義を使えば

$$\frac{\text{Cov}(X_i, Y_i)}{\text{Var}(X_i)} = (\alpha_1 - \beta_1) \underbrace{\frac{\sigma_v^2}{(\sigma_u^2 + \sigma_v^2)}}_{= c} + \beta_1 = c\alpha_1 + (1-c)\beta_1 \tag{13.28}$$

∎

第IV部
より進んだ分析のために

第14章 最尤法

この章では,新たな推定法として最尤法(さいゆうほう)を学びます.最尤法は,被説明変数 Y_i が非連続的な離散値をとる計量モデル,**離散反応モデル**(discrete response models)の推定でしばしば用いられる推定法です.私たちは次章で,最尤法をプロビットモデル,トービットモデルの推定に応用します.

14.1 最尤法:最も尤もらしい推定法

14.1.1 例:ベルヌーイ母集団

離散変数の例として,ダミー変数を考えましょう.第7章で述べた通り,ダミー変数とは,二つの状態(例えば男 or 女)を 0 or 1 の二値で記号化した変数です.計量経済学では,ダミー変数 Y_i が被説明変数(説明を受ける側)となる場合,それを**二値反応変数**と呼びます.本章は,Y_i の観測を生み出す母集団モデルを最尤推定します(ただし説明変数 X_i は,しばらく登場しません).

二値反応変数 $Y_i = \{0,1\}$ の確率を与える母集団は一般に,**ベルヌーイ分布**

$$f(y) = \Pr(Y_i = y) = (1-p)^{1-y} p^y, \quad y = 0, 1, \quad 0 < p < 1 \tag{14.1}$$

で定式化されます.ここで p は**生起確率**(成功確率)と呼ばれる,未知の母数です.上式に従って $Y_i = 0, 1$ それぞれの確率を求めると,

14.1 最尤法：最も尤もらしい推定法

$$f(0) = \Pr(Y_i = 0) = (1-p)^{1-0} p^0 = 1 - p \tag{14.2}$$
$$f(1) = \Pr(Y_i = 1) = (1-p)^{1-1} p^1 = p \tag{14.3}$$

となり，結局 p は $Y_i = 1$ の確率に相当します[1]．p は，例えば「ある地域に住む自動車保有者の割合」を指します．確率論的な表現ならば，「ある地域から無作為に住人を選んだとき，その人が自動車を持っている確率」となるでしょう．

さて，Y_i の期待値を求めると

$$\mathrm{E}(Y_i) = 0 \cdot (1-p) + 1 \cdot p = p \tag{14.5}$$

なので，p は $Y_i = 1$ が出る確率であると同時に，Y_i の期待値・母平均でもあるわけです．

> **公式**（ベルヌーイ分布の期待値）
>
> ベルヌーイ分布の成功確率 p に関し，
>
> $$\Pr(Y_i = 1) = \mathrm{E}(Y_i) = p \tag{14.6}$$

[証明] 前段で証明済み． ∎

いずれの解釈にせよ，分析者にとって p は未知母数，推定の対象となります．

> **Remark** ベルヌーイ分布：ダミー変数 $Y_i = \{0, 1\}$ の母集団モデル
> ◆ 生起確率 $p = \Pr(Y_i = 1)$ が未知の母数．「母集団における $Y_i = 1$ の割合」に相当．
> ◆ $p = \Pr(Y_i = 1) = \mathrm{E}(Y_i)$：生起確率は，$Y_i$ の母平均でもある．

---

1) したがって，ベルヌーイ分布は次のように表すことも可能です．

$$f(y) = \Pr(Y_i = y) = \begin{cases} 1-p & (y=0) \\ p & (y=1) \end{cases} \tag{14.4}$$

第2章のサイコロの確率分布の例と，ほとんど同じですね．

一方，ダミー変数 Y_i の平均値は，「標本に占める $Y_i = 1$ の割合」でした（第7章）．

$$\bar{Y} = \frac{1}{n} \sum Y_i = \frac{n_1}{n} = \hat{p}, \quad n = n_0 + n_1 \tag{14.7}$$

ただし n_0, n_1 はそれぞれ，「$Y_i = 0$」，「$Y_i = 1$」の標本数です．したがって小標本では，$\bar{Y}$ は p の不偏推定量 $\mathrm{E}(\bar{Y}) = p$ です．また大数の法則より

$$\mathrm{plim}\,\bar{Y} = \mathrm{E}(Y_i) \quad \Leftrightarrow \quad \mathrm{plim}\,\hat{p} = p \tag{14.8}$$

が成立し，$\bar{Y}$ は p の一致推定量となります．サンプル数 n が十分大きければ，標本上の割合は，母集団上の確率をよく近似するわけです．

14.1.2 ベルヌーイ成功確率の「最も尤もらしい」推定値

この節では，簡単な数値例に基づき，生起確率 p の最尤推定を考えます．

例 ある町で無作為に $n = 5$ 名の住民を選び，自動車の有無を調査したところ，次の結果を得た．

$$Y_1 = 1,\ Y_2 = 1,\ Y_3 = 0,\ Y_4 = 0,\ Y_5 = 1 \tag{14.9}$$

なお Y_i は，個人 i が車を持っていれば 1，そうでなければ 0 の二値ダミーである．$n = 5$ 名のうち，車なしが $n_0 = 2$ 名，車ありが $n_1 = 3$ 名であった．

この例で，「母集団における自動車保有の割合（あるいは確率）p」を推定したければ，その不偏推定量・一致推定量である標本平均

$$\bar{Y} = \frac{1}{5}(1+1+0+0+1) = \frac{3}{5} = 0.6 \tag{14.10}$$

が妥当です．おそらく全体で 6 割ぐらいの住民が，自動車保有者なのでしょう．

ここで少々視点を変え，上式以外のアプローチによる p の推定を模索します．まず，未知の p を所与として，私たちが (14.9) 式の調査結果を観測する

14.1 最尤法:最も尤もらしい推定法

確率

$$L(p) = \Pr(Y_1 = 1,\ Y_2 = 1,\ Y_3 = 0,\ Y_4 = 0,\ Y_5 = 1) \tag{14.11}$$

を考えます(5次元の結合確率ですね).これを**尤度**(ゆうど)と呼びます.

$L(p)$ は,いくつかの前提の下,簡単な表現になおすことが可能です.いま,観測 Y_i が互いに独立であるとするならば,上の結合確率すなわち尤度は,個々の観測確率の積になります(第2章参照).

$$L(p) = \Pr(Y_1 = 1)\Pr(Y_2 = 1)\Pr(Y_3 = 0)\Pr(Y_4 = 0)\Pr(Y_5 = 1) \tag{14.12}$$

さらに,個々の観測はベルヌーイ分布(14.1)式に従うので,次式を得ます.

$$\begin{aligned} L(p) &= \underbrace{(1-p)^0 p^1}_{=\Pr(Y_1=1)} \cdot \underbrace{(1-p)^0 p^1}_{=\Pr(Y_2=1)} \cdot \underbrace{(1-p)^1 p^0}_{=\Pr(Y_3=0)} \cdot \underbrace{(1-p)^1 p^0}_{=\Pr(Y_4=0)} \cdot \underbrace{(1-p)^0 p^1}_{=\Pr(Y_5=1)} \\ &= p \cdot p \cdot (1-p) \cdot (1-p) \cdot p \\ &= (1-p)^2 p^3 \end{aligned} \tag{14.13}$$

(14.9)式のパターンが出やすいか否かは,当然確率 p に左右されます.したがって尤度 $L(p)$ は,p の関数として表記されます.

さて,「(14.9)式の結果が観測された」という事実を踏まえると,いかなる p の値が「最も尤もらしい」(もっとももっともらしい)でしょうか? 現実には(14.9)式という結果が起こったのですから,(14.9)式のパターンを高確率で再現する p の値が「最も尤もらしい」と言えるかもしれません.この「最も尤もらしい」p は,数学的には尤度・結合確率 $L(p)$ を p で最大化することで得られます.最大化の準備として,(14.13)式両辺を対数変換し,**対数尤度**

$$\log L(p) = \log[(1-p)^2 p^3] = 2\log(1-p) + 3\log(p) \tag{14.14}$$

を定義しましょう.対数変換は単調増加変換なので,(14.13)式の最大化と(14.14)式の最大化は同じ解を得るはずです.図14.1は,尤度(14.13)式と対数尤度(14.14)式のグラフです.確かに同じ p の値で最大値に達しています.

対数関数の微分公式(7.14)および合成関数のチェーンルール(第4章の章末付録)を用いて(14.14)式の導関数を求め,ゼロと置けば最大化の一階条件

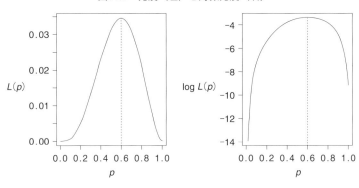

図14.1 尤度(左)と対数尤度(右)

$$\frac{d\log L(p)}{dp} = 0 \quad \Rightarrow \quad -2\frac{1}{1-\hat{p}} + 3\frac{1}{\hat{p}} = 0 \quad \Leftrightarrow \quad 3(1-\hat{p}) - 2\hat{p} = 0$$

(14.15)

が得られます.ただし $\hat{p}$ は最大化の解で,実際に上式を解けば

$$\hat{p} = \frac{3}{5} = 0.6$$

(14.16)

となります.かくして,(14.9)式の観測結果を高確率で再現する成功確率 p は,$\hat{p} = 0.6$ であることが判明しました.これを**最尤推定値**と呼びます.最尤推定値 $\hat{p} = 0.6$ が,先に求めたダミー変数の平均値 $\bar{Y} = 0.6$ と合致する点にご注目下さい.つまり $\bar{Y}$ は,p の最尤推定値でもあるのです.

14.2 未知母数の最尤推定

14.2.1 最尤推定量

ベルヌーイ母集団を離れ,一般的な母集団モデルに関し**最尤法**を定義しましょう.いま私たちは,母集団分布 $f(y;\theta)$ が持つ未知のパラメータ θ を,独立標本 $Y_1, Y_2, ..., Y_n$ に基づき推定したいと考えています.任意の標本実現値の組み合わせ $y_1, y_2, ..., y_n$ が観測される結合確率

14.2 未知母数の最尤推定

$$L(\theta) = \Pr(Y_1 = y_1)\Pr(Y_2 = y_2)\cdots\Pr(Y_n = y_n)$$
$$= f(y_1;\theta)f(y_2;\theta)\cdots f(y_n;\theta) \quad (14.17)$$

を**尤度関数**，またその対数値

$$\begin{aligned}
\log L(\theta) &= \log[f(y_1;\theta)f(y_2;\theta)f(y_n;\theta)] \\
&= \log f(y_1;\theta) + \log f(y_2;\theta) + \cdots + \log f(y_n;\theta) \\
&= \sum \log f(y_i;\theta)
\end{aligned} \quad (14.18)$$

を**対数尤度関数**と呼びます．尤度（対数尤度）は，分析者が置いた θ の値が，現実のデータに見られたパターンにどれだけフィットするかを測る指標であり，第4章のOLSにおける残差2乗和のような意味合いを持ちます[2]．

対数尤度関数を θ に関し最大化すれば，**最尤推定量**（maximum likelihood estimator；ML）$\hat{\theta}$ を得ます．

$$\log L(\theta) \xrightarrow{\theta \text{で最大化}} \underset{\text{ML}}{\hat{\theta}} \quad (14.19)$$

OLSは，回帰直線をデータ（散布図）にフィットさせ，係数を推定するというアイディアでした．それに対し最尤法MLは，言わば母集団モデル $f(y;\theta)$ をデータにフィットさせることで θ を推定します．MLの背後にある，「未知母数の値は，現に得られたデータのパターンを高確率で再現させるような値に違いない」という発想法を，**最尤原理**と呼びます．

> **Remark** OLSとMLの対比
> 1 OLS推定：残差2乗和の最小化 ⇔ 回帰直線をデータにフィット．
> 2 ML推定 ：対数尤度の最大化 ⇔ 母集団モデルをデータにフィット．

14.2.2 ML推定量の統計的性質

ここまでは，観測の実現値 $Y_i = y_i$ が与えられた，つまり標本がすべて分析者のもとに出そろった，という事後の視点でML推定を考えてきました．し

---

[2] 尤度を対数尤度になおす理由は，「積」が「和」の表現になり，数学的に扱いやすいからです．

たがって対数尤度 (14.18) は非確率的であり，その解すなわち $\hat{\theta}$ も確率変数ではありません．しかし観測を行う前の段階では，Y_i は未定です．よって

$$\log L(\theta) = \sum \log f(Y_i; \theta) \tag{14.20}$$

および上式の最大化で得られる $\hat{\theta}$ は，$Y_1, Y_2, ..., Y_n$ に依存する確率変数と認識されるべきです．はたして $\hat{\theta}$ は，θ の推定量として望ましい性質を持っているでしょうか？

　結論を述べれば，最尤法は漸近的な意味で最も望ましい推定量をもたらします．証明は本書の目指すレベルを超えるので，ここでは主要な結果を紹介するに留めておきます．

> **公式**（**ML 推定量の漸近的性質**）
> 　ML 推定量は，$n \to \infty$ のとき一致性，漸近正規性，漸近有効性を満たす．すなわち漸近的に
>
> $$\operatorname{plim} \hat{\theta} = \theta, \quad \hat{\theta} \stackrel{a}{\sim} N(\theta, \operatorname{Avar}(\hat{\theta})) \tag{14.21}$$
>
> であり，その漸近分散 $\operatorname{Avar}(\hat{\theta})$ は，競合するあらゆる漸近正規推定量の中で最小である．

[証明] 野田・宮岡（1992）を参照． ■

　上の定理より ML 推定は，n が十分多いデータである限り，好ましい推定量であると言えます．

　ML 推定の素晴らしい性能は，コストを伴います．ML 推定の最大の欠点は，頑健性の欠如です．私たちは第10章，第11章で，誤差項に分布に関する強い仮定を置かず，回帰式に関する定式化だけで回帰分析を進める方法を考えました．対して ML 推定は，母集団分布を隅々まで完全に定式化する必要があります．したがって，もし分析者が誤って真の母集団分布と異なる分布を指定し，それに基づいて ML 推定を行えば，上記の性質が発揮される保証はありません．ただし一致性・漸近正規性に関しては，特定のモデルに限り，分布の定式化にある種の誤りがあっても成立することが知られています．これを**擬似**

尤度 (quasi-likelihood) 推定と呼びます.

14.2.3 例：線形回帰モデルの ML 推定

最尤法は，連続的な Y_i のモデルの推定に使うこともできます．第 III 部では，誤差項の分布型を特定せずに，セミパラメトリックな回帰分析を行いました．それに対し，ここでは，正規性を仮定した次のモデルを考えます．

$$Y_i = \alpha + \beta X_i + u_i, \quad u_i | X_i = x_i \sim \mathrm{N}(0, \sigma^2) \tag{14.22}$$

上式の $u_i | X_i = x_i$ は，「$X_i = x_i$ が与えられた下で」という注意書きです．

第 4 章で登場した古典的回帰モデルと同様，上式は

$$Y_i | X_i = x_i \sim \mathrm{N}(\alpha + \beta x_i, \sigma^2) \tag{14.23}$$

と改められます．また，正規分布の密度関数(2.14)式に，期待値・分散をそれぞれ当てはめることで，Y_i の条件付き正規分布

$$f(y_i | x_i) = \frac{1}{\sqrt{2\pi\sigma^2}} e^{-\frac{(y_i - \alpha - \beta x_i)^2}{2\sigma^2}} = (2\pi)^{-\frac{1}{2}} (\sigma^2)^{-\frac{1}{2}} e^{-\frac{(y_i - \alpha - \beta x_i)^2}{2\sigma^2}} \tag{14.24}$$

を得ます（σ ではなく σ^2 を一つのパラメータとみなしている点にご注意を）．上式の対数をとれば

$$\log f(y_i | x_i) = -\frac{1}{2} \log(2\pi) - \frac{1}{2} \log(\sigma^2) - \frac{(y_i - \alpha - \beta x_i)^2}{2\sigma^2} \tag{14.25}$$

となります．したがって，(14.24)式のモデルの対数尤度関数は次式の通りです．

$$\begin{aligned} \log L(\alpha, \beta, \sigma^2) &= \sum \log f(Y_i | X_i) \\ &= -\frac{n}{2} \log(2\pi) - \frac{n}{2} \log(\sigma^2) - \frac{1}{2\sigma^2} \sum (Y_i - \alpha - \beta X_i)^2 \end{aligned} \tag{14.26}$$

この例のように，条件付き分布に基づく尤度関数を**条件付き尤度**と呼びます．

(14.26)式を最大にする α, β を求めれば，回帰モデルの ML 推定量 $\hat{\alpha}, \hat{\beta}$ が得

られます．一見大変そうですが，次のトリックを使えば簡単です．まず (14.26)式の右辺第3項は，OLS推定の残差2乗和 $Q(\alpha, \beta) = \sum (Y_i - \alpha - \beta X_i)^2$ に，負の定数 $-1/2\sigma^2$ を乗じた値です．そして第1項，第2項は，α, β を含みません．したがって，$Q(\alpha, \beta) = \sum (Y_i - \alpha - \beta X_i)^2$ を最小にする α, β を選べば，$\log L(\alpha, \beta, \sigma^2)$ が最大化されます．

$$\lceil \max_{\alpha, \beta} \log L(\alpha, \beta, \sigma^2) \text{の解} \rfloor = \lceil \min_{\alpha, \beta} Q(\alpha, \beta) \text{の解} \rfloor \qquad (14.27)$$

そのため，α, β のML推定量は，OLS推定量と同じく(4.23)式で与えられます．

復習問題

問題 14.1 正規母集団 $Y_i \sim N(\mu, \sigma^2)$ の，母平均 μ，母分散 σ^2 の最尤推定を行いたい．
(1) 正規分布の密度関数(2.14)式に基づき，対数尤度関数 $\log L(\mu, \sigma^2)$ を構成せよ．
(2) 最尤推定量が，次式で与えられることを示せ．

$$\hat{\mu} = \frac{1}{n} \sum Y_i = \bar{Y}, \quad \hat{\sigma}^2 = \frac{1}{n} \sum (Y_i - \bar{Y})^2 \qquad (14.28)$$

問題 14.2 (14.26)式の対数尤度を誤差項の母分散 σ^2 で最大化し，最尤推定量が

$$\hat{\sigma}^2 = \frac{1}{n} \sum (Y_i - \hat{\alpha} - \hat{\beta} X_i)^2 \qquad (14.29)$$

となることを示せ．〔ヒント：$\hat{\alpha}, \hat{\beta}$ はOLSの公式で決まるので，これらを(14.26)式に代入し，σ^2 だけの関数として扱う．〕

第15章 プロビットとトービット

本章はまず，プロビットモデルによる回帰分析を考えます．プロビットとは，被説明変数が二値ダミー $Y_i = \{0, 1\}$ で与えられるデータについて，$Y_i = 1$ となる確率（生起確率）に説明変数 X_i が与える影響を推定する手法です．また実証分析では，連続型変数と離散型変数，両方の性質を持った変数に遭遇することがあります．そういった変数を被説明変数に置くモデルは，一般に**制限被説明変数モデル**（limited dependent variable model）と呼ばれます[1]．この章の後半では制限された被説明変数の分析法として，トービットモデルの最尤推定を扱います．

15.1 プロビット：確率の回帰分析

15.1.1 プロビットによる条件付き確率のモデル化

私たちは第7章で，ダミー変数を回帰モデルの説明変数として使うテクニックを学びました．もし，被説明変数の側がダミーで与えられるならば，いかなる分析をすべきでしょうか？ まずは次の例をご覧下さい．

---

[1] 広義には，離散選択モデル（第14章）であるプロビットも，制限被説明変数モデルに含まれます．

15.1 プロビット：確率の回帰分析

表15.1 2011-12年J1選手の出場と移籍

id	移籍ダミー	出場時間/3060	ゴール/34	J2降格ダミー
1	0	0.00	0.00	0
2	0	0.97	0.03	0
3	0	0.23	0.06	0
4	1	0.01	0.00	0
⋮				
528	1	0.03	0.03	1

例 表15.1は，Jリーグ（J1）2011-12年シーズンの528選手の出場と，ポストシーズンの移籍状況に関するデータである．ここで移籍ダミーは，その選手がシーズン終了後移籍したら $Y_i = 1$，そうでなければ $Y_i = 0$ をとる二値ダミーで，平均（すなわち移籍率の推定値）は $\bar{Y} = \hat{p} = 0.44$ であった．

（かなり高めの移籍率推定値に思えますが，これは強化選手など一時的に所属していた選手がサンプルに含まれるためでしょう）．本節はプロビットモデルを用いて，出場時間やゴール数，チームの降格が選手 i の移籍確率に与える影響を ML 推定する方法を学びます．

おそらく最も簡便な分析法は，二値ダミー Y_i の離散性を無視し，Y_i を説明変数 X_i に OLS 回帰することです．第7章ではこれを線形確率モデルと呼びました．しかし線形確率モデルでは，予測値 $\hat{Y}_i$ ($= a + bX_i$) が必ずしも0と1の間に収まらない，という問題が生じます．

そこで(14.1)式のベルヌーイ母集団を拡張し，$Y_i = 1$ の生起確率が，X_i に依存する**条件付き確率**

$$p_i = \Pr(Y_i = 1 | X_i) = \Phi(\alpha + \beta X_i) \tag{15.1}$$

を仮定しましょう．このモデルを**プロビット**（probit）と呼びます．ここで α，β は未知の係数，また $\Phi(\cdot)$ は標準正規分布の**累積分布関数**で，図15.1の通りで

図15.1 プロビットの構造：$Z \sim N(0,1)$ の累積分布関数

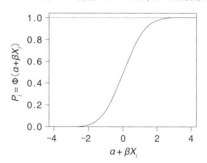

す[2]．前章のベルヌーイ母集団の生起確率は p で一定でしたが，こちらは X_i に依存するため p_i と表記される点にご注目下さい．以上からプロビットは，「確率の回帰モデル」と言うことができるでしょう．

> **Remark**
> プロビット $p_i = \Phi(\alpha+\beta X_i)$ は，X_i の違いによって $Y_i = 1$ の起こりやすさを説明する，ある種の回帰モデル．
> ◆ 確率 p_i の個体差を，X_i で説明．
> ◆ 未知の係数 α, β を推定．

プロビットのポイントは，(15.1)式右辺の階層構造です．まず X_i の一次式 $\alpha+\beta X_i$ があり，そして $\alpha+\beta X_i$ が関数 $\Phi(\cdot)$ を通ることで確率 p_i の水準が決まります．また累積分布関数 $\Phi(\cdot)$ は，図15.1が示す通りあらゆる $\alpha+\beta X_i$ について

$$0 < \Phi(\alpha+\beta X_i) < 1 \quad \Rightarrow \quad 0 < p_i < 1 \tag{15.3}$$

を満たすので，常に正常な確率値を与えてくれます．条件 $0 < g(\cdot) < 1$ を満

---

2) 累積分布関数 $\Phi(z)$ は $Z \sim N(0,1)$ がある値 z を下回る確率を返す関数で，第2章で見た密度関数 $\phi(z)$ を使えば次式で与えられます．

$$\Phi(z) = \Pr(Z \le z) = \int_{-\infty}^{z} \phi(t) dt \tag{15.2}$$

詳しくは松原他（1991）をご覧下さい．

15.1 プロビット：確率の回帰分析

たす関数 $g(\cdot)$ は $\Phi(\cdot)$ 以外にも無数に存在しますが，中でもプロビットは，その数学的な簡便さから人気があります．

さて，公式(14.6)と同じ要領で Y_i の条件付き期待値を求めると

$$E(Y_i|X_i) = 0\cdot(1-p_i)+1\cdot p_i = p_i = \Pr(Y_i=1|X_i) \\ = \Phi(\alpha+\beta X_i) \tag{15.4}$$

を得ます．したがってプロビットは，ある種の**非線形回帰モデル**と解釈できるのです．ここで関数 $\Phi(\cdot)$ は，$E(Y_i|X_i)$ の底（= 0）と天井（= 1）を与える役割を果たしています．

> **Remark**
> プロビット $p_i=\Phi(\alpha+\beta X_i)$ は，非線形回帰モデルの一種．

なお，関数 $g(\cdot)$ により一次式 $\alpha+\beta X_i$ が非線形変換され回帰関数が完成する構造を，一般的に**シングル・インデックス**（single index）と呼びます．線形回帰モデル $E(Y_i|X_i)=\alpha+\beta X_i$ も，その代表格です．

15.1.2 プロビットモデルの ML 推定

(15.1)式のプロビットを仮定すれば，$X_i=x_i$ が与えられた下での条件付きベルヌーイ母集団は

$$f(y_i|x_i) = [1-\Phi(\alpha+\beta x_i)]^{1-y_i}\Phi(\alpha+\beta x_i)^{y_i} \tag{15.5}$$

となり，その対数変換は次の通りです．

$$\log f(y_i|x_i) = (1-y_i)\log[1-\Phi(\alpha+\beta x_i)]+y_i\log\Phi(\alpha+\beta x_i) \tag{15.6}$$

ゆえにプロビットモデルの対数尤度関数（前章を参照）は，説明変数・被説明変数を不定の確率変数として表記すれば

$$\log L(\alpha,\beta) = \sum \log f(Y_i|X_i) \\ = \sum(1-Y_i)\log[1-\Phi(\alpha+\beta X_i)]+\sum Y_i\log\Phi(\alpha+\beta X_i) \tag{15.7}$$

で与えられます．上式をパラメータ α,β について最大化することにより，私

たちは ML 推定量 $\hat{\alpha}, \hat{\beta}$ を得ます．

　これまで本書で扱ってきた OLS や IV 推定量と異なり，プロビット係数の ML 推定量は，解析的に解くことができません（「解析的に解ける」とは，$b = \frac{S_{xy}}{S_{xx}}$ のような公式として示すことができる，という意味です）．これは非線形回帰モデルの推定で一般に起こる問題であり，目的関数の最小化・最大化に際し反復アルゴリズムによる**数値最適化**を要します．幸い多くの統計ソフトにはプロビットの ML コマンドが実装されており，線形回帰モデルと同じ感覚でプロビットが使えます．また，プロビットの ML 推定量は漸近正規性が保証されているので，線形回帰と同様，t 値（Z 値）によって係数の有意性検定が可能です．

15.1.3　限界効果

　プロビット分析の最終目的は，「X_i が一単位変化したとき，$Y_i = 1$ の確率 p_i がいくら変化するか」を推定することです．しかしながら，プロビットの係数 β について，そのような数量的解釈は成立しません．この点を確認しましょう．

　いま $W_i = \alpha + \beta X_i$ と置き，(15.1)式の条件付き確率 p_i を X_i で微分すると**限界効果**（marginal effect；ME）

$$\text{ME} = \frac{dp_i}{dX_i} = \frac{d\Phi(\alpha + \beta X_i)}{dX_i} = \underbrace{\frac{d\Phi(W_i)}{dW_i}}_{=\phi(W_i)} \underbrace{\frac{dW_i}{dX_i}}_{=\beta} = \phi(\alpha + \beta X_i)\beta \tag{15.8}$$

を得ます．ただし合成関数の微分ルール，および密度関数 $\phi(z)$ と累積分布関数 $\Phi(z)$ の対応関係

$$\frac{d\Phi(z)}{dz} = \phi(z) \tag{15.9}$$

を使いました（松原他 1991を参照）．

15.1 プロビット：確率の回帰分析

> **公式**（プロビットの限界効果）
>
> プロビットの限界効果は，
>
> $$\text{ME} = \frac{dp_i}{dX_i} = \phi(\alpha + \beta X_i)\beta \tag{15.10}$$

[証明] 前段で証明済み． ∎

私たちが知りたい数量は，β ではなく限界効果 ME が与えます．ただし密度関数の性質から常に $\phi(\alpha+\beta X_i) > 0$ なので，ME の符号は β の符号と合致します．

上の結果から明らかなように，(15.1) 式の係数 β の ML 推定値 $\hat{\beta}$ 自体は，限界効果 ME の推定値ではありません．そのため通常は，ML 推定の後に

$$\widehat{\text{ME}} = \phi(\hat{\alpha}+\hat{\beta}\bar{X})\hat{\beta} \tag{15.11}$$

を求め，こちらを係数の推定値とともにレポートします．ただし $\bar{X}$ は説明変数 X_i の平均値です[3]．プロビットの実行できる統計ソフトには，必ず限界効果出力のオプションが付いているので，それを利用しましょう．

Remark

プロビットは，係数推定値を限界効果推定値 $\widehat{\text{ME}}$ になおしてレポート．

プロビットを gretl で行うためには，まず上部メニューバーの「モデル (M)」→「制限従属変数 (L)」→「プロビット (P)」→「二項（binary）」を選びます．プロビットの変数ウィンドウが出てくるので，線形回帰の OLS と同じ要領で説明変数と被説明変数を設定します．このとき，必ず「平均での限界

---

[3] 一般に，非線形回帰を含む，回帰モデル $\text{E}(Y_i|X_i)$ の限界効果は

$$\text{ME} = \frac{d\text{E}(Y_i|X_i)}{dX_i} \tag{15.12}$$

で定義されます．線形回帰モデル $\text{E}(Y_i|X_i) = \alpha + \beta X_i$ の限界効果は $\text{ME} = \frac{d(\alpha+\beta X_i)}{dX_i} = \beta$ なので，係数の OLS 推定値 $\hat{\beta}$ がそのまま限界効果の推定値 $\widehat{\text{ME}}$ となります．

表15.2 選手の個人属性が移籍確率に与える影響

	プロビット (ML)			線形確率 (OLS)	
	係数	t値	限界効果	係数	t値
定数項	0.22	2.49		0.58	17.30
出場時間	-1.39	-6.87	-0.55	-0.50	-7.80
ゴール	0.83	1.12	0.32	0.26	1.07
降格ダミー	0.51	3.37	0.20	0.19	3.24

効果（slope at mean）を表示する」を選択しましょう．

例 表15.1のデータを用い，選手の移籍ダミー Y_i をその個人属性に回帰したところ，表15.2の結果を得た．比較のため，プロビットの ML 推定と線形確率モデルの OLS 推定を併記している．プロビットに関しては，係数と限界効果の推定値をそれぞれ示している．プロビットの限界効果推定値は，OLS と非常に近い値である．出場機会に恵まれない選手，そして自チームが降格した選手ほど，移籍する傾向が見られる．

上の例のように，プロビットの限界効果推定値は往々にして，OLS と似通った値となります．そのため，プロビットは不要である，と言う計量経済学者も存在します．ただしプロビットは，被説明変数 Y_i の定義上の性質（下限0，上限1）を推定に取り入れているので，線形確率モデルより有効性（推定効率）が高いと考えられます．また，推定結果から確率 p_i の予測値を求める場合は，プロビットが優れます．

15.2 離散選択問題

15.2.1 合理的個人による離散選択

個人あるいは企業が，有限の選択肢から最適なものを一つ選ぶ行動を，**離散選択**と呼びます．特に「働く・働かない」や「操業する・しない」など，二つ

15.2 離散選択問題

の選択肢からなる**二項選択**(あるいは二値選択)は離散選択問題の基本です.また「就業・失業・非労働力から一つ選ぶ」,「ブランドA・B・C・Dから一つ選ぶ」など選択肢が複数の問題は**多項選択**と呼ばれます.

個人の合理性を仮定すれば,離散選択問題に直面した個人は,自己にとって最大の効用(利得)をもたらす選択肢を選ぶはずです.またその解は一様ではなく,性別や年齢,収入など,個人の属性によってベストな「手」は変わるでしょう.百人が百人とも同じ選択肢を選ぶなどということは,まずありません.例えば契約している携帯電話会社は,人それぞれです.

データとして観測された二値ダミー $Y_i = 0, 1$ は,合理的個人が二項選択問題を解いた「足跡」と考えられます.私たちは表15.1のデータで,約44%の選手がシーズン終了後に移籍したことを確認しました.なぜ彼らは移籍したのでしょうか? 経済学的な答えは「移籍($Y_i = 1$)の効用が,移籍しない($Y_i = 0$)効用を上回ったから」となります.本節は,二値ダミーからさかのぼって,プロビットモデルが個人の二項選択問題と一対一の対応関係にあることを示します.つまりプロビットの推定結果は,個人の意思決定や効用関数の性質に関する情報を私たちにもたらすのです.

計量モデルから個人の選好や企業の技術パラメータを推定するアプローチは**構造推定**(structural estimation)と呼ばれ,実証分析の方法として現在大変注目を集めています.プロビットのML推定は,初歩的な構造推定の一種です.

15.2.2 プロビット選択確率の導出

いま個人 i が $Y_i = 1$ を選ぶことで得られる効用水準が,連続的な**潜在変数**

$$Y_i^* = \alpha + \beta X_i + u_i \tag{15.13}$$

で与えられると仮定します.ただし X_i は説明変数,u_i は確率的な誤差です.上式は,$Y_i = 1$ という選択に対する個人 i の選好を表すモデルです.まず X_i の違いにより,個人の $Y_i = 1$ の評価は変化します.また u_i は,X_i で説明できない選好の違いです.同一水準の X_i を持つ人たちでも,u_i の違いで Y_i^* が異なる点に注意しましょう.この誤差は,X_i が与えられた下で標準正規分布に従うと仮定します.

$$u_i | X_i \sim N(0, 1) \tag{15.14}$$

また基準化のため，$Y_i = 0$ の選択で得られる効用をゼロに固定します．

潜在変数 Y_i^* はその名前の通り，データとして顕在化していません．私たちが観測できるのは，あくまで選択の結果である $Y_i = 0, 1$ です．しかしながら，個人の合理性を仮定すれば，Y_i^* と Y_i には次の対応関係が存在します．

$$\underbrace{Y_i^* = \alpha + \beta X_i + u_i \leq 0}_{Y_i = 1 \text{ の効用} \leq Y_i = 0 \text{ の効用}} \Leftrightarrow Y_i = 0 \tag{15.15}$$

$$\underbrace{Y_i^* = \alpha + \beta X_i + u_i > 0}_{Y_i = 1 \text{ の効用} > Y_i = 0 \text{ の効用}} \Leftrightarrow Y_i = 1 \tag{15.16}$$

ゆえに，X_i が与えられた下で個人 i が $Y_i = 1$ をとる確率は，

$$\Pr(Y_i = 1 | X_i) = \Pr(Y_i^* > 0 | X_i) = \Pr(\alpha + \beta X_i + u_i > 0 | X_i) \tag{15.17}$$

と書き下すことができます．再び $W_i = \alpha + \beta X_i$ と置き，正規分布の対称性を使えば

$$\Pr(Y_i = 1 | X_i) = \Pr(W_i + u_i > 0 | X_i) = \Pr(u_i > -W_i | X_i)$$
$$= \Pr(u_i < W_i | X_i) \tag{15.18}$$
$$= \int_{u_i = -\infty}^{W_i} \phi(u_i) du_i = \Phi(W_i)$$

となり，この条件付き確率はちょうど前節で提案したプロビット，(15.1)式と同値であることがわかります．

> **公式**（プロビットと個人の選択行動）
>
> 潜在的な効用(15.13)の誤差項が標準正規分布に従うならば，合理的個人が $Y_i = 1$ を選ぶ条件付き確率は，プロビットで与えられる．
>
> $$\Pr(Y_i = 1 | X_i) = \Phi(\alpha + \beta X_i) \tag{15.19}$$

[証明] 前段で証明済み． ∎

以上から，プロビットは経済理論（合理的個人の選択行動）に基礎付けされたモデルであると言えます．私たちは，個人が選択肢 $Y_i = 1$ を選んだ際に得られる効用水準 Y_i^* を観測できません．しかし X_i と Y_i を観測すれば，X_i が効用 Y_i^* に与える影響を分析できるのです．二値反応変数の回帰分析で，簡便な線形回帰よりプロビットのほうが経済学者に好まれる理由は，ここにあります．

15.2.3 ロジット・多項ロジット・条件付きロジット

本項は，プロビット以外の二項・多項選択モデルとして，ロジット型のモデルを概観します．潜在変数で表される効用(15.13)の誤差項 u_i が**ロジスティック分布**に従うとき，個人 i が $Y_i = 1$ を選ぶ確率は**ロジット**（logit）

$$\Pr(Y_i = 1 \mid X_i) = \frac{e^{\alpha + \beta X_i}}{1 + e^{\alpha + \beta X_i}} \tag{15.20}$$

で与えられることが知られています．上式右辺はロジスティック分布の累積分布関数と合致します．ロジスティック分布は正規分布とほぼ同様の形状をしており，そのためロジットとプロビットは類似の推定結果（すなわち類似の限界効果推定値）をもたらします．ゆえにロジットとプロビットのいずれを使うかは，本質的な問題ではなく，分析者の好み次第と言えます．

ロジットの魅力は，その拡張性にあります．いま選択肢が C_1, C_2, C_3 の三つあり，それぞれを選んだときの潜在的な効用水準が

$$Y_{1i} = \alpha_1 + \beta_1 X_i + u_{1i} \tag{15.21}$$

$$Y_{2i} = \alpha_2 + \beta_2 X_i + u_{2i} \tag{15.22}$$

$$Y_{3i} = 0 \tag{15.23}$$

であるとします．ただし 3 番目の選択肢からの効用は，ゼロに基準化されています．このとき誤差 (u_{1i}, u_{2i}) が互いに独立に第一種極値分布に従い，かつ個人 i が自身に最大効用をもたらす選択肢を選ぶとすれば，各選択肢が選ばれる確率は**多項ロジット**（multinomial logit）

$$\Pr(Y_i = 1 | X_i) = \frac{e^{\alpha_1 + \beta_1 X_i}}{1 + e^{\alpha_1 + \beta_1 X_i} + e^{\alpha_2 + \beta_2 X_i}} \tag{15.24}$$

$$\Pr(Y_i = 2 | X_i) = \frac{e^{\alpha_2 + \beta_2 X_i}}{1 + e^{\alpha_1 + \beta_1 X_i} + e^{\alpha_2 + \beta_2 X_i}} \tag{15.25}$$

$$\Pr(Y_i = 3 | X_i) = \frac{1}{1 + e^{\alpha_1 + \beta_1 X_i} + e^{\alpha_2 + \beta_2 X_i}} \tag{15.26}$$

で与えられます．多項ロジットは，多項選択に直面した経済主体の行動を分析するための計量モデルです．

プロビットやロジット，多項ロジットでは，個人 i が各選択肢を選ぶ確率が，個人属性 X_i に依存しています．それに対し，個人が各選択肢の持つ属性を比較し，ベストなものを一つ選ぶ状況もあります．消費者のブランド選択がその典型例です．いま消費者は J 個あるブランドのいずれかを購入するため，それぞれのスペック $Z_1, Z_2, ..., Z_J$ をながめています．この Z_j は，選択に参加している個人 $i = 1, 2, ..., n$ にとっては共通です．2000年にノーベル経済学賞を受賞した McFadden（1973）は，消費者 i がブランド j を選ぶ確率が

$$\Pr(Y_i = j | Z_1, Z_2, ..., Z_J) = \frac{e^{\alpha + \beta Z_j}}{\sum_{s=1}^{J} e^{\alpha + \beta Z_s}}, \quad j = 1, 2, ..., J \tag{15.27}$$

で与えられる条件を明らかにしました．彼は上式を，少々紛らわしいですが**条件付きロジット**（conditional logit）と名付けました．

条件付きロジットの選択確率で興味深いのは，ブランド j が選ばれる確率が，Z_j だけでなくそれ以外のブランドの属性に依存している点です．これにより，各ブランドによる消費者 i の獲得競争と，均衡における市場シェアの決定メカニズムをモデル化できるわけです．条件付きロジットは個人の移動経路選択に基づく交通量の予測や，マーケティングにおけるブランド戦略の分析など，経済学の近隣分野でもよく利用されています．

15.3 端点解・切断のある被説明変数

15.3.1 変数の切断

続いて，プロビットの発展型として，トービットを学びます．トービットは，被説明変数 Y_i に切断が見られる場合に用いられる手法です．まずは，変数が切断されている具体例を見ておきましょう．

例 表15.3は2013年1月における，東京・愛知・大阪の，肺炎による人口当たり死亡率を示している（5歳刻みの集計データとして開示されているため，年齢は各年齢階級の中央値をとっている）．低年齢の住民に関しては肺炎による死亡が発生せず，そのためゼロが多く観測されている．一方，ゼロの観測を除けば，肺炎死亡率は連続的に変動している．

いま，肺炎死亡率を Y_i と置きましょう．表15.3の最後の列には，各観測で $Y_i > 0$ か否かを表すダミー，

$$D_i = \begin{cases} 0 & (Y_i = 0) \\ 1 & (Y_i > 0) \end{cases} \tag{15.28}$$

が付されています．こうして見ると，この Y_i は，前節の二値ダミーと連続変数の中間的な存在であることがわかりますね．D_i は，「死亡者が出たか否か」までしか識別できませんが，Y_i 自体を見れば，「死亡者が出たとして，どれほど出たのか」を知ることができます．この意味で，切断された変数はダミー変数よりもリッチな情報を持っていると言えます．

肺炎死亡率を Y_i と置けば，Y_i の確率変数としての特徴は，次の通りです．

1. 定義上，負の値はとらない：$\Pr(Y_i < 0) = 0$
2. 一定確率で，定数0が観測される：$\Pr(Y_i = 0) \neq 0$
3. $Y_i > 0$ の領域で，Y_i は連続的である

表15.3 人口当たり肺炎死亡数（3都府県，2013年1月，$n=66$）

id	肺炎死亡	年齢	女性	愛知	大阪	死亡 ($D_i=1$)
1	0	22	0	0	0	0
2	0	27	0	0	0	0
3	0.19	32	0	0	0	1
4	0	37	0	0	0	0
5	0	42	0	0	0	0
6	0.38	47	0	0	0	1
7	0.94	52	0	0	0	1
8	1.38	57	0	0	0	1
9	5.48	62	0	0	0	1
⋮						
66	3.57	72	1	0	1	1

この状況を，「Y_i はゼロで**切断されている**（censored at zero)」と表現します．

変数の切断が起こるメカニズムは，大別すると三つあります．一点目は，変数が端点解を含む状況です．例として，各家計の「冷蔵庫の消費額」を考えましょう．冷蔵庫などの耐久消費財は，毎月定期的に購入されるものではありません．多くの家計は何年かおきに買い換えをするので，ある月の「冷蔵庫の消費額」を調査すると，多くの家計について $Y_i=0$ が並び，一部の家計で正の消費額 $Y_i>0$ が観測される結果となります．ここで $Y_i=0$ という水準が，家計 i の意思決定の結果選ばれている点に注意しましょう．家計によっては $Y_i=0$ が最適な消費額であり，これを**端点解**と呼びます．酒・タバコの消費量や，週労働時間など，「一部の個人にとっては $Y_i=0$ が最適である変数」を観測すると，しばしば切断が起こります．

二点目は，**機械的な切断**と呼ばれる問題です．例えば年収のアンケート調査では，個人にまず年収2000万円以上か以下かを尋ね，2000万円以下の個人だけ，実際の年収を記録する方法がとられます．すると，年収 Y_i は $Y_i=2000$（万円）で切断され，$Y_i<2000$ 以下では連続的に測られることとなります．分析対象の選択行動の結果生じる端点解のケースでは，変数の切断自体経済学

的・構造的な意味を持ちます．それに対し機械的な切断は，単にデータの不完備性に端を発している点に注意しましょう．

最後に，必ずしも個人の意思決定が背後にあるわけではないのですが，切断の発生を含めて Y_i の母集団が分析対象となり得る場合もあります．先述の肺炎死亡率（表15.3）に関しては，分析者は定義上の下限 $Y_i = 0$ のパートと連続的な $Y_i > 0$ のパート，双方の決定プロセスに興味があるはずです．

15.3.2 OLS 推定の問題点

表15.3のデータを例に，ゼロで切断された被説明変数（肺炎死亡率 $\langle$pneumonia$_i\rangle$）を，連続的な説明変数（age$_i$）に回帰してみましょう．両変数の散布図は，図15.2に示す通りです．先にも指摘したように，age$_i$ が少ない領域（若年層）では肺炎による死亡がめったに起こりません．そのためこの領域では，横軸（pneumonia$_i = 0$）にへばりつくような散布図となり，pneumonia$_i$ が age$_i$ に対し無反応であるように見えます．一方，年齢が50歳を超えた辺りから，pneumonia$_i$ と age$_i$ の間に正の相関が生まれます．

このデータによる OLS 回帰

$$\widehat{\text{pneumonia}_i} = \underset{(-4.30)}{-3.91} + \underset{(6.25)}{0.11}\, \text{age}_i \tag{15.29}$$

を散布図に上書きすると，図15.2A の直線となります（カッコ内は有意性検定の t 値）．散布図の左下部分に固まっている pneumonia$_i = 0$ という観測に引きずられ，pneumonia$_i > 0$ での age$_i$ の係数が過小評価されていますね．一般的に，ゼロで切断された被説明変数 Y_i を説明変数 X_i に回帰すると，OLSは X_i の $Y_i > 0$ における係数を（絶対値の意味で）**過小評価**します．

> **Remark**
>
> ゼロで切断された Y_i を X_i に回帰すると，OLS は $Y_i > 0$ 領域での係数（傾き）を過小評価する．

それに対し図15.2B の直線

$$\widehat{\text{pneumonia}_i} = \underset{(-6.09)}{-10.84} + \underset{(7.03)}{0.23}\, \text{age}_i \tag{15.30}$$

図15.2 切断された散布図に対する線形回帰とトービット

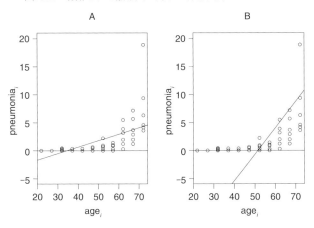

は，pneumonia$_i$ > 0 領域における pneumonia$_i$ と age$_i$ の傾向を，より正しくとらえています．(15.29)式と比べ(15.30)式の切片はより低い位置にあり，また傾きはより急です．こちらの直線は，次節で導入するトービットモデルの ML 推定に基づく予測式です．

15.4 トービット

15.4.1 潜在変数によるモデル化

ノーベル経済学賞受賞で知られるトービン（Tobin 1958）は，切断された被説明変数の回帰分析に関し，画期的な方法を提案しました．彼の名にちなみ，この方法は**トービット**（Tobit）と呼ばれています．

いま，個体 i の Y_i に関する潜在的な需要あるいは性向が

$$Y_i^* = \alpha + \beta X_i + u_i \quad u_i | X_i \sim \mathrm{N}(0, \sigma^2) \tag{15.31}$$

で与えられるとします．この式は，プロビットの潜在変数(15.13)式と基本的に同じですね．プロビットとトービットの違いは，潜在変数 Y_i^* と観測された Y_i を結びつけるマッピングにあります．すなわち，トービットでは両者の対応関係は次式で与えられます．

15.4 トービット

$$Y_i^* = \alpha + \beta X_i + u_i \leq 0 \iff Y_i = 0 \tag{15.32}$$

$$Y_i^* = \alpha + \beta X_i + u_i > 0 \iff Y_i = Y_i^* = \alpha + \beta X_i + u_i \tag{15.33}$$

$Y_i = 0$ が観測されるメカニズムはプロビットのそれと同値ですが，トービットでは，$Y_i^* > 0$ ならば，Y_i^* がそのまま Y_i として実現する，と考えるのです．上式を，プロビットの(15.16)式と比較して下さい．

$Y_i = 0$ と $Y_i > 0$，それぞれのケースを別個に見ていきましょう．まず，X_i を所与とする $Y_i = 0$ の確率を導出します．(15.32)式を σ で割れば

$$\frac{\alpha + \beta X_i}{\sigma} + \underbrace{\frac{u_i}{\sigma}}_{=\tilde{u}_i} \leq 0 \iff \tilde{u}_i \leq -\frac{\alpha + \beta X_i}{\sigma} \tag{15.34}$$

となり，$Y_i = 0$ が観測される条件を

$$\tilde{u}_i \leq -\frac{\alpha + \beta X_i}{\sigma} \iff Y_i = 0 \tag{15.35}$$

と改めることができます．また，σ で標準化したことにより，$\tilde{u}_i \sim \mathrm{N}(0, 1)$ を得ます．よって，プロビットの導出過程と同じ計算を行うと，$Y_i = 0$ の条件付き確率

$$f(0 \mid x_i) = \Pr(Y_i = 0 \mid X_i = x_i) = 1 - \Phi\left(\frac{\alpha + \beta x_i}{\sigma}\right) \tag{15.36}$$

が現れます．

一方，$Y_i > 0$ ならば，(15.31)式は第14章の最尤推定の一例で扱った，誤差項が正規分布に従う線形回帰モデルに過ぎません．よってその条件付き分布は，(14.24)式で与えられます．

以上の結果をまとめると，Y_i の分布は次式の通りです．

$$f(y_i \mid x_i) = \begin{cases} 1 - \Phi\left(\frac{\alpha + \beta x_i}{\sigma}\right) & (y_i = 0) \\ (2\pi)^{-\frac{1}{2}} (\sigma^2)^{-\frac{1}{2}} e^{-\frac{(y_i - \alpha - \beta x_i)^2}{2\sigma^2}} & (y_i > 0) \end{cases} \tag{15.37}$$

さらに(15.28)式のダミーを使えば，場合分けの表現を避けることができます．

> **公式**（トービットによる母集団分布）
>
> 切断された変数 Y_i がトービットモデルに従って観測されるならば，Y_i の分布は次式で与えられる．
>
> $$f(y_i|x_i) = f(0|x_i)^{1-d_i} f(y_i|x_i)^{d_i}$$
> $$= \left[1 - \Phi\left(\frac{\alpha + \beta x_i}{\sigma}\right)\right]^{1-d_i} \left[(2\pi)^{-\frac{1}{2}} (\sigma^2)^{-\frac{1}{2}} e^{-\frac{(y_i - \alpha - \beta x_i)^2}{2\sigma^2}}\right]^{d_i} \quad (15.38)$$
>
> ただし，$d_i = \{0, 1\}$．

[証明] 前段で証明済み． ∎

上式は $d_i = 0$，$d_i = 1$ でそれぞれ $y_i = 0$ の確率，y_i の密度関数に切り替わる点にご注目下さい．なお，ここでは実現値のペア (x_i, y_i) に対応させる都合上，(15.28)式で定義されるダミーを小文字で表記しています．

15.4.2 トービットの ML 推定

Y_i の分布が導出できたので，未知母数 α, β, σ^2 の ML 推定に進みましょう．まず(15.38)両辺の対数をとることで，

$$\log f(y_i|x_i) = (1-d_i)\log\left[1 - \Phi\left(\frac{\alpha + \beta x_i}{\sigma}\right)\right]$$
$$- d_i\left[\frac{1}{2}\log(2\pi) + \frac{1}{2}\log(\sigma^2) + \frac{(y_i - \alpha - \beta x_i)^2}{2\sigma^2}\right] \quad (15.39)$$

を得ます．次いで上式を全観測で足し合わせることで，対数尤度関数

$$L(\alpha, \beta, \sigma^2) = \sum \log f(Y_i|X_i)$$
$$= \sum (1-D_i)\log\left[1 - \Phi\left(\frac{\alpha + \beta X_i}{\sigma}\right)\right]$$
$$- \sum D_i\left[\frac{1}{2}\log(2\pi) + \frac{1}{2}\log(\sigma^2) + \frac{(Y_i - \alpha - \beta X_i)^2}{2\sigma^2}\right] \quad (15.40)$$

が得られます．ただし，説明変数・被説明変数ともに，観測が確定する前の確

15.4 トービット

表15.4 年齢が肺炎死亡率に与える影響

	線形回帰(OLS)		トービット(ML)	
	係数	t 値	係数	t 値
定数項	-2.779	-2.772	-9.042	-5.311
年齢	0.115	6.475	0.223	7.651
女性ダミー	-1.382	-2.470	-2.167	-2.859
愛知ダミー	-0.425	-0.620	-0.683	-0.741
大阪ダミー	-0.889	-1.297	-1.030	-1.130
修正済み決定係数	0.413			
サンプル数	66		66	
切断されたサンプル数	22		22	

率変数 (X_i, Y_i) で表記しています. この対数尤度を α, β, σ^2 で最大化することにより, ML 推定量 $\hat{\alpha}, \hat{\beta}, \hat{\sigma}^2$ が得られます.

プロビットと同様, この ML 推定は数値最適化により解を求めます. 統計ソフトでトービットのコマンドを使えば, 特段計算上の問題はないでしょう. gretl で実行する際は, メニューバーの「モデル (M)」→「制限従属変数 (L)」→「トービット (T)」を選択します. その後の流れは OLS 推定とほぼ同様です.

例 表15.4は, 表15.3のデータを用い, 肺炎による死亡率を年齢, 性別, 地域ダミー郡に回帰した結果である（地域ダミーは, 東京をリファレンスに置く）. 線形回帰 (OLS) とトービット (ML) の結果を併記している. トービットと比較すると, 線形回帰の OLS 推定は, 年齢・女性ダミーの係数のインパクトを過小評価している.

トービットのほうが係数が大きく推定される理由は, 連続的な潜在変数によるモデリングに秘密があります. もう一度図15.2をご覧下さい. OLS の場合は, 前述の通り, $Y_i = 0$ の観測に引きずられて傾きが過小評価されます. 一方, トービットは, 潜在変数(15.31)式にあるように, 回帰直線が $Y_i \le 0$ の領

域でも連続している，と想定するのです．このためトービットは $Y_i = 0$ の観測の影響を受けず，$Y_i > 0$ の領域における (X_i, Y_i) の関係をよく反映した係数を得ることができます．

復習問題

問題 15.1 被説明変数が二値反応ダミー $Y_i = \{0, 1\}$ で与えられる場合，(a)線形確率モデルの OLS 推定と，(b)プロビットの ML 推定，二つの分析法があり得る．両者の長所と短所を整理せよ．

問題 15.2 変数の切断が起こるケースを，思いつく限り挙げよ（ゼロ以外の値における切断も含む）．

第16章 パネルデータ分析入門

　複数の個体が複数時点に渡って観測されたデータを，パネルデータと呼びます．クロスセクションデータと比べ，パネルデータの回帰分析は多くのメリットを持ちます．本章では，一定条件の下で除外変数バイアスを完全に除去する手法として，固定効果モデルの級内推定を紹介します．

16.1 パネルデータの有用性

16.1.1 パネルデータとは？

　本書はこれまで，クロスセクションデータを前提にした計量モデルとその推定法を提案してきました．クロスセクションデータとは，ある時点において複数の個体が観測・記録されたデータでした．一方，特定の一個体を複数期間に渡り観測して得られるのが，時系列データでした（第1章参照）．

　さて，個体 $i = 1, 2, ..., n$ それぞれを $t = 1, 2, ..., T$ 期間追跡調査すれば，サンプル数 $n \times T$ の膨大なデータセットが形成されます．これを**パネルデータ**（panel data）あるいは単にパネルと呼びます．パネルデータとはつまり，n 個体分の，T 期間の観測で，長期に渡るデータ（longitudinal data）とも呼ばれます．いま，一つの説明変数と被説明変数についてパネルデータが利用可能であるとするならば，それぞれ

$$(X_{it}, Y_{it}), \quad i = 1, 2, ..., n, \quad t = 1, 2, ..., T \tag{16.1}$$

15.1 パネルデータの有用性

表16.1 公営バス事業のパネルデータ（36団体，すべて対数値）

id	観測年	輸送人員/日	職員	稼働車両	平均車齢	事業開始年
1	2008	5.751	3.397	3.081	0.763	3.284
1	2009	5.748	3.397	3.084	0.771	3.284
1	2010	5.741	3.397	3.083	0.778	3.284
1	2011	5.745	3.401	3.084	0.799	3.284
2	2008	4.633	2.634	2.426	1.104	3.286
2	2009	4.606	2.543	2.402	1.097	3.286
⋮						
36	2010	2.545	0.477	0.699	0.903	3.291
36	2011	2.534	0.477	0.699	0.919	3.291

と表されます．個人を指す i と，観測の時点を表す t の二つの添え字を使いますので，ご注意下さい．

本章では，次の例をもとに，パネルデータによる回帰分析を学びます．

例 表16.1は，全国36公営バス事業団体の，2008年から2011年度の実績記録である．$n = 36$ の各事業団体が，$T = 4$ 年間観測されている．変数は日当たり輸送人員，職員，稼働車両（稼働率 × 車両数），平均車齢，そして事業開始年である．すべての変数について，原データを対数値に変換している．

16.1.2 パネルデータによる回帰分析のメリット

回帰分析にパネルデータを使うおもなメリットは，次に挙げる三点です．まず，単なるクロスセクション，単なる時系列データによる分析と比べ，パネルではサンプルの総数が増えます．表16.1の例では，クロスセクションで見れば $n = 36$ 個の個体ですが，それが $T = 4$ 年観測されることで，データに $nT = 144$ 通りの変動が生まれています．

パネルデータ第二のメリットは，同一個体 i の複数時点での観測（$t = 1, 2, ..., T$）により，ある種の観測誤差を縮小できる点です．いま，個人

の「恒常的な稼得能力」を考えましょう．時点ごとの彼・彼女の年収 X_{it} は変動が大きく，X_{it} による「恒常的な稼得能力」の正しい計測は困難です．しかし年収の追跡調査，すなわちパネルがあれば，個人ごとの時系列平均 $\bar{X}_i = \frac{1}{T}\sum_{t=1}^{T} X_{it}$ をとることで，短期的なノイズを落とすことができます[1]．しかも，この平均値 $\bar{X}_1, \bar{X}_2, ..., \bar{X}_n$ はいまだ n 通りのバリエーションを持つため，データ分析が可能なのです．

回帰分析におけるパネルデータ利用の最大のメリットは，限定的な状況につき，除外変数バイアス（観測できない個体属性によって推定結果に生じるバイアス，第12章を参照）を，完全にコントロールできる点にあります．実証分析でパネルデータが注目される理由は，ここにあります．具体的には，次節で詳しく扱う，固定効果モデルの級内推定によります．

16.1.3　パネルデータ変数の特性

パネルデータは個体の経年変化を記録しているため，クロスセクションでは見られない性質があります．分析方法の検討に入る前に，再び公営バス事業の例（表16.1）を考えましょう．

表16.1を見ると，輸送人員や職員などは，ある事業体の中でも時系列的に変動しています．例えば $i=1$ 番目の事業所の職員数（対数値）は，年により 5.751, 5.748, 5.741, ... と上下していますね．これに対し事業開始年（対数値）は，3.284 で観測期間中不変です．事業開始年が変化しないのは，定義上明らかでしょう．このように，パネルデータは通常，時間とともに変化する変数である**時変変数**（time-varying variable）と，変化しない**不時変変数**（time-invariant variable）からなります．時変変数の変動は最大で nT 通りありますが，不時変変数は最大 n 通りしかありません．時変・不時変の区別は，次節の固定効果モデルにおいて特に重要となります．

またパネルでは，一部の個体が観測期間中に消失することもあります．表16.1のデータでは，2010年以降二つの自治体がバス事業を停止したため，それ

---

[1] 陸上競技の「ハンマー投げ」を思い出すと，わかりやすいでしょう．この競技では，選手が複数回ハンマーを投げます．ただしこの競技で競うのは，投げた距離の平均値ではなく，最大値です．

らの変数がパネルから欠損しています．また，このデータは2011年までですが，実は2012年に，このデータの三分の一ほどの自治体がバス事業から撤退しています．当然，撤退した個体については観測記録が存在しません．時間とともに個体が減ることを，**サンプルの脱落**（sample attrition）または摩耗と呼びます[2]．脱落のメカニズムは，パネルによりけりです．企業や事業所を追跡調査したパネルでは，倒産や撤退，吸収合併により，個体数が減少してゆくのが通常です．個人を追ったパネルも，本人の死去や調査拒否により，脱落が発生します．

脱落が完全にランダムに起こるのであれば，問題はサンプル数の減少であり，それほど深刻でないかも知れません．しかし現実には，特定の属性を持つ個体が偏向的に脱落してゆきます．企業パネルにおいて，経営難による倒産がおもな脱落理由であるとしましょう．すると，このパネルからは年々経営状態の悪い企業がドロップアウトし，良い企業が生き残ることとなります．これにより，当初は日本の企業母集団をよく代表していたサンプルが，年を追うごとに偏った，代表性のないサンプルに変貌してゆきます．このような偏ったデータからは，母集団を反映した分析結果は得られないでしょう．「ランダムでないサンプル脱落」の対処法は，入門レベルを超えるので，本書では保留とします．

16.2 固定効果モデル：パネルの回帰分析

16.2.1 固定効果モデル

簡単化のため，パネル被説明変数 Y_{it} の，説明変数 X_{it} への単回帰を考えましょう．いま両者の関係が，次式で与えられるものとします．

$$Y_{it} = \alpha + \beta X_{it} + a_{it} + u_{it}, \quad i = 1, 2, ..., n, \quad t = 1, 2, ..., T \tag{16.2}$$

上式の u_{it} は個体 i の時点 t における誤差項であり，X_{it} は u_{it} に関し外生的で

---

[2] 脱落のあるパネルでは，観測期間が個体ごとに異なるため T_i と表します．したがって，観測の総数は $\sum_{i=1}^{n} T_i$ で与えられます．

あると仮定します．一方，a_{it} は分析者側が観測することのできない個人属性で，X_{it} と自由に相関するものとします．したがって a_{it} を無視して Y_{it} を X_{it} に回帰した OLS 推定は，第12章で明らかにしたメカニズムにより，除外変数バイアスを伴います（もちろん，無作為化実験により X_{it} がランダムに与えられるならば，a_{it} と X_{it} は独立なので OLS にバイアスが発生しません）．この状況で β の一致推定量を得るためには，第12章の IV 推定が必要となります．しかしながら，適切な操作変数を見つけるのは，ときに困難を伴います．

パネルデータによる回帰分析では，操作変数とは全く別のアイディア・別の前提条件で，a_{it} によるバイアスを回避することが可能です．まず，個人 i の属性 a_{it} が，この観測期間中変化しないと仮定します．

$$a_{it} = a_i, \quad t = 1, 2, ..., T \tag{16.3}$$

この仮定下で回帰モデル(16.2)式は，次式の通りとなります．これを**固定効果モデル**（fixed effects model）あるいは個体効果モデル（individual effects model）と呼びます．

仮定（固定効果モデル）

$$Y_{it} = \alpha + \beta X_{it} + a_i + u_{it}, \quad i = 1, 2, ..., n, \quad t = 1, 2, ..., T \tag{FE}$$

つまり固定効果の仮定とは，観測不能な個人属性が不時変変数である，という仮定です．

16.2.2　級内推定：級内変換による固定効果の消去

ある個体 i に関し，固定効果モデル(FE)の両辺を T 期分足し合わせると，

$$\begin{aligned} \sum_{t=1}^{T} Y_{it} &= \sum_{t=1}^{T} \alpha + \sum_{t=1}^{T} \beta X_{it} + \sum_{t=1}^{T} a_i + \sum_{t=1}^{T} u_{it} \\ &= T\alpha + \beta \sum_{t=1}^{T} X_{it} + T a_i + \sum_{t=1}^{T} u_{it} \end{aligned} \tag{16.4}$$

となります．さらに上式両辺を T で割れば，Y_{it} の $t = 1, 2, ..., T$ 期間の平均値

16.2 固定効果モデル：パネルの回帰分析

を，X_{it} の平均値に回帰する表現を得ます．

$$\underbrace{\frac{1}{T}\sum_{t=1}^{T} Y_{it}}_{=\bar{Y}_i} = \frac{1}{T}T\alpha + \beta\underbrace{\frac{1}{T}\sum_{t=1}^{T} X_{it}}_{=\bar{X}_i} + \underbrace{\frac{1}{T}Ta_i}_{} + \underbrace{\frac{1}{T}\sum_{t=1}^{T} u_{it}}_{=\bar{u}_i} \quad (16.5)$$

$$\Leftrightarrow \quad \bar{Y}_i = \alpha + \beta\bar{X}_i + a_i + \bar{u}_i$$

上式では興味深いことに，固定効果の仮定 $a_{it} = a_i$ のおかげで，a_i がそのまま残っています．なお，$\bar{Y}_i = \frac{1}{T}\sum_{t=1}^{T} Y_{it}$ や $\bar{X}_i = \frac{1}{T}\sum_{t=1}^{T} X_{it}$ のように，個体 i の時間平均を**級内平均**（within group mean）と呼びます．これは，パネルデータを「n 個のグループが，それぞれ T 個のメンバーを持つグループデータ」と解釈できることに由来します．

さて，変形前の (FE) 式から (16.5) 式を辺々差し引けば，次式が得られます．

$$\begin{aligned} Y_{it} - \bar{Y}_i &= \alpha + \beta X_{it} + a_i + u_{it} - (\alpha + \beta\bar{X}_i + a_i + \bar{u}_i) \\ &= \beta(X_{it} - \bar{X}_i) + u_{it} - \bar{u}_i \end{aligned} \quad (16.6)$$

$\widetilde{Y}_{it} = Y_{it} - \bar{Y}_i$，$\widetilde{X}_{it} = X_{it} - \bar{X}_i$，$\widetilde{u}_{it} = u_{it} - \bar{u}_i$ と置き，上式を

$$\widetilde{Y}_{it} = \beta\widetilde{X}_{it} + \widetilde{u}_{it}, \quad i = 1, 2, ..., n, \quad t = 1, 2, ..., T \quad (16.7)$$

と表記しましょう．この変数変換を，**級内変換**（within group transformation）と呼びます．級内変換により，X_{it} の内生性の原因となっていた個人属性 a_i が，モデルから完全に消し去られていますね．また仮定により X_{it} は u_{it} に関し外生的なので，$\widetilde{X}_{it}$ と $\widetilde{u}_{it}$ もまた互いに直交します．したがって，$\widetilde{Y}_{it}$ を $\widetilde{X}_{it}$ に回帰すれば，β の不偏かつ一致推定量が得られます．

以上の推定法を，**級内推定量**（within group estimator）としてまとめておきましょう．

第16章 パネルデータ分析入門

Remark　級内推定の手順

次の手順により，固定効果モデル（FE）の回帰係数 β の不偏推定量・一致推定量が得られる．

1. 説明変数 X_{it}，被説明変数 Y_{it} の級内平均を求める：$\bar{X}_i = \frac{1}{T}\sum_{t=1}^{T} X_{it}$, $\bar{Y}_i = \frac{1}{T}\sum_{t=1}^{T} Y_{it}$
2. 両変数を級内変換：$\tilde{X}_{it} = X_{it} - \bar{X}_i$, $\tilde{Y}_{it} = Y_{it} - \bar{Y}_i$
3. $\tilde{Y}_{it}$ を $\tilde{X}_{it}$ に OLS 回帰

この手順を見れば，級内推定を行うためには，$T \geq 2$ の観測期間が必要であることが明らかでしょう（$T = 1$ ならば，そのデータはパネルではなくクロスセクションです）．

級内推定は，まず n 個の個体 $i = 1, 2, ..., n$ それぞれの級内平均を求め，次いでそれぞれ級内変換をするという，手の込んだ下ごしらえを要する推定法となります．幸い，現在多くの統計ソフトには級内推定コマンドが備わっています．そちらを利用しましょう．

例　表16.1のパネルデータから，公営バス事業のコブ・ダグラス型生産関数（第7章を参照）を推定したところ，表16.2の結果を得た．サンプル数は，脱落企業の観測を除いている．級内推定による推定値が，OLSのそれと大幅に異なっている．これは，事業体ごとの観測できない生産性により，OLSに除外変数バイアスが発生しているためと考えられる．

さて，上の例では級内推定に関し，事業開始年の係数推定値が掲載されていません．これは著者のミスではなく，級内変数でこの係数を推定できないためです．ところでこの変数は，時間を通じて変化しない不時変変数でした．なぜこの変数に限り推定ができないのかは，後に述べることにします．

固定効果モデルの級内推定で，標準誤差，t 値の計算に関し注意すべき点があります．第11章では，標本の独立性を前提にホワイトの頑健な標準誤差を導入しました．しかしパネルデータは，同一個体 i の異なる時点での観測

16.2 固定効果モデル：パネルの回帰分析

表16.2 公営バス事業のパネル生産関数（対数線形モデル）

	OLS		級内推定	
	係数	t 値	係数	t 値
定数項	57.048	0.880	2.752	10.410
従業員数	0.163	1.190	0.181	2.215
車両台数	1.100	7.232	0.620	4.360
平均車齢	-0.378	-3.215	-0.152	-1.660
事業開始年	-16.693	-0.848		
2009年ダミー	-0.007	-0.745	-0.015	-2.297
2010年ダミー	-0.013	-1.487	-0.026	-4.024
2011年ダミー	-0.020	-1.634	-0.033	-3.975
決定係数	0.970		0.999	
サンプル数 n	140		140	
観測期間	4		4	
個体数	36		36	
途中脱落	2		2	

(X_{it}, Y_{it}) と (X_{is}, Y_{is}) が，独立でない可能性があります（例えば，初期時点の観測 X_{i1} が与えられれば，私たちは $X_{i2}, X_{i3}, ..., X_{iT}$ をそれぞれ予測できるかもしれません）．そのため級内推定ではホワイトに代え，同一個体内の相関に関し頑健な，**アリラーノの標準誤差**を用います（Arellano 1987）．表16.2の推定結果は，OLS，級内推定ともに，アリラーノの標準誤差に基づく t 値を示しています．

16.2.3 級内推定の限界

固定効果モデルの級内推定は，パネルデータが利用可能な状況において強力な分析ツールとなってくれます．しかしながら，その運用の際には，次の二点を十分認識しなければなりません．

まず第一に，級内推定では，不時変変数の係数を推定できません．このことを確認するため，いま説明変数が時間次元の変動を持たず，$X_{it} = X_i$ であったとしましょう．この設定の下で，先ほどと同様に級内平均の表現を求める

と，

$$Y_{it} = \alpha + \beta X_i + a_i + u_{it} \xrightarrow{\text{両辺の級内平均}} \bar{Y}_i = \alpha + \beta X_i + a_i + \bar{u}_i \quad (16.8)$$

を得ます．これをもとのモデルから辺々差し引けば，

$$Y_{it} - \bar{Y}_i = u_{it} - \bar{u}_i \quad \Rightarrow \quad \tilde{Y}_{it} = \tilde{u}_{it} \quad (16.9)$$

となり，X_i と β に関わる項がモデルから消えてしまいます．級内変換は，a_i とともに説明変数 X_i を消去してしまうのです．このため，統計ソフトで級内推定を使うと，不時変変数は自動的に推定から外されます．表16.2の分析例で，不時変変数である「事業開始年」の係数が級内推定されなかった理由は，ここにあります．

上に述べた限界により，級内推定で個人の性別や人種，あるいは成人後の学歴など，観測期間中に変化しない説明変数の係数を推定することは不可能です．このため，学歴が賃金に与える効果の推定ではいまだに，操作変数法がメジャーな推定法の一つとなっています．

第二の問題点として，固定効果の仮定が誤りであるのに級内推定を試みたケースを考えましょう．いま，観測できない個人属性が（分析者の要望に反し）a_{it} であったとします．このとき級内平均の表現は

$$Y_{it} = \alpha + \beta X_{it} + a_{it} + u_{it} \xrightarrow{\text{両辺の級内平均}} \bar{Y}_i = \alpha + \beta \bar{X}_i + \bar{a}_i + \bar{u}_i \quad (16.10)$$

で与えられます（ただし $\bar{a}_i = \frac{1}{T}\sum_{t=1}^{T} a_{it}$）．最終的な級内変換の結果は，$\tilde{a}_{it} = a_{it} - \bar{a}_i$ と置けば次の通りです．

$$Y_{it} - \bar{Y}_i = \beta(X_{it} - \bar{X}_i) + (a_{it} - \bar{a}_i) + (u_{it} - \bar{u}_i) \quad \Rightarrow \quad \tilde{Y}_{it} = \beta \tilde{X}_{it} + \tilde{a}_{it} + \tilde{u}_{it} \quad (16.11)$$

結局 a_{it} で決まる $\tilde{a}_{it}$ がモデルに残ってしまい，$\tilde{X}_{it}$ と $\tilde{a}_{it}$ の相関による内生性バイアスが，級内変換後のOLSに発生します．固定効果の仮定が成立しないならば，係数 β の級内推定はバイアスを伴うのです．このケースでも，やはり操作変数法を使うべきです．本書では扱いませんが，パネルデータ分析の上級編として，パネル用の操作変数の理論がすでに確立されています．

ここでの議論をまとめるならば，次のようになります．

復習問題

> **Remark** 固定効果モデルの級内推定で注意すべき点
> ◆ 性別や人種など，時間を通じて変化しない説明変数（不時変 X_i）の回帰係数は，推定できない．
> ◆ 観測できない個人属性が時間とともに変動するとき（時変 a_{it}），級内推定に内生性バイアスが発生．

私たちは実証分析の目的に応じ，パネルデータによる級内推定とそれ以外の推定法を使い分けなければなりません．分析者としての腕とセンスが問われるところです．

復習問題

問題 16.1 固定効果モデル（FE）式について，級内推定以外の推定方法である**差分推定**（first-differencing estimator）を考える．（FE）式両辺の時間に関する差分をとり，個人属性 a_i がモデルから消えることを確認せよ．

問題 16.2 固定効果モデルを一般化したモデルとして，**個体特有トレンドモデル**（individual-specific trend model）がある．

$$Y_{it} = \alpha + \beta X_{it} + a_i + b_i t + u_{it}, \quad i = 1, 2, ..., n, \quad t = 1, 2, ..., T \qquad (16.12)$$

上式の b_i は個体 i 特有の時間トレンドで，a_i と同様，X_{it} と相関している可能性がある．そのため，a_i, b_i を無視して回帰分析を行うと，除外変数バイアスが生じる．上式から a_i と b_i を消し去る変換を考えよ．〔ヒント：まず差分，次いで級内変換をする．〕

付録　実証分析に関する情報

　付録では，フリーの計量分析ソフトウェア gretl（グレーテル）を使って回帰分析を行う手順を解説します．本書の分析例は，学術論文からの引用を除けば，すべて gretl で計算を行っています．gretl のより詳しい解説は，加藤 (2012) をご覧下さい．また，本書で登場したデータの詳細は，第 2 節に掲載しています．

1　計量分析ソフト gretl

1.1　ダウンロード

　gretl の公式サイト，および OS ごとのダウンロードページは，以下の通りです．

◇ 公式サイト：http://gretl.sourceforge.net/
◇ Windows 版：http://gretl.sourceforge.net/win32/
◇ Max 版：http://gretl.sourceforge.net/osx.html

　以下，Windows 版を前提に解説を進めます．上記ダウンロードページを開き，latest release（最新版）の箇所を見つけて下さい．3 通りのファイル "self-installer (32-bit)" "self-installer (64-bit)" そして "zip archive (no admin rights)" があるはずです．3 つ目のファイルは，パソコンへのインストールが不要なポータブルバージョンです．本書はこちらの使用を推奨します．

1 計量分析ソフト gretl

図1　gretlのメイン画面

ポータブルバージョン"gretl-1.10.1-win32.zip"をクリックすると，sourceforge特有のダウンロードが始まります（このファイルは，本書執筆時点での最新版です）．ダウンロードが終了したら，ファイルを解凍して下さい．ファイル解凍により"gretl"というフォルダが出てきますので，適当な場所へ置いて下さい．

このバージョンは，USBメモリなどに入れて使うことも可能性です．

1.2 起動と初期設定

先述の"gretl"フォルダを開くと，多くのファイルに混じって，"gretl.exe"という名前の，女の子の横顔が描かれたアイコンがあるはずです．このアイコンをダブルクリックすれば，gretlが起動します．お使いのパソコンが日本語OSならば，インターフェイスはすべて日本語化されます．図1は，日本語gretlのメイン画面（GUI）です．

まず，画面上部ツールバーから「ツール（T）」→「設定（P）」→「一般（G）」と進み，設定画面を開きます．「小数点の表示に言語設定を反映」という項目を確認し，チェックが外れていることを確認して下さい（チェックが入っていると，出力画面の小数点がカンマになってしまいます）．もし外国語でgretlを使いたい場合は，同画面の「言語設定」でお好きな言語を選択して下さい．

図2 マンション価格のデータ（Excelファイル）

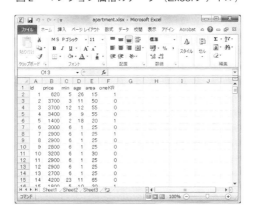

次いで，上部ツールバーから「ツール（T）」→「設定（P）」→「等幅フォント（F）」と進み，フォントの設定を行います．デフォルトの「Consolas」ではなく，「MS ゴシック」など日本語フォントを選択しましょう（「Consolas」のままだと，出力画面が文字化けしてしまいます）．英語で利用する場合は，「Consolas」のままで大丈夫です．

1.3 データの用意と gretl への読み込み

データは，Microsoft Excel で準備するのがよいでしょう．図2は，第1章以来たびたび用いてきた，マンション価格のデータを記録した Excel ファイル "apartment.xlsx" です．以下では，このファイルを例に解説を続けます．なお，読者自身でデータを用意される場合は，次の点にご注意下さい．

▱ 最初の列に変数名を，半角英語・アルファベットで付ける．
▱ データ中の数字はすべて半角で入力し，全角（日本語入力）は避ける．

半角とは幅の狭い，欧文用の文字のことです．

Excel ファイルを gretl の画面にドラッグすると，「インポートするシート」を聞いてくるので，データの入っている Sheet1 を選びます．すると，次のメッセージが出てきます：「インポートされたデータは日付なし（クロスセクション）データとして解釈されました．このデータを時系列あるいはパネルデー

図3　説明変数と被説明変数（従属変数）の設定

タとして解釈し直しますか？」ここは基本的に，「いいえ（N）」で結構です．

データの読み込みが終わると，変数名が画面上にずらりと並びます．この段階で，変数を選択（反転）させて右クリックで出てくるメニューから，基本統計量やヒストグラムを得ることができます．

1.4　回帰分析

データを gretl に読み込ませたら，次はいよいよ回帰分析です．上部ツールバーから「モデル（M）」→「最小二乗法（O）」を選ぶと，OLS 推定の被説明変数 Y_i と，説明変数 X_i を指定するウィンドウが現れます（図3を参照）．gretl において「従属変数」は，被説明変数を指します．ここでは Y_i に price を，X_i に min, area, そして oneKR を選び，「OK（O）」をクリックします．なお，デフォルトで入っている const は定数項のことです．ホワイトの頑健な分散に基づく標準誤差，t 値（第11章）を使うならば，「頑健な標準誤差を使用する」という項目にチェックを入れて下さい．

図4をご覧下さい．OLS 推定の結果を示すウィンドウが出てきました．たくさんの統計値が並んでいますが，見るべきものは以下の通りです．

◻「観測」：使用したサンプル数
◻「係数」：各説明変数に関する，回帰係数の OLS 推定値

図4 推定結果ウィンドウ

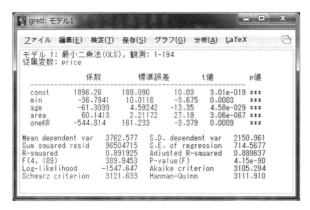

- 「標準誤差」：各説明変数に関する，係数の標準誤差
- 「t 値」：各説明変数に関する，係数の有意性を示す t 値
- 「Adjusted R-squared」：自由度修正済み決定係数

この結果が，第7章の(7.41)式と同じであることを確認して下さい．なお，このウィンドウは，「ファイル」→「名前を付けて保存 (S)」でテキスト保存できます．レポートや論文作成の際は，分析結果を保存しておきましょう．統計ソフトで分析を行った際は，gretl に限らず，必要な（見せるべき）統計値をピックアップし，式または表にまとめて提示しましょう．複数の回帰モデルを推定し，結果の比較をする場合は，表を用いると見やすく仕上がります．

2 使用データ一覧

本書の実証分析で利用したデータのファイル名，登場した章，出所は以下の通りです．これらデータファイルは，すべて以下の URL からダウンロードできます．

https://sites.google.com/site/kanolabweb/

2 使用データ一覧

1 生活保護受給率
［データ名］welfare.xlsx
［登場した章］第1章，第4章，第5章
［出所］厚生労働省「平成22年度福祉行政報告例」，総務省統計局「平成22年国勢調査」

2 中古マンション
［データ名］apartment.xlsx
［登場した章］第1章，第6章，第7章，第8章
［出所］国土交通省 土地総合情報システム「不動産取引価格情報検索」

3 物価上昇率
［データ名］inflation.xlsx
［登場した章］第1章
［出所］総務省統計局「消費者物価指数」，同「労働力調査」（複数年度）

4 医療支出
［データ名］health.xlsx
［登場した章］第6章

5 電力消費
［データ名］electricity.xlsx
［登場した章］第7章
［出所］電気事業連合会ウェブサイト（http://www.fepc.or.jp/），気象庁ウェブサイト（http://www.jma.go.jp/jma/index.html）

6 公立病院生産関数
［データ名］hospital.xlsx
［登場した章］第7章，第8章
［出所］総務省自治財政局「平成22年度地方公営企業年鑑」（複数年度）

付録　実証分析に関する情報

7 消費支出グループデータ
［データ名］consumption.xlsx
［登場した章］第11章
［出所］総務省統計局「平成21年全国消費実態調査」

8 新卒短期雇用
［データ名］emp.xlsx
［登場した章］第12章
［出所］文部科学省「平成22年度学校基本調査」，総務省統計局「労働力調査」（各年），内閣府「国民経済計算」

9 みかんの需要曲線
［データ名］orange.xlsx
［登場した章］第13章
［出所］農林水産省「平成22年青果物卸売市場調査報告」

10 Jリーグ選手データ
［データ名］j1.xlsx
［登場した章］第15章
［出所］Jリーグ公式サイト（`http://www.jleague.jp/`）

11 肺炎による死亡
［データ名］mortality.xlsx
［登場した章］第15章
［出所］厚生労働省「平成25年人口動態調査」，総務省統計局「平成25年人口推計」

12 公営バス事業パネルデータ
［データ名］bus.xlsx
［登場した章］第16章
［出所］総務省自治財政局「地方公営企業年鑑」（複数年度）

● **復習問題の解答**

第1章

問題1.1 第1章本文を参照.

問題1.2 $X_1^2 + X_2^2 = 5$, $(X_1+X_2)^2 = 3^2 = 9$ なので, $X_1^2+X_2^2 \neq (X_1+X_2)^2$.

問題1.3 標本平均は $\bar{X} = \frac{1}{4}(5+10+10+5) = 7.5$. 付表を埋めると次の通り.

id	X_i	$(X_i-\bar{X})$	$(X_i-\bar{X})^2$
1	5	-2.5	6.25
2	10	2.5	6.25
3	10	2.5	6.25
4	5	-2.5	6.25

したがって標本分散は $s_X^2 = \frac{1}{3} \cdot 4 \cdot 6.25 \approx 8.33$.

問題1.4 第1章本文を参照.

問題1.5 第1章本文を参照.

第2章

問題2.1 省略.

問題2.2 期待値, 分散は次の通り.

$$\mathrm{E}(X) = \frac{3}{4} \cdot 12 + \frac{1}{4} \cdot (-20) = 9 - 5 = 4$$

$$\mathrm{Var}(X) = \frac{3}{4} \cdot (12-4)^2 + \frac{1}{4} \cdot (-20-4)^2 = 48 + 144 = 192$$

問題2.3 分散 $\mathrm{Var}(X)$ は, 確率変数 X の, 期待値 $\mathrm{E}(X)$ を中心としたバラつきの大きさを測る.

問題 2.4 順に $E(-0.5X) = -0.5 \cdot (-10) = 5$, $E(2+X) = 2+(-10) = -8$, $Var(1+5X) = 0+5^2 \cdot 3 = 75$, $E[Var(X)] = 3$, $Var[E(X)] = 0$.

問題 2.5 この魚のサイズを標準化すると $z^* = (16-20)/5 = -0.8$. 図2.4を見れば, 標準正規分布の十分内側の領域に入る値である. よってこの魚は, 確かに平均 $\mu = 20$ より小さいが, ありふれたサイズであると言える.

問題 2.6 $E(XY) = (1 \cdot 2)h(1,2) + (1 \cdot 4)h(1,4) + \cdots + (5 \cdot 6)h(5,6) = 12.1$

第3章

問題 3.1 サンプル数 n の標本 $X_1, X_2, ..., X_n$ は, 観測される前の段階でいかなる数字が並ぶか不確定であり, n 個の確率変数ととらえることができる. 一方, 実際に標本が観測され, データとして記録されればそれらは n 個の定数に他ならない. つまり標本は, 観測前は確率変数, 観測後は定数である.

問題 3.2 $\hat{\theta}_1$ と $\hat{\theta}_2$, それぞれの期待値を求めると

$$E(\hat{\theta}_1) = 0.5 \cdot (0.5\theta) + 0.5 \cdot (1.5\theta) = \theta$$
$$E(\hat{\theta}_2) = 0.4 \cdot (0.5\theta) + 0.6 \cdot (1.5\theta) = 1.1\theta$$

なので, $\hat{\theta}_1$ のみが θ の不偏推定量である. したがって $\hat{\theta}_1$ が望ましい.

問題 3.3 次の通り.

(1) $\tilde{\mu}$ の期待値は, $E(X_i) = \mu$ に注意すれば

$$\tilde{\mu} = \frac{1}{6}\underbrace{E(X_1)}_{=\mu} + \frac{2}{6}\underbrace{E(X_2)}_{=\mu} + \frac{3}{6}\underbrace{E(X_3)}_{=\mu} = \left(\frac{1}{6} + \frac{2}{6} + \frac{3}{6}\right)\mu = \mu$$

ゆえに $\tilde{\mu}$ は μ の不偏推定量である.

(2) 公式(3.8) より $n=3$ の $\bar{X}$ の分散は $Var(\bar{X}) = \frac{1}{3}\sigma^2 = \frac{6}{18}\sigma^2$. 一方, $\tilde{\mu}$ の分散は,

$$Var(\tilde{\mu}) = \left(\frac{1}{6}\right)^2 \underbrace{Var(X_1)}_{=\sigma^2} + \left(\frac{2}{6}\right)^2 \underbrace{Var(X_2)}_{=\sigma^2} + \left(\frac{3}{6}\right)^2 \underbrace{Var(X_3)}_{=\sigma^2}$$
$$= \left(\frac{1}{36} + \frac{4}{36} + \frac{9}{36}\right)\sigma^2 = \frac{7}{18}\sigma^2$$

よって $Var(\bar{X}) < Var(\tilde{\mu})$ で, $\bar{X}$ のほうがより有効である (分散が小さく, μ の推定量として望ましい).

(3) 与えられた条件の下で $\tilde{\mu} = w_1 X_1 + w_2 X_2 + w_3 X_3$ の期待値をとると,

$$\tilde{\mu} = w_1 \underbrace{E(X_1)}_{=\mu} + w_2 \underbrace{E(X_2)}_{=\mu} + w_3 \underbrace{E(X_3)}_{=\mu} = (w_1 + w_2 + w_3)\mu = \mu$$

問題 3.4 第3章本文を参照.

問題 3.5 次の通り.

(1) $t_* = \frac{12-14}{10/\sqrt{25}} = -1$

(2) t 分布表より，2.5% 臨界値は $t_{0.025}(24) = 2.064$. $|t_*| < 2.064$ なので，$H_0: \mu = 14$ は棄却されない．

第 4 章
問題 4.1

$$S_{XY} = \sum(X_iY_i - \bar{X}Y_i - \bar{Y}X_i + \bar{X}\bar{Y}) = \sum X_iY_i - \bar{X}\underbrace{\sum Y_i}_{=n\bar{Y}} - \bar{Y}\underbrace{\sum X_i}_{=n\bar{X}} + \underbrace{\sum \bar{X}\bar{Y}}_{=n\bar{X}\bar{Y}}$$

$$= \sum X_iY_i - 2n\bar{X}\bar{Y} + n\bar{X}\bar{Y}$$

$$= \sum X_iY_i - n\bar{X}\bar{Y}$$

問題 4.2 OLS の公式 (4.23) より，$b^* = 25/10 = 2.5$，$a^* = 10 - 2.5 \cdot 2 = 5$．よって OLS 回帰は $Y_i = 5 + 2.5X_i$．

問題 4.3 (4.49)式にあるように，この場合の残差 2 乗和は次の二次関数で与えられる．

$$Q(b) = c_1 - 2c_2b + c_3b^2$$

ただし $c_1 = \sum Y_i^2$，$c_2 = \sum X_iY_i$，$c_3 = \sum X_i^2$．上式を b で微分し，ゼロと置けば

$$\frac{dQ(b)}{db} = -2c_2 + 2c_3b^* = 0 \Leftrightarrow b^* = \frac{c_2}{c_3} = \frac{\sum X_iY_i}{\sum X_i^2}$$

問題 4.4 ここで残差 2 乗和は

$$Q(a) = \sum e_i^2 = \sum(Y_i - a)^2 = \sum(Y_i^2 - 2aY_i + a^2) = \sum Y_i^2 - 2a\sum Y_i + na^2$$

上式を a で微分し，ゼロと置けば

$$\frac{dQ(a)}{da} = 2\sum Y_i - 2na^* = 0 \Leftrightarrow a^* = \frac{1}{n}\sum Y_i$$

問題 4.5 決定係数の定義 (4.46)式より，$R^2 = 15/20 = 3/4$．

第 5 章
問題 5.1 第 5 章本文を参照．
問題 5.2 次の通り．
(1) 回帰モデルに従えば $Y_i = \alpha + \beta X_i + u_i$ なので，

$$\bar{Y} = \frac{1}{n}\sum Y_i = \frac{1}{n}\sum(\alpha + \beta X_i + u_i) = \frac{1}{n} \cdot n\alpha + \frac{1}{n}\beta\sum X_i + \frac{1}{n}\sum u_i$$

$$= \alpha + \beta\bar{X} + \frac{1}{n}\sum u_i$$

(2) OLS の公式 (5.4) 中にある $\bar{Y}$ に，上式の表現を代入・整理すると，

$$\hat{\alpha} = \alpha + \beta\bar{X} + \frac{1}{n}\sum u_i - \hat{\beta}\bar{X} = \alpha - (\hat{\beta}-\beta)\bar{X} + \frac{1}{n}\sum u_i$$

(3) 古典的仮定 (CA2) より $E(u_i) = 0$．また公式 (5.16) より $\hat{\beta}$ は β の不偏推定量なので，$E(\hat{\beta}-\beta) = 0$．よって

$$E(\hat{\alpha}) = \alpha - \underbrace{E(\hat{\beta}-\beta)}_{=0}\bar{X} + \frac{1}{n}\sum \underbrace{E(u_i)}_{=0} = \alpha$$

問題 5.3 第 4 章 (4.42) 式を用いれば，n が十分大きいとき

$$\frac{1}{n-1}\sum(Y_i - \bar{Y})^2 = \frac{1}{n-1}\sum(\hat{Y}_i - \bar{Y})^2 + \frac{1}{n-1}\sum \hat{u}_i^2$$

$$\Leftrightarrow \; s_Y^2 = c + \frac{n-2}{n-1}s^2 \approx c + s^2, \; c = \frac{1}{n-1}\sum(\hat{Y}_i - \bar{Y})^2 > 0$$

よって $s_Y^2 > s^2$ が成立する．

問題 5.4 次の通り．
(1) $t_* = (2-1)/4 = 0.25$
(2) $t_{0.025}(18) = 2.101 > 0.25$．よって H_0 は棄却されない．

問題 5.5 次の通り．
(1) $t_* = -10/4 = -2.5$
(2) $t_{0.025}(500) \approx 1.960 < |-2.5|$．よって H_0 は棄却される．

第 6 章
問題 6.1 省略．
問題 6.2 第 6 章本文を参照．

第 7 章
問題 7.1 売上（sales_i）と人口（pop_i）を対数変換し，次の対数線形モデル

$$\log(\text{sales}_i) = \alpha + \beta\log(\text{pop}_i) + u_i$$

の β を OLS 推定すればよい．

問題 7.2 まず対数変換しないデータで，通常の線形回帰モデル $Y_i = \alpha + \beta X_i + u_i$ を OLS 推定する．弾力性の定義より

$$\epsilon \approx \frac{dY_i}{dX_i}\frac{X_i}{Y_i}$$

なので，$\frac{dY_i}{dX_i}$ を OLS の $\hat{\beta}$ で，X_i と Y_i を適当な値，例えば平均値で置き換え

$$\hat{\epsilon} = \hat{\beta}\frac{\overline{X}}{\overline{Y}}$$

とすれば，平均値で評価した弾力性の推定値が得られる．

問題 7.3 $D_i^2 = D_i$ なので，

$$\sum D_i^2 = \sum D_i = n_1$$

また

$$\overline{Y} = \frac{1}{n}\sum Y_i = \frac{1}{n}\left[\underbrace{\sum(1-D_i)Y_i}_{D_i=0\,\text{グループの}\,Y_i} + \underbrace{\sum D_i Y_i}_{D_i=1\,\text{グループの}\,Y_i}\right]$$

$$= \frac{1}{n}n_0\frac{1}{n_0}\sum(1-D_i)Y_i + \frac{1}{n}n_1\frac{1}{n_1}\sum D_i Y_i = \frac{n_0}{n}\overline{Y}_0 + \frac{n_1}{n}\overline{Y}_1$$

$\frac{n_0}{n}, \frac{n_1}{n}$ はそれぞれ，観測全体に占める $D_i = 0$ グループ，$D_i = 1$ グループの割合である．

問題 7.4 第 7 章本文を参照．

問題 7.5 次の通り．

	D_{1i}	D_{2i}
i は中卒	0	0
i は高卒	1	0
i は大卒	0	1

第 8 章

問題 8.1 それぞれ $G = 2$，$G = 1$．

問題 8.2 線形制約より $\beta_1 = 1 - \beta_2 - \beta_3$．これを回帰モデルに代入して整理すると

$$Y_i = \alpha + X_{1i} - \beta_2 X_{1i} - \beta_3 X_{1i} + \beta_2 X_{2i} + \beta_3 X_{3i} + v_i$$
$$\Leftrightarrow (Y_i - X_{1i}) = \alpha + \beta_2(X_{2i} - X_{1i}) + \beta_3(X_{3i} - X_{1i}) + v_i$$

$Y_i' = Y_i - X_{1i}$，$X_{2i}' = X_{2i} - X_{1i}$，$X_{3i}' = X_{3i} - X_{1i}$ と置けば，制約付きモデルは

$$Y_i' = \alpha + \beta_2 X_{2i}' + \beta_3 X_{3i}' + v_i$$

($\beta_1 = 1 - \beta_2 - \beta_3$，$\beta_2 = 1 - \beta_1 - \beta_3$，$\beta_3 = 1 - \beta_1 - \beta_2$ と置いた場合では，得られる制約付きモデルがそれぞれ異なるが，いずれも正解である．)

問題 8.3 第 8 章本文を参照．

問題 8.4 次の通り．
(1) $\chi_*^2 = \frac{15-10}{10}(58-8) = 25$
(2) $\chi_{0.05}^2(5) = 11.07 < 25$．よって H_0 は棄却される：○．

問題 8.5 制約なし・制約付きの決定係数と残差2乗和はそれぞれ

$$R^2 = \frac{S_{YY} - Q}{S_{YY}} \Leftrightarrow Q = (1-R^2)S_{YY}$$

$$R_R^2 = \frac{S_{YY} - Q_R}{S_{YY}} \Leftrightarrow Q_R = (1-R_R^2)S_{YY}$$

という対応関係がある．これらをカイ2乗統計量の定義(8.25)式に代入し，整理することで以下を得る．

$$\chi^2 = \left(\frac{Q_R - Q}{Q}\right)m = \left[\frac{(1-R_R^2)S_{YY} - (1-R^2)S_{YY}}{(1-R^2)S_{YY}}\right]m = \left(\frac{R^2 - R_R^2}{1-R^2}\right)m$$

第9章
問題 9.1 次の通り．
(1) $\operatorname{plim}\left(\frac{cA}{B}\right) = c\frac{\operatorname{plim} A}{\operatorname{plim} B} = -\frac{c}{4}$
(2) $\operatorname{plim}(\sqrt{B}) = \sqrt{\operatorname{plim} B} = \sqrt{4} = 2$

問題 9.2 標本分散の収束と同じ手順で得られる．

第10章
問題 10.1 繰り返し期待値の法則より，

$$\mathrm{E}(Y) = \mathrm{E}[\mathrm{E}(Y|X)] = \mathrm{E}(\sqrt{X}) = \frac{1}{3}\sqrt{4} + \frac{1}{3}\sqrt{9} + \frac{1}{3}\sqrt{16} = \frac{1}{3}\cdot 9 = 3$$

問題 10.2 次の通り．
(1) $\Pr(Y=1|X) = \frac{40-X}{100-10} = \frac{40-X}{90}$
(2) $\mathrm{E}(Y|X) = 1\cdot \Pr(Y=1|X) + 0\cdot \Pr(Y=0|X) = \frac{40}{90} - \frac{X}{90}$

問題 10.3 (FA1)式と繰り返し期待値の法則より，

$$\mathrm{E}(u_i) = \mathrm{E}_{X_i}[\mathrm{E}(u_i|X_i)] = \mathrm{E}_{X_i}(0) = 0$$

問題 10.4 第5章の**問題 5.2** より，

$$\hat{\alpha} = \alpha - (\hat{\beta}-\beta)\bar{X} + \frac{1}{n}\sum u_i \tag{A}$$

したがって根源的仮定(FA1), (FA2)の下で，

$$\mathrm{E}(\hat{\alpha}\,|\,X_1, X_2, ..., X_n) = \alpha - \mathrm{E}[(\hat{\beta}-\beta)\bar{X}\,|\,X_1, X_2, ..., X_n] + \mathrm{E}\Big[\frac{1}{n}\sum u_i\,\Big|\,X_1, X_2, ..., X_n\Big]$$

$$= \alpha - \underbrace{\mathrm{E}(\hat{\beta}-\beta\,|\,X_1, X_2, ..., X_n)}_{=\,0}\bar{X} + \frac{1}{n}\sum \underbrace{\mathrm{E}(u_i\,|\,X_1, X_2, ..., X_n)}_{\mathrm{E}(u_i|X_i)\,=\,0}$$

$$= \alpha$$

よって繰り返し期待値の法則より

$$\mathrm{E}(\hat{\alpha}) = \mathrm{E}[\mathrm{E}(\hat{\alpha}\,|\,X_1, X_2, ..., X_n)] = \mathrm{E}(\alpha) = \alpha$$

問題 10.5 上の問題の，(A)式両辺の確率極限を求めれば

$$\mathrm{plim}\,\hat{\alpha} = \alpha - \mathrm{plim}(\hat{\beta}-\beta)\cdot \mathrm{plim}\,\bar{X} + \mathrm{plim}\,\frac{1}{n}\sum u_i$$

$$= \alpha - 0 \cdot \mathrm{E}(X_i) + \underbrace{\mathrm{E}(u_i)}_{=\,0}$$

$$= \alpha$$

問題 10.6 第 1 式よりただちに

$$\mathrm{E}(Y_i) - \alpha - \beta\mathrm{E}(X_i) = 0 \quad\Leftrightarrow\quad \alpha = \mathrm{E}(Y_i) - \beta\mathrm{E}(X_i) \tag{B}$$

を得る．また第 2 式より

$$\mathrm{E}(Y_i X_i) - \alpha\mathrm{E}(X_i) - \beta\mathrm{E}(X_i^2) = 0$$

上式の α に(B)式を代入し，整理すると

$$\mathrm{E}(Y_i X_i) - \mathrm{E}(Y_i)\mathrm{E}(X_i) + \beta\mathrm{E}(X_i)^2 - \beta\mathrm{E}(X_i^2) = 0$$

$$\Leftrightarrow\quad \beta[\mathrm{E}(X_i^2) - \mathrm{E}(X_i)^2] = \mathrm{E}(Y_i X_i) - \mathrm{E}(Y_i)\mathrm{E}(X_i)$$

$$\Leftrightarrow\quad \beta = \frac{\mathrm{E}(Y_i X_i) - \mathrm{E}(Y_i)\mathrm{E}(X_i)}{\mathrm{E}(X_i^2) - \mathrm{E}(X_i)^2} = \frac{\mathrm{Cov}(X_i, Y_i)}{\mathrm{Var}(X_i)}$$

第 11 章

問題 11.1 第 11 章本文を参照．

問題 11.2 独立標本の仮定より

$$\mathrm{E}(\bar{u}_g^2\,|\,\bar{X}_g) = \mathrm{E}\Big[\Big(\frac{1}{n_g}\sum_j u_{jg}\Big)^2\,\Big|\,\bar{X}_g\Big] = \frac{1}{n_g^2}\sum_j \underbrace{\mathrm{E}(u_{jg}^2\,|\,\bar{X}_g)}_{=\,\sigma^2} = \frac{1}{n_g^2}\sum_j \sigma^2$$

$$= \frac{1}{n_g^2}n_g\sigma^2 = \frac{1}{n_g}\sigma^2, \quad g = 1, 2, ..., G$$

問題 11.3 s_i によるウェイト付きの誤差項

$$\tilde{u}_i = \frac{1}{\sqrt{s_i}}u_i$$

の分散は，真の分散構造が $E(u_i^2|X_i) = h_i\sigma^2$ なので

$$\text{Var}(\tilde{u}_i|X_i) = E(\tilde{u}_i^2|X_i) = E\left(\frac{1}{s_i}u_i^2\Big|X_i\right) = \frac{1}{s_i}\underbrace{E(u_i^2|X_i)}_{=h_i\sigma^2} = \frac{h_i}{s_i}\sigma^2, \quad i=1,2,...,n$$

したがって，誤ったウェイトでは，不均一分散を解消できない．

第12章

問題12.1 省略．

問題12.2 第12章本文を参照．

問題12.3 $\hat{\gamma}_0 = \bar{X} - \hat{\gamma}_1\bar{Z}$ なので

$$\hat{X}_i = \hat{\gamma}_0 + \hat{\gamma}_1 Z_i = \bar{X} - \hat{\gamma}_1\bar{Z} + \hat{\gamma}_1 Z_i = \bar{X} + (Z_i - \bar{Z})\hat{\gamma}_1 \Leftrightarrow (\hat{X}_i - \bar{X}) = \hat{\gamma}_1(Z_i - \bar{Z})$$

上式の表現の両辺に $(Y_i - \bar{Y})$ をかけると

$$(\hat{X}_i - \bar{X})(Y_i - \bar{Y}) = \hat{\gamma}_1(Z_i - \bar{Z})(Y_i - \bar{Y})$$

最後に両辺の和をとれば，次式を得る．

$$\underbrace{\sum(\hat{X}_i - \bar{X})(Y_i - \bar{Y})}_{=S_{\hat{X}Y}} = \hat{\gamma}_1\underbrace{\sum(Z_i - \bar{Z})(Y_i - \bar{Y})}_{=S_{ZY}} \Leftrightarrow S_{\hat{X}Y} = \hat{\gamma}_1 S_{ZY}$$

第13章

問題13.1 次の通り．

(1) 図Aは，変数 Z_i が変動したときの，需要曲線(13.24)式と供給曲線(13.25)式のグラフである（図の直線Dは需要曲線，直線Sは供給曲線）．変数 Z_i の変動により需要曲線はシフトするが，供給曲線は不動である．これにより供給曲線側(13.25)式の形状が識別され，推定が可能となる．一方，W_i の変動と需要・供給曲線のシフトを表したのが図Bである．W_i の変動は需要曲線と供給曲線の双方をシフトさせるため，需要側・供給側のどちらも識別されない．したがって，需要曲線(13.24)式の推定は不可能である．

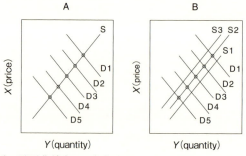

(2) $\alpha_2 = 0$ と置けば，需要曲線(13.24)式は $Y_i = \alpha_0 + \alpha_1 X_i + \alpha_3 Z_i + u_i$ となり，W_i によ

るシフトが起こらなくなる．このとき前問で述べた供給曲線の識別と同様の原理で，需要曲線(13.24)式が推定可能となる．

問題 13.2 省略．

第 14 章

問題 14.1 次の通り．
(1) 正規分布の密度関数(2.14)式より，

$$f(y_i) = \frac{1}{\sqrt{2\pi\sigma^2}} e^{-\frac{1}{2\sigma^2}(y_i-\mu)^2} = (2\pi)^{-\frac{1}{2}} (\sigma^2)^{-\frac{1}{2}} e^{-\frac{1}{2\sigma^2}(y_i-\mu)^2}$$

上式の対数をとると

$$\log f(y_i) = -\frac{1}{2}\log(2\pi) - \frac{1}{2}\log(\sigma^2) - \frac{1}{2\sigma^2}(y_i-\mu)^2$$

したがって正規母集団 $Y_i \sim N(\mu, \sigma^2)$ の対数尤度関数は

$$\log L(\mu, \sigma^2) = \sum \log f(Y_i) = -\frac{n}{2}\log(2\pi) - \frac{n}{2}\log(\sigma^2) - \frac{1}{2\sigma^2}\sum(Y_i-\mu)^2$$

(2) 上式を μ と σ^2 で偏微分し，ゼロと置けば

$$\frac{\partial \log L(\mu, \sigma^2)}{\mu} = \frac{1}{\sigma^2}\sum(Y_i-\hat{\mu}) = 0$$

$$\frac{\partial \log L(\mu, \sigma^2)}{\sigma^2} = -\frac{n}{2}\frac{1}{\hat{\sigma}^2} + \frac{1}{2\hat{\sigma}^4}\sum(Y_i-\hat{\mu})^2 = 0$$

第 1 式を解くと，

$$\sum(Y_i-\hat{\mu}) = \sum Y_i - n\hat{\mu} = 0 \Leftrightarrow \hat{\mu} = \frac{1}{n}\sum Y_i = \bar{Y}$$

また $\hat{\mu} = \bar{Y}$ を代入し第 2 式を解くと，

$$-n + \frac{1}{\hat{\sigma}^2}\sum(Y_i-\bar{Y})^2 = 0 \Leftrightarrow \hat{\sigma}^2 = \frac{1}{n}\sum(Y_i-\bar{Y})^2$$

問題 14.2 OLS の条件で先決される $\hat{\alpha}, \hat{\beta}$ を対数尤度関数に代入すれば

$$J(\sigma^2) = \log L(\hat{\alpha}, \hat{\beta}, \sigma^2) = -\frac{n}{2}\log(2\pi) - \frac{n}{2}\log(\sigma^2) - \frac{1}{2\sigma^2}\sum(Y_i-\hat{\alpha}-\hat{\beta}X_i)^2$$

これを**集約対数尤度**（concentrated log-likelihood）と呼ぶ．**問題 14.1** と同様の手順で，次の結果を得る．

$$\hat{\sigma}^2 = \frac{1}{n}\sum (Y_i - \hat{\alpha} - \hat{\beta}X_i)^2$$

第15章
問題 15.1 第15章本文を参照.
問題 15.2 省略.

第16章
問題 16.1 個体 i について，第 t 期，第 $t-1$ 期の回帰式はそれぞれ

$$Y_{it} = \alpha + \beta X_{it} + a_i + u_{it}$$
$$Y_{i,t-1} = \alpha + \beta X_{i,t-1} + a_i + u_{i,t-1}$$

よって差分をとれば

$$Y_{it} - Y_{i,t-1} = \beta(X_{it} - X_{i,t-1}) + u_{it} - u_{i,t-1}$$
$$\Leftrightarrow \quad \Delta Y_{it} = \beta \Delta X_{it} + \Delta u_{it}, \quad t = 2, 3, ..., T$$

となり，a_i が消える.

問題 16.2 与えられたモデルに基づけば，個体 i について，第 t 期と第 $t-1$ 期の回帰式はそれぞれ

$$Y_{it} = \alpha + \beta X_{it} + a_i + b_i t + u_{it}$$
$$Y_{i,t-1} = \alpha + \beta X_{i,t-1} + a_i + b_i(t-1) + u_{i,t-1}$$

両辺の差分をとることにより，次式を得る.

$$Y_{it} - Y_{i,t-1} = \beta(X_{it} - X_{i,t-1}) + b_i(t - t + 1) + u_{it} - u_{i,t-1}$$
$$\Leftrightarrow \quad \Delta Y_{it} = \beta \Delta X_{it} + b_i + \Delta u_{it}$$

上式をさらに級内変換することで，b_i を消去できる.

● 文献案内

　計量経済学を深く学ぶためには，統計学が必須です．統計学の教科書として以下の5点を，難易度の低い順に挙げておきます．

(1) 鳥居泰彦（1994）『はじめての統計学』日本経済新聞社
(2) 倉田博史・星野崇宏（2009）『入門統計解析』新世社
(3) 松原望・縄田和満・中井検裕（1991）『統計学入門』東京大学出版会
(4) 野田一雄・宮岡悦良（1992）『数理統計学の基礎』共立出版
(5) Hogg, R. V., J. McKean and A. T. Craig (2012) *Introduction to Mathematical Statistics*, 7th Edition, Pearson.

　国内外の代表的な計量経済学の教科書はこちらです．(5)以外はいずれも，本書でカバーしなかった時系列データの回帰分析に関する章を持ちます．

(1) 白砂堤津耶（2007）『例題で学ぶ初歩からの計量経済学 第2版』日本評論社
(2) 山本拓（1995）『計量経済学』新世社
(3) Wooldridge, J. M. (2013) *Introductory Econometrics: A Modern Approach*, 5th Edition, Cengage Learning.
(4) 浅野晳・中村二朗（2009）『計量経済学』有斐閣
(5) 難波明生（2015）『計量経済学講義』日本評論社
(6) Goldberger, A. S. (1991) *A Course in Econometrics*, Harvard University Press.
(7) Greene, W. H. (2011) *Econometric Analysis*, 7th Edition, Pearson Education.

　本書第Ⅲ部以降の分野は，一般にマイクロ計量（microeconometrics）と呼ばれ，次のような教科書・論文があります．

(1) 北村行伸（2009）『ミクロ計量経済学入門』日本評論社

(2) 川口大司（2008）「労働政策評価の計量経済学」『日本労働研究雑誌』第579巻, 16-28頁
(3) 末石直也（2015）『計量経済学：ミクロデータ分析へのいざない』日本評論社
(4) アングリスト, J. D.・J.-S. ピスケ（2013）『「ほとんど無害」な計量経済学：応用経済学のための実証分析ガイド』NTT出版
(5) Wooldridge, J. M.（2010）*Econometric Analysis of Cross Section and Panel Data*, 2nd Edition, MIT Press.

　一方，時系列データ分析のテクニックは，マクロ経済学やファイナンスといった分野の実証研究で重要です．

(1) 沖本竜義（2010）『経済・ファイナンスデータの計量時系列分析』朝倉書店
(2) Hamilton, J. D.（1994）*Time Series Analysis*, Princeton University Press.

　非実験データによる因果関係の統計的推測に関し，広い学問領域で関心が高まっています．次の2点は，この問題を多角的に扱っています．特に傾向スコアマッチング法（propensity score matching）は，重回帰分析と並ぶ変数コントロールの手段として，実証分析の現場で定着しつつあります．

(1) 星野崇宏（2009）『調査観察データの統計科学：因果推論・選択バイアス・データ融合』岩波書店
(2) Rosenbaum, P. R.（2002）*Observational Studies*, 2nd Edition, Springer.

　最後に，数学・経済数学の基礎づくりの教科書を紹介いたします．

(1) 永田靖（2005）『統計学のための数学入門30講』朝倉書店
(2) 尾山大輔・安田洋祐（2013）『改訂版 経済学で出る数学：高校数学からきちんと攻める』日本評論社
(3) チャン, A. C.・K. ウエインライト（2010）『現代経済学の数学基礎（上・下）』CAP出版

● 参考文献

◇ 以下, 本文中で参照した文献や論文の一覧になります (「文献案内」に掲載したものは除いています).

Angrist, J. D. and W. N. Evans (1998) "Children and Their Parents' Labor Supply: Evidence from Exogenous Variation in Family Size," *American Economic Review*, 88(3), pp.450-477.

Arellano, M. (1987) "Computing Robust Standard Errors for Within-groups Estimators," *Oxford Bulletin of Economics and Statistics*, 49(4), pp.431-434.

Cobb, C. W. and P. H. Douglas (1928) "A Theory of Production," *American Economic Review*, 18(1), pp.139-165.

DiNardo, J. E. and J.-S. Pischke (1997) "The Returns to Computer Use Revisited: Have Pencils Changed the Wage Structure Too?" *The Quarterly Journal of Economics*, 112(1), pp.291-303.

Fletcher, J. M. (2009) "Beauty vs. Brains: Early Labor Market Outcomes of High School Graduates," *Economics Letters*, 105(3), pp.321-325.

Krueger, A. B. (1993) "How Computers Have Changed the Wage Structure: Evidence from Microdata, 1984-1989," *The Quarterly Journal of Economics*, 108(1), pp.33-60.

Krueger, A. B. (1999) "Experimental Estimates of Education Production Functions," *The Quarterly Journal of Economics*, 114(2), pp.497-532.

Luechinger, S. (2010) "Life satisfaction and transboundary air pollution," *Economics Letters*, 107(1), pp.4-6.

McFadden, D. L. (1973) "Conditional Logit Analysis of Qualitative Choice Behavior," in P. Zarembka ed., *Frontiers in Econometrics*, Academic Press, Ch.4, pp.105-142.

Sacerdote, B. (2001) "Peer Effects with Random Assignment: Results for Dartmouth

Roommates," *The Quarterly Journal of Economics*, 116(2), pp.681-704.
Tobin, J. (1958) "Estimation of Relationships for Limited Dependent Variables," *Econometrica*, 26(1), pp.24-36.
White, H. (1980) "A Heteroskedasticity-Consistent Covariance Matrix Estimator and a Direct Test for Heteroskedasticity," *Econometrica*, 48(4), pp.817-838.
小川一仁・川越敏司・佐々木俊一郎（2012）『実験ミクロ経済学』東洋経済新報社
加藤久和（2012）『gretl で計量経済分析』日本評論社

● 付表

付表1 t 分布表

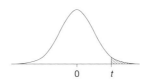

	右端臨界値 t		
	$0 \longrightarrow$ 外側		
自由度 m	0.05	0.025	0.01
1	6.314	12.706	31.821
2	2.920	4.303	6.965
3	2.353	3.182	4.541
4	2.132	2.776	3.747
5	2.015	2.571	3.365
6	1.943	2.447	3.143
7	1.895	2.365	2.998
8	1.860	2.306	2.896
9	1.833	2.262	2.821
10	1.812	2.228	2.764
11	1.796	2.201	2.718
12	1.782	2.179	2.681
13	1.771	2.160	2.650
14	1.761	2.145	2.624
15	1.753	2.131	2.602
16	1.746	2.120	2.583
17	1.740	2.110	2.567
18	1.734	2.101	2.552
19	1.729	2.093	2.539
20	1.725	2.086	2.528
21	1.721	2.080	2.518
22	1.717	2.074	2.508
23	1.714	2.069	2.500
24	1.711	2.064	2.492
25	1.708	2.060	2.485
26	1.706	2.056	2.479
27	1.703	2.052	2.473
28	1.701	2.048	2.467
29	1.699	2.045	2.462
30	1.697	2.042	2.457
40	1.684	2.021	2.423
60	1.671	2.000	2.390
∞	1.645	1.960	2.326

付表2　カイ2乗分布表

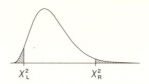

自由度 m	左端臨界値 χ_L^2 外側←内側			右端臨界値 χ_R^2 内側→外側		
	0.01	0.025	0.05	0.05	0.025	0.01
1	0.000	0.001	0.004	3.841	5.024	6.635
2	0.020	0.051	0.103	5.991	7.378	9.210
3	0.115	0.216	0.352	7.815	9.348	11.345
4	0.297	0.484	0.711	9.488	11.143	13.277
5	0.554	0.831	1.145	11.070	12.833	15.086
6	0.872	1.237	1.635	12.592	14.449	16.812
7	1.239	1.690	2.167	14.067	16.013	18.475
8	1.646	2.180	2.733	15.507	17.535	20.090
9	2.088	2.700	3.325	16.919	19.023	21.666
10	2.558	3.247	3.940	18.307	20.483	23.209
11	3.053	3.816	4.575	19.675	21.920	24.725
12	3.571	4.404	5.226	21.026	23.337	26.217
13	4.107	5.009	5.892	22.362	24.736	27.688
14	4.660	5.629	6.571	23.685	26.119	29.141
15	5.229	6.262	7.261	24.996	27.488	30.578
16	5.812	6.908	7.962	26.296	28.845	32.000
17	6.408	7.564	8.672	27.587	30.191	33.409
18	7.015	8.231	9.390	28.869	31.526	34.805
19	7.633	8.907	10.117	30.144	32.852	36.191
20	8.260	9.591	10.851	31.410	34.170	37.566
21	8.897	10.283	11.591	32.671	35.479	38.932
22	9.542	10.982	12.338	33.924	36.781	40.289
23	10.196	11.689	13.091	35.172	38.076	41.638
24	10.856	12.401	13.848	36.415	39.364	42.980
25	11.524	13.120	14.611	37.652	40.646	44.314
26	12.198	13.844	15.379	38.885	41.923	45.642
27	12.879	14.573	16.151	40.113	43.195	46.963
28	13.565	15.308	16.928	41.337	44.461	48.278
29	14.256	16.047	17.708	42.557	45.722	49.588
30	14.953	16.791	18.493	43.773	46.979	50.892
40	22.164	24.433	26.509	55.758	59.342	63.691

●索 引

ア 行

アリラーノの標準誤差　280
一致推定量　162
因果関係　4
ウェイト付き回帰　195
F 統計量　147
F 分布　147
OLS　57
　──ウェイト　78
　──回帰　64
　──係数　58
　──残差　66
　──推定量　77

カ 行

回帰係数　56
回帰直線　55
回帰 2 乗和　68
回帰分析　55
外生ショック　209
外生性　173
外生変数　176
カイ 2 乗統計量　145
カイ 2 乗分布　145
ガウス・マルコフの定理　82
確率収束　158
確率分布　18
確率変数　18
確率密度関数　19
確率論　17
加重最小 2 乗法（WLS）　195
過少識別　220
過剰識別　221
仮説検定　47
頑健　186
観測　8
観測不可能な個体属性　204
機械的な切断　265
棄却　47
擬似尤度　249
記述統計　11
期待値　21
規模に関する収穫一定の仮定　137
帰無仮説　47
級内推定量　278
級内変換　278
共分散　31
繰り返し期待値の法則　171
クロスセクションデータ　8
係数均一性の仮定　150
計量経済学　3
計量モデル　5
結合確率　29
結合分布　29
結合有意性検定　139
決定係数　69
限界効果　257

307

検定統計量　49
交差項モデル　120
構造型　223
構造推定　260
構造変化　153
誤差項　40
誤差表現　41
誤差モデル　39
個体　8
　──特有トレンドモデル　282
固定効果モデル　277
古典的仮定　74
個票データ　193
コブ・ダグラス型生産関数　121
根源的仮定　176
コントロール変数　110

サ 行

最小2乗法　56
最尤原理　248
最尤推定量（ML）　248
最尤法　247
サブ・サンプル　148
差分推定　282
残差　57
　──2乗和　57
サンプル　37
　──数　8
　──の脱落　276
時系列データ　9
次元　9
市場均衡モデル　222
自然実験　236
実現値　18
実証分析　3
指定変数　75
時変変数　275
社会実験　233
重回帰モデル　97
自由度　86
　──修正済み決定係数　106
周辺分布　30
条件付き確率分布　167

条件付き期待値　169
　──関数　170
条件付き分散　169
条件付き尤度　250
条件付きロジット　263
小標本理論　157
除外変数バイアス　110
シングル・インデックス　256
推定　44
　──量　45
スコア原理　144
正規分布　24
　──の再生成　33
正規方程式　59
正規母集団　41
制限被説明変数モデル　253
切断　265
Z 検定　48
Z 値　48
Z 統計量　48
節約性　106
セミパラメトリック　186
漸近正規推定量　162
漸近分散　163
漸近分布　161
漸近有効性　163
漸近理論　157
線形回帰モデル　73
線形確率モデル　133
線形推定量　78
線形制約　138
潜在変数　260
相関関係　6
操作変数（IV）　209
　──推定量　211

タ 行

対数線形モデル　122
大数の法則　160
対数尤度関数　248
対立仮説　47
多項式モデル　121
多項ロジット　262

多重共線性　105
ダミー変数　126
単回帰　55
端点解　265
弾力性　123
中心極限定理　160
丁度識別　221
直交条件　177
強い外生性　178
t 検定　50
t 値　51
t 統計量　50
t 分布　50
データ　8
統計的推測　37
統計的に有意　89
統計量　39
同時性バイアス　207
同時方程式モデル　206
トービット　267
独立　32
　　——標本　40

ナ　行

内生性バイアス　203
内生性問題　201
内生変数　202
二次関数モデル　119
二段階最小 2 乗法（2SLS）　214
二値反応変数　243
二標本問題　129
ノンパラメトリック推定　174

ハ　行

パネルデータ　273
パラメータ　37
パラメトリック　186
半対数線形モデル　125
半弾力性　124
バンド幅　175
非実験データ　7
非正規母集団　159
非線形回帰モデル　256

標準化　26
標準誤差　86
標準正規分布　26
標準偏差　23
標本　37
　　——共分散　13
　　——相関係数　14
　　——標準偏差　12
　　——分散　12
　　——平均　11
　　——モーメント　164
　　——モーメント条件　182
　　——をプールする　148
比例的不均一分散　192
不均一因子　192
不均一分散　185
不時変変数　275
不偏推定量　45
不偏分散　85
プロビット　254
分散　22
分布収束　159
ベルヌーイ分布　243
偏回帰係数　108
偏差積和　61
偏差 2 乗和　61
変数　9
包含　140
母回帰関数　173
母回帰係数　173
母集団　37
　　——モーメント　163
　　——モーメント条件　181
　　——モデル　40
母数　37
母分散　40
母平均　39
ホワイトの標準誤差　190

マ　行

マイクロデータ　193
無作為化実験　7
無作為抽出　41

モーメント法　182
モンテカルロ実験　197

　　　　　ヤ　行

有意性検定　88
有効推定量　46
誘導型　223
尤度関数　248
尤度比原理　144

　　　　　ラ　行

ラグランジュ乗数原理　144

離散型　18
離散選択　259
離散反応モデル　243
リファレンスグループ　126
臨界値　27
類推原理　182
連続型　19
連続写像定理　158
ロジット　262

　　　　　ワ　行

ワルド原理　144

● 著者紹介

鹿野繁樹（かの・しげき）
1975年生まれ．2004年3月，筑波大学大学院社会工学研究科（現システム情報工学研究科）博士課程退学（修了単位取得）．博士（社会経済，筑波大学）．大阪府立大学経済学部講師，准教授を経て，2022年4月より大阪公立大学大学院経済学研究科教授．専門は応用計量経済学．

新しい計量経済学──データで因果関係に迫る

● ────2015年12月25日　第1版第1刷発行
　　　　2022年5月20日　第1版第4刷発行
著　者──鹿野繁樹
発行所──株式会社　日本評論社
　　　　〒170-8474　東京都豊島区南大塚3-12-4　振替 00100-3-16
　　　　電話 03-3987-8621（販売），03-3987-8595（編集）
　　　　https://www.nippyo.co.jp/
印刷所──精文堂印刷株式会社
製本所──株式会社難波製本
装　幀──林　健造
検印省略　©KANO Shigeki, 2015
Printed in Japan
ISBN 978-4-535-55771-0

JCOPY 〈(社)出版者著作権管理機構　委託出版物〉
本書の無断複写は著作権法上での例外を除き禁じられています．複写される場合は，そのつど事前に，(社)出版者著作権管理機構（電話：03-5244-5088，FAX：03-5244-5089，e-mail：info@jcopy.or.jp）の許諾を得てください．また，本書を代行業者等の第三者に依頼してスキャニング等の行為によりデジタル化することは，個人の家庭内の利用であっても，一切認められておりません．

経済学の学習に最適な充実のラインナップ

入門 | 経済学 [第4版]
伊藤元重／著　(3色刷) 3300円

[改訂版] 経済学で出る数学
尾山大輔・安田洋祐／編著　2310円

例題で学ぶ 初歩からの経済学
白砂堤津耶・森脇祥太／著　3080円

経済学で出る数学 ワークブックでじっくり攻める
白石俊輔／著　尾山大輔・安田洋祐／監修　1650円

マクロ経済学 [第2版]
伊藤元重／著　(3色刷) 3080円

計量経済学のための数学
田中久稔／著　2860円

マクロ経済学パーフェクトマスター [第2版]
伊藤元重・下井直毅／著　(2色刷) 2090円

例題で学ぶ 初歩からの統計学 [第2版]
白砂堤津耶／著　2750円

入門マクロ経済学 [第6版] (4色カラー)
中谷巌・下井直樹・塚田裕昭／著　3080円

入門 公共経済学 [第2版]
土居丈朗／著　3190円

マクロ経済学入門 [第3版]
二神孝一／著 [新エコノミクス・シリーズ] (2色刷) 2420円

入門 財政学 [第2版]
土居丈朗／著　3080円

ミクロ経済学 [第3版]
伊藤元重／著　(4色刷) 3300円

実証分析入門
森田果／著　3300円

ミクロ経済学の力
神取道宏／著　(2色刷) 3520円

最新 日本経済入門 [第6版]
小峰隆夫・村田啓子／著　2750円

ミクロ経済学の技
神取道宏／著　(2色刷) 1870円

経済学を味わう 東大1、2年生に大人気の授業
市村英彦・岡崎哲二・佐藤泰裕・松井彰彦／編　1980円

ミクロ経済学入門
清野一治／著 [新エコノミクス・シリーズ] (2色刷) 2420円

経済論文の作法 [第3版]
小浜裕久・木村福成／著　1980円

ミクロ経済学 戦略的アプローチ
梶井厚志・松井彰彦／著　2530円

経済学入門
奥野正寛／著 [日評ベーシック・シリーズ]　2200円

しっかり基礎からミクロ経済学 LQアプローチ
梶谷真也・鈴木史馬／著　2750円

ミクロ経済学
上田薫／著 [日評ベーシック・シリーズ]　2090円

入門 | ゲーム理論と情報の経済学
神戸伸輔／著　2750円

ゲーム理論
土橋俊寛／著 [日評ベーシック・シリーズ]　2420円

例題で学ぶ 初歩からの計量経済学 [第2版]
白砂堤津耶／著　3080円

財政学
小西砂千夫／著 [日評ベーシック・シリーズ]　2200円

※表示価格は税込価格です。

〒170-8474 東京都豊島区南大塚3-12-4　TEL：03-3987-8621　FAX：03-3987-8590
ご注文は日本評論社サービスセンターへ　TEL：049-274-1780　FAX：049-274-1788　https://www.nippyo.co.jp/
日本評論社